C'est une bonne situation, ça, ministre ?

Marlène Schiappa

C'est une bonne situation, ça, ministre ?

Éditions de L'Observatoire

ISBN : 979-10-329-2071-8
Dépôt légal : 2022, juin

170 *bis*, boulevard du Montparnasse, 75014 Paris

À mes parents.

« Vous êtes clivante, Françoise, les gens vous adorent ou vous détestent… On vous reproche par exemple ce que vous faites de votre réussite.

— Ah pardon, non. On me reproche de réussir, c'est tout.

— Quand même, vos déclarations politiques, vos voitures, vos livres au ton très libre, vos fêtes…

— Ah, mais c'est précisément ce que je dis. On ne peut pas dire à quelqu'un : "Je vous reproche de réussir", ce n'est pas dicible ça, d'avouer que l'on déteste l'idée qu'une jeune fille réussisse dans un secteur réservé aux hommes. Alors à la place on dit : "Je déteste ce que vous faites de votre réussite." »

Conversation entre Jacques Chancel
et Françoise Sagan, *Radioscopie*, 17 juin 1977.

Préface

« C'est une bonne situation, ça, sœur de ministre ? »

Quand ma sœur a été nommée au gouvernement, j'ai pleuré. Je n'ai pas forcément pleuré de joie, c'était plutôt un sentiment qui disait : « Elle a réussi », pas dans le sens de « réussir sa vie », car elle n'avait pas attendu sa nomination pour la réussir et surtout pour la vivre, sa vie.

« Elle a réussi » donc, plutôt comme des sportifs, des perchistes, des sprinteurs, des alpinistes qui ont puisé en eux pour atteindre leur objectif, réussir un exploit.

Ce jour-là, je pense avoir pris conscience tout de suite, avant elle, de tout ce que cela impliquait. Bien sûr, c'était déjà une personnalité reconnue : autrice, élue locale, présidente d'association, elle avait déjà plusieurs casquettes, réalisé de nombreuses interviews, publié de nombreux ouvrages sur ses sujets de prédilection, la conciliation vie pro/vie perso, le « plafond de mère ».

Mais quand on est nommé au gouvernement, là, on passe dans une autre stratosphère : on touche du doigt les étoiles (le Président) et surtout on cristallise tout ce que les gens convoitent – le pouvoir, la notoriété, l'argent. Cependant, comme pour tous les métiers, on ne voit que la partie émergée de l'iceberg et pas tout le travail invisible, les nuits blanches, les déplacements, les négociations, les luttes de pouvoir, les batailles. Nous avons le cuir solide, mais j'avoue avoir parfois eu envie d'en découdre quand il y a eu trop de méchanceté ou de jalousie. Les petites phrases détournées, les vidéos tronquées, l'intrusion dans la vie privée, les moqueries font partie du package.

La première année, je lisais tous les articles la concernant, je répondais même parfois sur les réseaux sociaux, je tressautais quand j'entendais notre nom à la radio ou à la télé, et mettais quelques secondes à réaliser que ma sœur était au JT. Puis je me suis habituée, j'ai « pris sur moi ».

J'ai entendu dire de moi dans mon village : « Elle publie un livre parce que sa sœur est ministre », « Elle a eu un poste à l'inspection parce que sa sœur est ministre », et même l'improbable : « Elle a une piscine parce que sa sœur est ministre » (la piscine était dans mon jardin bien avant que je n'y habite). Comme si la profession de ma sœur, aussi incroyable fût-elle, avait rejailli sur moi. Je suis devenue Pippa Middleton.

Suis-je fière de ma sœur ? Oui. Le serais-je moins si elle était infirmière, boulangère ou vendeuse ? Non. *« Moi je m'en moque. / J'envoie valser, les trucs en toc, / Les cages dorées… »*, comme dit la chanson de Zazie. Je suis fière de ma sœur parce qu'elle aime ce qu'elle fait, parce qu'elle le fait avec passion et détermination, et pour moi seuls son bonheur et son épanouissement comptent.

Je pleurerai aussi certainement lors de sa passation, quand elle quittera tout ça : elle aura accompli des choses incroyables, proposé des lois, voyagé dans le monde entier, aidé des milliers de gens, fait bouger les lignes du pays… Mais je crois que je pleurerai surtout parce que la parenthèse sera refermée et que je retrouverai enfin ma sœur.

Carla Schiappa

Introduction

Certains publient des livres programmatiques.

Certains écrivent leur biographie.

Certains dressent leur bilan, forcément positif.

Certains font de nouvelles promesses, forcément tenues.

Ce sont de beaux projets. J'ai lu, je lis et je lirai leurs livres. D'Eva Joly à Ségolène Royal, d'Arnaud Montebourg à Nicolas Sarkozy, j'ai lu tous les livres de responsables politiques. Tous. De *Gagner* de Bernard Tapie à *Comédie française* de Georges-Marc Benamou.

Ce n'est pas ici un livre que vous avez déjà lu.

Ce n'est pas la version améliorée d'un livre déjà publié.

Ce livre n'est pas un programme électoral.

Ce n'est pas une biographie.

Oui, c'est encore un livre de ministre. Et, oui, encore un livre de Marlène Schiappa. Comme le décrit très bien Line Papin dans son livre *Une vie possible*, l'écrivain prend toujours un risque. Le risque de déplaire à son entourage qui se retrouvera dans le texte, le risque de dévoiler au grand jour les secrets les plus intimes…

On sait depuis George Sand à quel point l'acte d'écrire pour une femme est subversif, et l'on sait depuis Colette à quel point l'acte de publier ce que l'on écrit pour une femme est encore plus audacieux. Comme le dit Laure Adler, « les femmes qui lisent sont dangereuses et les femmes qui écrivent vivent dangereusement ». Mais il y a une catégorie de femmes pour laquelle il semble que l'acte d'écrire soit perçu encore plus dangereusement. Cette catégorie, ce sont les femmes politiques. Qu'elle n'est pas ma surprise, chaque fois que je publie un livre, de découvrir les réactions hostiles vis-à-vis de sa simple existence. J'ai publié mon premier livre à l'âge de 24 ans. Je n'étais pas ministre, je n'étais pas engagée en politique et je publiais des textes sur les questions de la maternité et de la place des femmes. Je publiais également des romans traduits dans douze langues, dont l'un est en cours d'adaptation au cinéma. À l'époque, cela ne déchaînait pas des torrents de haine ni l'ire des journalistes comme cela peut être le cas aujourd'hui. Je vous donne un exemple très simple : alors que je suis en train d'écrire ce livre, personne en dehors de mon éditrice, de mon éditeur et de quelques proches, ne l'a encore lu. Pourtant, la simple information selon laquelle ce livre va paraître déclenche des réactions indignées de la part de certains commentateurs. J'ai eu par exemple la surprise d'entendre, dans la matinale de Sud Radio, Guy Carlier dire que les arbres étaient tristes de devenir des pages de mes livres, parce que ces livres étaient le néant. Mais le néant, n'est-ce pas la critique d'un livre qui n'est même pas encore paru et que cette personne ne feint même pas d'avoir lu ? Le champ lexical lié à la parole des femmes politiques est extrêmement particulier. Le fait de s'exprimer est un acte politique pour une femme. Le fait de se lever est un acte politique pour une femme. Le fait de dire « je » est un acte politique pour une femme. Le fait d'écrire compile tous ces actes politiques et en fait une forme de revendication existentialiste qui heurte la plupart des personnes qui considèrent encore que les femmes devraient rester silencieuses. En effet, les expressions comme « Unetelle devrait se taire » ou « Unetelle ne devrait pas prendre la parole » sont encore légion vis-à-vis des femmes politiques. L'écriture « donc » porte en soi quelque chose de subversif pour les femmes. J'ai encore en mémoire la critique acerbe de l'émission *Le Masque et la Plume* contre Virginie Grimaldi, autrice, femme française qui vend le plus de livres en France, qui s'est fait lyncher littéralement. Pourquoi ? Simplement pour avoir écrit ses livres. J'ai également encore en mémoire la critique de Frédéric Beigbeder contre Léna Mahfouf, vingtenaire qui a décidé d'écrire un livre pour aider les autres jeunes filles à avoir confiance en elles. Sacrilège ! Comment ose-t-elle prendre la plume, parler, écrire, parler à la première personne, écrire à la première personne, donner son point de vue en tant que femme, s'adresser au monde ? Elle a été laminée dans cette critique littéraire et dans d'autres. Pourtant, c'est bien en tant que femme et en tant que ministre que je souhaite écrire. Lorsqu'un ministre explique qu'il prend une heure chaque matin, qu'il se lève plus tôt pour aller faire un jogging, on s'émerveille. Waouh ! Quel homme ! Quelle organisation ! Comment fait-il ? C'est merveilleux ! C'est tellement sain ! En revanche, si l'on explique que l'on se lève une heure plus tôt pour prendre le temps d'écrire, cela devient tout simplement scandaleux.

À l'ère de la sacrosainte transparence, je m'étonne de la méconnaissance du quotidien des ministres. Pendant un peu plus de cinq ans, j'ai pris des bribes de notes sur des carnets ou des morceaux de feuille, dans les transports ou dans mon lit, lors de réunions ou pendant des dîners, et le moment est venu de les partager avec vous.

Titres que je ne donnerai pas à ce livre :
~~*Ma vision pour la France*~~
~~*Marianne, la République et moi*~~
~~*Un destin français*~~
~~*Présidente*~~
~~*Marianne est ministre*~~
~~*Ce que veulent les Françaises*~~

Titre qui s'impose à ce livre :
C'est une bonne situation, ça, ministre ?

Dans le film d'Alain Chabat *Astérix et Obélix : Mission Cléopâtre*, Édouard Baer campe le scribe. Jamel Debbouze le présente ainsi : « C'est mon scribe. C'est lui qui scribe tout. » Scribe, une profession méconnue des héros qui demandent alors avec scepticisme : « C'est une bonne situation, ça, scribe ? » La réponse reste le plus célèbre monologue du cinéma français contemporain.

« C'est une bonne situation, ça, scribe ?
— Vous savez, moi, je ne crois pas qu'il y ait de bonne ou de mauvaise situation. Moi, si je devais résumer ma vie aujourd'hui avec vous, je dirais que c'est d'abord des rencontres. Des gens qui m'ont tendu la main, peut-être à un moment où je ne pouvais pas, où j'étais seul chez moi. Et c'est assez curieux de se dire que les hasards, les rencontres forgent une destinée... Parce que quand on a le goût de la chose, quand on a le goût de la chose bien faite, le beau geste, parfois on ne trouve pas l'interlocuteur en face, je dirais : le

> miroir qui vous aide à avancer. Alors ça n'est pas mon cas, comme je disais, là, puisque moi, au contraire, j'ai pu. Et je dis merci à la vie, je lui dis merci, je chante la vie, je danse la vie… Je ne suis qu'amour ! Et finalement, quand beaucoup de gens aujourd'hui me disent : "Mais comment fais-tu pour avoir cette humanité ?", eh bien, je leur réponds très simplement, je leur dis que c'est ce goût de l'amour, ce goût donc qui m'a poussé aujourd'hui à entreprendre une construction mécanique, mais demain, qui sait ? peut-être simplement à me mettre au service de la communauté, à faire le don, le don de soi… »
>
> *Astérix et Obélix : Mission Cléopâtre*,
> Alain Chabat, 2002, personnage d'Édouard Baer

Souvent, un ministre se retrouve dans la situation d'Édouard Baer quand une personne extérieure lui demande en quoi consiste son métier, ce qu'il fait de ses journées, avec un mélange de scepticisme et de curiosité : « C'est une bonne situation, ça, ministre ? »

Je pourrais dresser un top 10 des questions les plus posées. Qu'il s'agisse d'un dîner parisien avec des acteurs célèbres, d'une visite dans mon hameau des montagnes corses, ou d'un repas de famille, les mêmes questions se répètent. « Elle est sympa, Brigitte Macron ? » (ma tante, lectrice du magazine *Elle*). « Tu as des tickets restaurant pour le midi ? Tu as combien de temps de pause-déjeuner ? » (ma mère, ancienne syndicaliste). « Mais tu habites au ministère de l'Intérieur ? Ils vous donnent des logements ? Tu as des cuisiniers ? Ils peuvent cuisiner ce que tu veux ? » (un ami). « Comment tu fais pour supporter toutes ces critiques de gens qui disent du mal de ton gouvernement sur les plateaux de télévision ? » (un inconnu). « Vous avez un salaire à vie ! Pourris ! » (un Gilet jaune). « Comment tu as fait pour avoir une loi à ton nom ? » (un chanteur de variété française). « Il te suit partout, ton garde du corps ? Même pour descendre acheter une baguette ou quand tu vas pisser ? » (un fan de Kevin Costner dans *Bodyguard*). « Comment tu sais de quoi le Président va parler au Conseil des ministres ? » (ma fille). « Est-ce que vous répétez avant les débats dans les émissions politiques ? » (le voisin).

Au fond, la politique intéresse les Français, peuple érudit, peuple des philosophes des Lumières et de la Révolution française, qui compte une des proportions d'élus parmi les plus élevées du monde. Mais peu d'entre eux savent comment les choses se passent réellement, comment est formé un gouvernement, la manière dont ses membres travaillent au quotidien... Ces questions sur la vie quotidienne demeurent les plus récurrentes : « C'est une bonne situation, ça, ministre ? »

Les Français veulent savoir comment vivent les ministres. Que ce soit pour nous plaindre ou nous admirer, pour nous blâmer ou nous contempler, pour nous soutenir ou appeler à notre démission – si vous êtes ministre et que personne n'a jamais appelé à votre démission, c'est que personne ne sait que vous êtes ministre... Ils veulent savoir si « l'argent de leurs impôts » est bien utilisé, si vous twittez vous-même ou si ce sont des conseillers, si vous avez consenti aux photos dans *Paris Match* et si elles ont été retouchées. Si vous mangez du homard ou si vous vous préparez votre omelette. Et pourquoi on vous hurle dessus lors de la séance des questions au gouvernement, à l'Assemblée nationale. Est-ce qu'on choisit son voisin de table du Conseil des ministres ? Et comment répond-on au président de la République quand il envoie un message crypté à deux heures du matin ?

Même quand vous participez à un échange avec de grands patrons, des stars de cinéma ou de la télévision, invariablement, les gens veulent parler de politique. Même ceux qui ont approché le pouvoir, ceux qui ont été conseillers à l'Élysée, ceux qui sont parlementaires, ceux qui ont un rond de serviette à Matignon « veulent savoir ».

Car si le décorum des ministères et le protocole du gouvernement vont de soi pour qui a étudié à Sciences Po et à l'ENA, et été parlementaire pendant deux quinquennats, il n'en va pas de même pour une trentenaire de la société civile autodidacte et nommée par Emmanuel Macron, pour qui les habitus diffèrent. Ministre depuis 2017, j'ai fini par me familiariser avec des codes dont je continue de penser qu'ils sont parfois désuets.

C'est une bonne situation, ça, ministre ? Évidemment. Il serait indécent de répondre « non » en pensant aux conditions de travail des aides-soignantes, des infirmières, de celles et ceux qui travaillent aux urgences, auprès de personnes âgées, d'enfants en situation de handicap, ou tout simplement à l'usine, dans l'hôtellerie et la restauration…

Sans plaindre les ministres pour leurs conditions de vie, soyons lucides : il existe peu de métiers dans lesquels les Français peuvent donner un avis sur votre lieu de vacances, exiger de voir des photos de votre femme ou de votre mari, déprécier votre coiffure, s'insurger que vous postiez des photos sur les réseaux sociaux tout en les réclamant, vous expliquer à longueur de temps que vous faites mal votre travail ou vous soutenir quoi que vous fassiez, exiger votre venue dans telle ou telle ville pour y appeler à votre démission.

Il existe aussi peu de métiers où vous pouvez décider d'influer concrètement sur la vie des gens qui vous entourent.

Convaincre ou plaire peut être le moteur de différents métiers, mais un ministre doit convaincre *et* plaire, son travail n'étant pas mesuré par des évaluations objectives d'experts du périmètre de son action, mais par des baromètres de popularité. « 41 % des Français estiment que vous avez un avenir politique. » « 36 % des Français vous apprécient. » « 11 % des Français ne vous aiment pas du tout » (généralement, ceux-là apparaissent en rouge foncé sur les graphiques, histoire de renforcer l'intensité dramatique de cet état de fait : des gens qui ne vous ont jamais rencontré de leur vie vous détestent). Ces chiffres sont censés se transformer en votes, pour vous-même ou pour le candidat que vous soutenez. Même si les ministres sont nommés (et pas élus), il vaut parfois mieux savoir perdre une élection. En effet, un ministre, même de la société civile, doit pouvoir transformer sa popularité en combativité et aller défendre sa famille politique dans des combats électifs. J'ai pu constater que les ministres qui refusent d'aller porter les couleurs lors d'une élection perdent fatalement un peu de la confiance qui leur était accordée. À mon humble avis, dès que l'on vous propose d'être candidat à une élection, soyez-le.

La situation de ministre confère des honneurs et des avantages rares, une capacité à agir sur le pays, sur le collectif ; mais cela va de pair avec une responsabilité de chaque instant et, désormais, la possibilité d'être poursuivi en justice par vos opposants politiques. Il n'y a rien de plus facile que de « trouver une affaire » à un ministre. La fonction de politicien n'a jamais été aussi décriée. Et pourtant... la fascination demeure pour tout ce qui touche au pouvoir et, peut-être, pour ce qui fait le moteur de bien des responsables politiques : l'organisation de la vie en commun.

Ce livre, à mi-chemin entre le reportage et le témoignage, a vocation à éclairer les lecteurs sur la situation de ministre au quotidien, au-delà des clichés et des idées préconçues. Il permet, sous des dehors légers, de battre en brèche un certain nombre d'idées reçues sur la vie d'un gouvernement. Mon récit propose ainsi une plongée dans les coulisses des ministères comme si vous y étiez, révélant les moments cocasses, durs, drôles ou émouvants de la vie des ministres. Le ton est sérieux, mais prête aussi à l'autodérision ou au comique de situation. On peut être ministre sans être sinistre. Et je pense que le recul sur soi-même nous sauvera tous.

Vraiment, ce n'est pas un livre de programme politique. Ce n'est pas le bilan d'un quinquennat. C'est une plongée dans la vie quotidienne d'une personne ordinaire qui exerce des responsabilités extraordinaires. Une visite du tout premier aux derniers jours du premier quinquennat d'Emmanuel Macron. Avec sincérité, mais sans voyeurisme. Avec des réflexions politiques. Et qui répond donc à cette sempiternelle question : « C'est une bonne situation, ça, ministre ? »

1

Qui rêve d'être ministre dans la France de 2022 ?

La fille de son père

« Quand est-ce que tout cela a commencé ? » C'est une question que l'on me pose souvent lors d'interventions pendant lesquelles je m'exprime sur le rôle de ministre. Tout a commencé quand je suis arrivée au premier Conseil des ministres. Non, en fait, tout a commencé quand j'ai été appelée. Ou plutôt, au moment de la campagne présidentielle. Lors de ma première rencontre avec Emmanuel Macron ? Serait-ce quand j'ai été élue locale ? Au fond, et si tout avait commencé quand j'étais gamine, au « local » avec mon père ? Le « local » c'est le 87, rue du Faubourg-Saint-Denis, siège du parti lambertiste où j'ai passé beaucoup de temps, enfant, à jouer à la marelle dans la cour intérieure pendant les réunions, à faire du coloriage pendant l'organisation de la diffusion (l'équivalent du tractage aujourd'hui) ou à préparer mon cartable sur le bureau à côté des imprimantes chaudes sortant *Informations ouvrières*. Pour moi, la politique a toujours été présente et, au fond, j'aimais la politique parce que j'aimais mon père. Un jour, j'ai lu une interview de Marine Le Pen dans laquelle elle explique : « Mon père faisait de la politique tout le temps, si je voulais parler avec lui, sur son terrain, je devais faire de la politique. » Je ne me compare évidemment pas à Marine Le Pen et j'entends d'ici mon père soupirer : « C'est quoi encore ces conneries, tu n'as pas trouvé mieux comme référence ? » Par ailleurs, il nous parlait de nos devoirs, de nos amis, de musique, de nos vies. Mais force est de constater que, oui, avoir un père trotskiste et corse pose quelques bases.

Quand mes parents ont annoncé être en couple, un des responsables du parti aurait dit : « Ça promet, à vous deux, si vous avez un enfant, il dirigera l'OCI[1] ! » Raté.

Le « local », pour un enfant à la fin des années 1980, c'est un paradis. Ça sent bon la peinture et l'encre, les gens sont solidaires, les débats politiques de haut niveau, et il y a toujours quelqu'un qui est heureux de rencontrer « les filles de Jean-Marc ». On y défend les travailleurs contre ceux qui les oppriment et on y lutte contre le capitalisme. Souvent, des responsables politiques viennent d'Algérie, d'Amérique du Sud, des pays de l'Est, ils font des conférences. Au « local », on se sent en famille. Ailleurs, on est toujours un peu décalé. On ne regarde pas TF1 parce que c'est Bouygues. On lit de gros livres sans images. Le dimanche, notre père ne fait pas les brocantes, il diffuse ou tient des réunions.

Au « local », on a l'impression d'être avec des gens qui vivent comme nous, qui ont les mêmes idées que nous. D'ailleurs, on s'y marie, on s'y aime, on y divorce et on s'y remarie avec d'autres personnes du « parti ». Une fois, un dirigeant a été renvoyé car on a su qu'il avait une femme de ménage. C'est en tout cas le souvenir que j'en garde. Ma belle-mère de l'époque, très engagée dans le parti, m'a expliqué qu'on ne peut pas lutter contre l'exploitation de l'homme par l'homme

1. Organisation communiste internationaliste.

et prendre part soi-même à cette forme d'exploitation. Avoir une femme de ménage, c'est réservé aux bourgeois, aux nantis, aux patrons. Et aucun de nous ne veut devenir un patron, un nanti, un bourgeois car ce serait passer du mauvais côté de la barrière. On y demande l'autorisation avant de se présenter à des élections syndicales, on y cotise beaucoup, on y assure des tours de garde. Une véritable vie collective autrement mieux organisée que dans n'importe quel parti politique. Pour un enfant, aller régulièrement dans un endroit en fait un référentiel. Indubitablement, la grenadine au bar du coin avec notre belle-mère de l'époque, Anna, en attendant la fin de la réunion, le détour en métro pour aller chercher une pile de tracts ou les repas du jeudi soir dans la grande salle au profit de je ne sais plus quels camarades d'un autre pays à financer, faisaient partie du nôtre.

Au « local », à mesure que les années avancent, on connaît des secrets politiques, mais il ne faut pas en parler – « Pas même à l'école, d'accord ? » On sait que des « camarades » sont en mission ailleurs, parfois ces camarades prennent un peu trop goût à leur mission, par exemple, le camarade Lionel qui ne reviendra plus.

S'il est évident que je n'ai pas pris exactement ce chemin politique sur le fond pour devenir ministre, j'y ai clairement puisé des méthodes. On n'observe pas faire son père pendant des années sans en garder quelque chose. Comités de rédaction, cellules, courants, écriture d'articles pour des revues, si mon père se définit comme un militant ouvrier, il est clairement un intellectuel. Élu délégué syndical, il est aussi toujours présent pour renforcer le service d'ordre ou aller à la bagarre. J'ai clairement hérité de cette forme de loyauté qui veut qu'en cas de problème, je suis là pour le collectif. Même si La République en marche ne fonctionne pas du tout comme l'OCI. Pour mon père, la loyauté est importante et ne peut pas être à sens unique. Je suis comme lui.

Mon père peut à la fois diriger une publication historique, organiser une manifestation, en mettre en place le service d'ordre, diffuser, vendre des abonnements à *Informations ouvrières*, tenir la garde du local la nuit et mener une stratégie pour déclencher une grève. Je n'ai pas fait Sciences Po, mais j'ai baigné dans un des plus anciens partis politiques, réputé pour être un parti qui, certes, remporte peu les élections, mais dispose de la meilleure stratégie de contre-propagande et d'entrisme qui soit. Ce n'est pas un hasard si le Parti socialiste a toujours pioché dans les mouvements de jeunesse trotskistes. Mon père n'aimera pas que je le raconte mais, un jour, il m'a dit, après avoir souligné un désaccord de fond : « En tactique, tu es bien meilleure que moi. » Ma mère, elle, était engagée à la Ligue communiste révolutionnaire (LCR) avant de rejoindre le Parti socialiste, et mon grand-père paternel, militant socialiste, a fondé l'Union départementale de Force ouvrière de Corse. Bref, entre l'inné et l'acquis, la graine de la politique était là depuis longtemps.

Si mon père avait été boulanger, j'aurais fait mes devoirs sur une table pleine de farine, et j'aurais peut-être ouvert une pâtisserie. Seulement voilà, mon père était militant du mouvement ouvrier. Lors de mon premier mariage, dans la case profession du père, j'ai mis « historien ». Mon père n'était pas content, il trouvait ça prétentieux, il a soupiré. Je lui ai demandé ce qu'il eût fallu écrire. Il a réfléchi trois secondes et m'a dit, d'un ton d'évidence : « La prochaine fois, tu mets : militant du mouvement ouvrier. »

Qui imagine le général de Gaulle en trottinette électrique ?

Naguère, la fonction de ministre était prestigieuse. Réservée à ceux que l'on appelait les « grandes familles ». Les honneurs militaires, les victoires électorales, les écoles prestigieuses vous conduisaient à prendre ce que certains journalistes qui ont connu Giscard d'Estaing appellent encore un « maroquin ministériel ». De Cambacérès à Pasqua en passant par Guizot, les ministres font les lois et l'actualité de leur époque, mais ils sont si vite oubliés… Un rapide coup d'œil dans la prestigieuse salle du ministère de l'Intérieur où sont affichés les portraits de tous les anciens suffit à se rendre compte que les noms d'il y a deux quinquennats sonnent déjà étrangement à nos oreilles. Même les noms les plus récents suscitent parfois un : « Ah oui, tiens, il a été ministre de l'Intérieur, lui… » de la part des visiteurs, amusés que l'on vienne taquiner leur mémoire.

En politique, on vous oublie vite.

Dans *La Vie quotidienne dans les ministères au XIXe siècle*, Guy Thuillier décrypte ce qui procède de la nomination d'un ministre et de son administration, notant l'absence de concours de recrutement favorisant le « népotisme » le plus absolu, mais il pointe surtout que les ministres comme leurs équipes sont exclusivement issus de la bourgeoisie. À compter du suffrage universel masculin de 1848, le choix des responsables politiques devient l'affaire de toute la France : « S'opposent alors une conception traditionnelle et autoritaire du pouvoir soutenue par les différentes familles monarchistes ou bonapartistes d'une part, et la vision républicaine défendue par Gambetta d'un élargissement du personnel dirigeant grâce à l'apport de "nouvelles couches sociales" issues de la bourgeoisie moyenne des entrepreneurs ou des professions libérales, ainsi que d'un débat politique plus ouvert grâce à l'extension des libertés (électorale, de la presse, etc.), d'autre part. Cette conception est en phase avec l'évolution du pays, plus urbanisé et plus instruit grâce aux premières lois scolaires [1] », décrypte l'historien Raymond Huard sur le site de la revue *Cause commune*. Dans tous les cas, et c'est encore le cas jusqu'au milieu de la Ve République, être ministre est prestigieux, considéré comme l'une des fonctions les plus éminentes du pays.

La fonction de ministre est-elle toujours prestigieuse aujourd'hui ? Probablement. Parfois. Pour certains. Mais, d'abord, une forme de respect qui allait avec la fonction semble avoir disparu. Certains blâmeront les magazines people, l'accouchement de Ségolène Royal en direct dans *Paris Match*, les photos de Nicolas Sarkozy à Disneyland, la une de *Closer* représentant un président de la République à scooter apportant des croissants à sa maîtresse actrice, les présidents de la République successifs en vacances, en short de bain, au ski, en kayak, à la pêche à la mouche… Je ne partage pas cette analyse facile.

1. Raymond Huard, « Classe dirigeante et politique au XIXe siècle », causecommune-larevue.fr

« Imagine-t-on le général de Gaulle sur un scooter ? », lancera votre oncle Bernard dimanche, après le deuxième pastis, pour afficher son mépris à l'égard de tous ces ministres du XXIe siècle.

D'abord, je pense qu'il faut cesser de commencer toute phrase visant à décrédibiliser un responsable politique par : « Imagine-t-on le général de Gaulle... ? » Non, on n'imagine pas le général de Gaulle sur un scooter, mais on n'imagine pas non plus Jules César en train de twitter, Napoléon Bonaparte faisant un selfie à Paris Plages, Louis XIV en interview avec Mcfly et Carlito, ni Jean Jaurès tenant Louise Michel par la main à la sortie d'un Starbucks en une de *Voici*.

Ces anachronismes ne servent qu'à juxtaposer une image du passé, forcément lisse, héroïque, désirable, sur une image de la modernité, forcément méprisable, sans valeur, dégradée. Cessons donc de demander si Charles Martel aurait fait ci ou ça pour déplorer qu'Étienne Duglantier, secrétaire d'État chargé des Cantines, n'ait pas le « niveau » attendu d'un ministre.

Il en va de même pour Simone Veil. Grande figure française et mondiale du féminisme, elle incarne à la fois la lutte contre l'antisémitisme, la mémoire de la Shoah, le combat pour la liberté des femmes à travers la dépénalisation de l'avortement, l'émergence de l'idéal européen. Mais évoquer Simone Veil aujourd'hui en commençant toute phrase par « Qui imagine Simone Veil... » ou « Simone Veil n'aurait jamais... » sert surtout à ceux qui, à l'époque, lui auraient jeté des tomates. Cette formule sert à rabaisser des femmes ministres de notre époque en collant sur une photo au filtre « intense et chaud » d'Instagram l'image en noir et blanc du beau sourire de Simone Jacob dans la première moitié du XXe siècle.

O tempora, o mores.

Mais Simone Veil, en son temps, « clivait », comme on dit aujourd'hui. Croire que son témoignage sur la Shoah dans la France se réveillant des années Pétain faisait l'unanimité est une faute historique. Imaginer que Jacques Chirac a bien pris son ralliement à Édouard Balladur serait de la naïveté. Son parcours politique ne fut pas semé de roses. Insultes, brimades, moqueries, menaces étaient son lot quotidien. Et ceux qui voudraient faire de Simone Veil une personnalité aseptisée sur papier glacé dont on omettrait toutes les difficultés, les choix malheureux aux élections, les fâcheries... ne rendraient pas service à sa mémoire en remplaçant la femme par l'icône. Ce procédé amoindrirait son mérite.

Ainsi, à la question « Imagine-t-on Simone Veil dans une émission de télévision parlant de ses cheveux ? » la réponse est : oui. Le 26 juillet 1986, dans l'émission alors controversée de Christophe Dechavanne, *Toutes folles de lui*, dans une séquence désormais mythique, elle défit son chignon.

Que les tenants du « C'était mieux avant » se calment : *Salut les copains* n'était pas mieux que *The Voice*, ce n'était pas mieux quand les homosexuels devaient se cacher pour s'aimer, quand on mourait de la petite vérole ou de la rougeole, quand on était détroussé par des bandits au détour d'un faubourg parisien.

Mais la perte de prestige s'explique probablement autrement. Quand j'interroge mes collègues ministres, ils citent pêle-mêle la baisse de leur rémunération, le peu de temps de durée de vie en poste, la puissance de la haute administration dont chacun prétend qu'elle décide de tout ou presque, la proximité avec la population. Ainsi, un de mes anciens collègues s'est vu reprocher de continuer à vivre dans son appartement personnel, dans un quartier populaire de Paris, à quelques pas d'un point de deal. « Pas assez ministériel. » Reproche kafkaïen !

C'est tout le paradoxe de l'attente des citoyens vis-à-vis du ministre. Ils veulent un ministre accessible mais prestigieux, bien payé mais pas avec de l'argent public, transparent mais mystérieux, transformateur mais qui ne dérange rien. Le cahier des charges est impossible à remplir. Ces « injonctions paradoxales », pour reprendre le vocabulaire psychologique, ou « injonctions contradictoires », tous les experts s'accordent à le dire, « altèrent la santé mentale à long terme ». Vous pouvez en devenir fou. Mais surtout, elles faussent le postulat de base. Le pays ne peut qu'être mécontent.

La vérité, c'est que les dernières générations de politiques ont lâché du terrain. La classe politique s'est laissé marcher dessus, s'est laissé traiter comme le paillasson du pays, s'est excusée de tout et son contraire, a baissé volontairement ses salaires, a instauré des organes de contrôle de ses faits et gestes à n'en plus finir, a plaidé coupable pour tout, tout, tout. Ce qu'elle mange, ce qu'elle fait de ses soirées, ce qu'elle paye, avec qui elle couche, où elle part en vacances. La classe politique a décidé de consentir à une forme de transparence néfaste. On déplore la monarchie présidentielle prévue par la Ve République, mais on exige encore que le roi s'accouple devant témoins ! Moi que l'on a parfois accusée d'être trop médiatique, vous n'imaginez pas le mal que j'ai eu à conserver secrets des éléments ne regardant que moi : mes enfants. Non, on ne prend pas mes enfants en photo, non on ne donne pas leurs prénoms. Certains ont été agressifs face à ces refus, insistants, culpabilisateurs même ! « Oh, allez, qu'est-ce que ça peut vous faire ? » m'a demandé une journaliste. Quand le Premier ministre Édouard Philippe a refusé de donner publiquement l'adresse de son lieu de vacances, il fut poursuivi et pris en photo à son insu, comme une forme de vengeance : votre lieu de vacances nous appartient ; vous êtes à nous ; votre vie n'est plus la vôtre.

En 2012, François Hollande a estimé que baisser la rémunération du Président et des ministres de 30 % permettrait de combler le fossé qui sépare les citoyens de la classe politique. Il n'en fut rien. Le pays a la mémoire courte et 30 % ne suffiront jamais à calmer ceux qui trouvent que c'est toujours trop. Non seulement cela ne sera pas crédité au président Hollande mais, pire, la requête resurgira à peine six ans plus tard, comme s'il ne l'avait jamais fait[1].

Ces dernières années, eu égard à la difficulté, à l'intensité et à la répétition de crises inédites, vous diriez même que vous avez perçu un brin de pitié dans le regard d'autrui. Oui, de la pitié. Vous connaissez la blague de la mère qui hurle : « Au secours, au secours, mon fils avocat se noie ! » pour montrer sa fierté vis-à-vis du métier de son fils, même dans les pires moments. Je ne suis pas certaine que la blague fonctionne avec : « Au secours, au secours, mon fils ministre se noie ! » Réactions possibles de l'entourage à votre arrivée à un dîner familial, sachant que vous êtes ministre : « Je n'aimerais pas être à votre place… Les pauvres… Et sinon, ça va ? » (regard inquiet).

---

1. Anne-Aël Durand, « "Baisser le salaire des députés et ministres" : une solution simpliste, partagée sur Facebook », *Le Monde*, 12 novembre 2018.

Je m'ouvre à une personnalité éminente de cette réflexion. Il fut directeur de cabinet de nombreux ministres depuis la présidence de Jacques Chirac, organisateur de campagnes électorales, et exerce aujourd'hui encore une fonction importante dans le dispositif gouvernemental. Il lève un sourcil : « Il me semble tout de même qu'il subsiste davantage de candidats que de postes ministériels », observe-t-il à raison. « Ne vous laissez pas rabaisser par ce que disent des – comment dites-vous déjà ? des trolls ? Ministre est une fonction prestigieuse, éminente, importante pour la République. » Ragaillardie par cette observation, je demande à ma petite nièce ce qu'en disent ses camarades. « Tatie ministre, c'est la classe ! », souffle-t-elle. Pouvoir de décision, capacité de nomination, gouvernance du pays, proximité avec le président de la République, responsabilité... Au début du quinquennat, quand j'ai été nommée ministre, nombre de ceux qui ne l'avaient pas été se sont attachés à m'expliquer à quel point allait s'ouvrir une période durant laquelle je ne vivrai plus. À l'approche de la fin du quinquennat, les mêmes personnes tournent autour de mon ministère en me demandant comment je pourrais glisser un mot pour les y faire nommer. Tout en expliquant qu'ils ne savent pas encore s'ils accepteraient cette nomination.

En ce qui me concerne, je n'ai pas fait l'ENA ni été dans des écoles prestigieuses, je n'ai pas fréquenté les mêmes cercles ou réseaux, dîné aux mêmes tables que ceux qui occupent habituellement le pouvoir. Alors j'en ai vu des sourcils se lever sur mon passage, se demandant ce que cette personne faisait là, avec son rouge à lèvres trop rouge et ses réponses trop franches. Absolument rien ne me prédestinait à devenir ministre. Ni une enfance en cité avec les trois sœurs dans la même chambre, ni la création d'un réseau de mères actives ne me prédestinaient à pousser la porte de l'Élysée chaque mercredi matin pour le Conseil des ministres. Pourtant, j'ai eu l'honneur d'occuper pendant cinq ans cette fonction éminente au service de mon pays.

Au fond, ministre, c'est peut-être une situation prestigieuse, mais pas si enviable.

Maman travaille

Quand je demande à mes collègues ministres ce qu'ils rêvaient de faire enfants, peu répondent : « De la politique. » C'est peut-être une nouveauté que l'on doit à l'audace d'Emmanuel Macron. En nommant des ministres issus de la société civile, il nomme des personnes avec des parcours différents. « Je voulais être astronaute », « Je voulais avoir un salaire stable, car mes parents étaient toujours ric-rac », « Je voulais devenir chanteuse d'opéra »...

Rapidement, comme mes collègues, j'ai une certitude dans la vie : je ne veux pas faire de politique. Je ne veux pas traîner mes enfants sur les marchés le dimanche, je ne veux pas m'éloigner de mon mari, je ne veux pas donner 10 % des revenus de mon travail à un parti politique – je trouve les partis politiques sectaires. J'aime la politique, mais je n'aime pas les politiques. Et puis, longtemps, je n'ai pas eu le temps. Et pas l'argent. Je me démène pour emménager, travailler, me former, fonder une famille. Il me semble abscons de sortir de chez moi un jeudi soir pour aller frapper à la permanence d'un parti politique. Et puis, d'abord, lequel ?

Alors je crée une association : Maman travaille. J'ai à peine 24 ans, je viens de quitter l'agence de publicité dans laquelle je travaillais, pour monter ma petite entreprise. Découvrir les joies de la maternité tout en devenant entrepreneuse est un sacré défi au quotidien, et les épreuves liées à la conciliation vie professionnelle-vie familiale me semblent nombreuses ! Il existe quelques associations féministes alors confidentielles, des réseaux pro-féminins pour les dirigeantes d'entreprise et des associations familiales. Mais aucune organisation ne lie ces trois écosystèmes qui échangent très peu entre eux. Des associations féministes d'alors considèrent pour beaucoup que c'est « capitaliste » et « bourgeois » de diriger une entreprise, et « réactionnaire » de s'intéresser aux problématiques familiales. Je n'exagère pas, cela m'a été dit comme cela, *stricto sensu*. Quant à certains réseaux pros, ils considèrent que les problématiques de places en crèche ne sont pas assez chics pour être abordées en leur sein, à cette époque. Maman travaille vient donc agir comme un véritable lobby et, très vite, réussit à fédérer près de 15 000 membres au cours de nombreux événements et formations partout en France.

Je ne veux pas en rester là, je lance donc des activités plus politiques au sein de l'association. Nous créons dix propositions concrètes, que nous décidons de défendre auprès des décideurs et des pouvoirs publics. Ce lobbying, nous l'avons porté auprès des ministères, des mairies et même du Parlement européen.

C'est dans ce cadre que, déjà élue et jeune référente En Marche, j'ai organisé une rencontre entre Emmanuel Macron, alors candidat, et les membres de Maman travaille. Dans cette association, nous pensons que la question de l'égalité femmes-hommes est politique, et que la question de la conciliation vie professionnelle-vie familiale l'est tout autant. Nous luttons contre l'idée selon laquelle les questions d'organisation familiale seraient accessoires et « féminines ». Via le blog de ce réseau, j'ai sensibilisé, grâce au relais des médias, le grand public à des sujets divers : les mères qui travaillent sans mode de garde pour leurs enfants ou celles qui doivent cumuler plusieurs emplois, la question des femmes battues, la question de celles qui réussissent à créer des entreprises à succès, voire encore des pères qui travaillent... Nous sommes aussi à l'origine des premiers chiffres sur les mères épuisées et le *burn out* parental relayés dans de nombreux médias.

Nous avons été auditionnées à l'Assemblée nationale par la délégation aux droits des femmes et j'ai même échangé lors des rencontres Sciences Po-*Elle* avec Marine Le Pen autour du salaire maternel (je suis contre, elle est pour) et avec le quartier général de campagne de Nicolas Sarkozy, où nous avons été reçues en 2012 pour faire passer nos messages. Dès lors que quelqu'un est en mesure de faire quelque chose pour les mères qui travaillent, nous fonçons pour expliquer nos analyses et nos propositions. Le « pacte transparence crèches » de Maman travaille est contresigné par les secrétaires d'État aux responsabilités au moment de son lancement.

L'association mène ses missions de lobbying et, à titre personnel, « moi, présidente d'asso », j'ai évidemment mes orientations, connues de tous ceux que ça intéresse : adjointe au maire société civile, déléguée à l'égalité femmes-hommes, d'une majorité municipale de gauche. C'est pour toutes ces raisons que nous avons été conduites à un échange avec Emmanuel Macron.

Ancien ministre de l'Économie, fondateur du mouvement En Marche, Emmanuel Macron était en déplacement au Mans où il a tenu un meeting devant un millier de personnes. Emmanuel Macron a également pris, à cette occasion, des positions sur la question des inégalités hommes-femmes en parlant notamment d'une « insécurité spécifique vécue par les femmes » dans leur présence dans l'espace public. En Marche n'est pas un parti politique, mais un mouvement, qui se revendique comme n'étant ni de droite ni de gauche, et ambitionne de penser la politique différemment, en partant du diagnostic avant de lancer des propositions.

Lors d'une discussion très libre de plus d'une heure, nous avons pu avoir des conversations sur l'ensemble des sujets qui nous intéressaient.

Nous lui avons résumé l'étude Maman travaille en présentant quelques chiffres, comme le nombre d'heures de sommeil plus faible chez les femmes que chez les hommes, l'inégale répartition des missions éducatives, les écarts salariaux… Nous avons souligné les liens entre les inégalités au foyer et dans la vie professionnelle, et l'inadaptation des codes masculins du monde du travail avec les exigences de la vie familiale.

Même quand ce ne sont pas les mères qui se chargent de la vie scolaire, ce sont des femmes quand même qui le font : nourrices, assistantes maternelles, mamies… Dans plus de 70 % des familles, la mère porte seule les tâches ménagères et éducatives.

Emmanuel Macron a tenu à écouter réellement chaque mère présente, à les faire parler de leur vie, de leurs difficultés, de leurs attentes, et à comprendre le problème de façon globale sur la base des expériences de chacune.

Nous avons conclu en insistant sur la responsabilité tripartite dans la construction du « plafond de mère » :

1/ des pouvoirs publics (société, institutions, collectivités…) ;

2/ du monde du travail (employeurs, culture…) ;

3/ des individus (mères et pères eux-mêmes).

D'évidence, si l'acteur n° 1 fait voter une loi (possibilité de congé parental), mais que l'acteur n° 3 (le père) n'a pas envie ou pas la culture nécessaire pour profiter de cette loi, elle sera inefficace (2 % de pères en moins dans les chiffres du congé parental entre 2012 et 2016). *Idem*, si l'acteur n° 2 (l'employeur) facilite l'embauche et la promotion de mères, mais que l'acteur n° 1 (la collectivité) ne crée pas suffisamment de places en crèches ou de modes de garde pour que les enfants en bas âge, l'acteur n° 3 (le parent) ne peut pas en profiter.

C'est donc grâce à une action commune et uniquement une action commune, concertée, articulée et organisée entre l'ensemble de ces responsables que l'on pourra mettre fin au « plafond de mère » ou l'atténuer fortement.

Nous avons remis à Emmanuel Macron une synthèse de l'étude Maman travaille et différents documents et livres, ainsi qu'une carte de Maman travaille pour son épouse. Lors de son discours au meeting le soir même, plusieurs éléments de nos échanges sont ressortis et il a évoqué plusieurs fois sa rencontre avec l'association.

Si ce n'était pas ma toute première rencontre avec Emmanuel Macron, cela a sans doute été la plus décisive.

Qui sont les ministres ?

Les ministres sont des personnes à la fois grandiloquentes et tourmentées, agressives et fragiles, magnifiques et pathétiques, brillantes et inquiètes. J'éprouve admiration et tendresse pour les responsables politiques, pour toute personne, en réalité, qui choisit de dédier une partie de sa vie aux autres, au bien commun, au service public. Sur la cinquantaine de ministres que j'ai pu côtoyer ces dernières années, il n'y en a, selon moi, pas un qui ne fût pas préoccupé par l'intérêt général. L'image d'Épinal du ministre bedonnant, content de lui dans son salon doré et éloigné des difficultés des Français, me semble très erronée. Oh ! il en existe sans doute, comme dans tout groupe humain. Mais il y a surtout des personnes qui décident d'offrir des années au service des autres.

D'abord, comme l'explique Pierre Rosanvallon dans son dernier livre *Les Épreuves de la vie. Comprendre autrement les Français*, les épreuves forgent et soudent bien davantage que l'appartenance à une classe sociale ou même à une religion. Bien des ministres, par discrétion ou par pudeur, n'abordent pas ces difficultés personnelles. Elles sont celles de tout le monde. Un parent dépendant très malade, un cancer, un enfant handicapé, un conjoint violent, une enfance difficile, un surendettement, un divorce conflictuel en cours, des peines de cœur... La vie ne cesse pas pendant votre exercice de fonction. Leurs parcours de vie mériteraient souvent que l'on s'y arrête. J'apprendrai que l'une de mes collègues fut pupille de la nation, qu'une autre a vécu le deuil d'un de ses enfants, qu'un de mes collègues a dû affronter le suicide de son père, que plusieurs ont des grands-parents morts en déportation, que quelques-uns ont grandi dans une cité de banlieue, que d'autres ont subi le harcèlement scolaire ou des violences sexuelles. Retrouver ces cas de figure est l'évidence même dans un panel de 50 personnes, composé de femmes et d'hommes, entre 29 et 70 ans environ. Je le précise, car ce procès en déconnexion existe. Un ministre dispose d'une voiture de fonction et d'un cabinet, d'un beau titre protocolaire et d'un chevalet à son nom en Conseil des ministres. C'est une belle responsabilité. Cela ne guérit pas les cœurs brisés ou les parents malades.

Comment définir le rôle d'un ministre ?

« Agent supérieur du pouvoir placé à la tête d'un ministère », disent les dictionnaires. Nommés par le président de la République sur proposition du Premier ministre, les ministres sont chargés de différentes prérogatives.

Quand on est ministre, on agit.

Un ministre signe des décrets. Il a le pouvoir de concrétiser, ou non, de multiples décisions.

Un ministre présente des projets de loi, donne la position du gouvernement sur des propositions de loi émanant de parlementaires. Un ministre a le pouvoir d'organiser la vie collective, de dire quelles sont les règles de vie que nous nous donnons.

Un ministre peut décider de porter des questions, de créer des sujets, de résoudre des problèmes.

Un ministre vient, par sa présence, signifier l'importance accordée par la République française à telle inauguration, à tel événement, à telle commémoration. Sa présence est une marque de considération, d'importance.

Un ministre peut attribuer des subventions, organiser des budgets, décider de qui touchera quoi, porter des thèmes dans le débat public, nommer des personnes à des postes – effectifs, honorifiques, réels, consultatifs –, créer des commissions ou les dissoudre, proposer au président de la République des personnalités dignes de recevoir les plus hautes distinctions et remettre des Légions d'honneur et des médailles de l'ordre du Mérite.

Oui, être ministre, c'est avoir le pouvoir d'agir.

La liste est non exhaustive. Un ministre peut se contenter d'aller au Conseil des ministres, sécher les questions d'actualité au gouvernement, décliner les invitations aux émissions politiques, éviter les déplacements et rester chez lui. Certains d'entre eux ont laissé passer quelques mois ou quelques années avec un degré d'engagement moindre. Mais un ministre énergique, qui a envie de faire, dispose d'une capacité hors norme de décisions et d'actions.

Bien sûr, rien ne se fait seul. Le président de la République, le Premier ministre, les autres membres du gouvernement, l'administration mènent ces actions de concert. Mais il y a une chose qui différencie un ministre d'un élu local, d'un chef d'entreprise ou d'un président d'association.

Ce que fait le ministre, il le fait au nom de la République française.

Si je devais ne retenir qu'une seule particularité du rôle de ministre, c'est celle-là. Nous avons cette capacité à nommer, financer, décider, dire, agir, au nom de la République française, et cela change tout.

Lorsque j'ai lu dans la brève d'un journal le décès de ce jeune papa mort en voulant sauver des retraités qui nageaient au large, je n'ai pas hésité. Il méritait évidemment de recevoir la médaille d'honneur pour acte de courage et de dévouement. C'est une médaille que seul le ministère de l'Intérieur est habilité à décerner, sur décision des ministres. Bien sûr ce n'est qu'une médaille. Bien sûr cela ne ramènera pas ce jeune père de famille courageux.

Mais avoir la capacité, au nom de la République française, de recevoir sa veuve, elle aussi héroïque, de dire à ses enfants que leur papa est mort en héros, de recevoir sa mère, en fauteuil, sa famille, pour honorer au nom de la République française cet homme, cela a un sens. « Disons que le ministère de l'Intérieur n'était pas d'emblée celui qui nous ressemblait le plus », exprimera avec beaucoup de sincérité et de pudeur sa femme, permanente d'une association d'aide aux réfugiés, qui nous dit que son mari n'aimait pas tellement « l'État ».

Raison de plus. Seule une ministre a le pouvoir d'ouvrir la salle des fêtes du ministère de l'Intérieur et, sous le drapeau français, de décerner officiellement une médaille à cette femme et, à titre posthume, à cet homme, pour leur action. Présidente d'association ou élue locale, j'aurais adressé mes condoléances. L'émotion et l'admiration auraient été les mêmes. Mais la symbolique aurait différé.

C'est dans ces moments-là que l'on sent qu'être ministre est utile. Le vote d'une loi est toujours une satisfaction, plus rationnelle et collective qu'autre chose. L'inauguration ou la visite officielle d'un lieu revêt un aspect solennel, bien sûr. Mais les moments de rencontre, d'hommage, ont une saveur aigre-douce particulière. En tant que ministre, je me demande toujours si je fais une différence. Si c'est mieux, ou en tout cas si c'est différent, que si quelqu'un d'autre occupait mon bureau à ma place. Oui, repérer cette histoire, contacter la veuve, proposer une décoration posthume à l'homme pour l'honorer fait une différence. Oui, quand j'arrive dans la salle des fêtes du ministère de l'Intérieur et que je vois les visages de ces personnes, mon cœur se serre. De jeunes adolescents en jogging, des visages de toutes les couleurs, la maman voilée, dans son fauteuil roulant, qui pleure son fils décédé, des personnes venues en deuil et pourtant si fières. Ma fierté à moi, c'est de les convier à entrer ici. Faire leur cette salle des fêtes. Leur dire que la République est fière de leur ami, mari, père, fils.

S'exprimer au nom de la République française, du président de la République, du ministre de l'Intérieur, c'est aussi faire une différence dans les vies des gens, leur apporter la considération et le respect qu'ils méritent. C'est la principale spécificité de la vie de ministre. Je veux l'écrire avant toute autre chose parce que ce livre expliquera les splendeurs et misères de la vie ministérielle, c'est son objet. Mais ne perdons jamais de vue la grandeur de la tâche ici rappelée.

2

Le jour J (et après)

T'as été appelée ?

Certains étaient à table, chez eux, en famille, affairés à découper un poulet rôti.

Certains travaillaient au bureau et, comme tous les matins, ils demandaient un café avant d'ouvrir leurs dossiers du jour. Certains embarquaient dans un avion sur le point de décoller, tentant de tasser les sacs dans les espaces prévus au-dessus de leur tête.

Certains finissaient leur jogging, reprenaient leur souffle en jetant un œil à leur montre, soupirant : « Bon temps, aujourd'hui ! »

Certains étaient à l'événement annuel de leur association, prêts à monter sur scène, oreillette fixée et fiches cartonnées en main.

Certains attendaient l'appel, vissés à leur téléphone, scotchés à l'endroit qui capte le mieux de la pièce, reportant tous leurs rendez-vous pour se rendre disponibles immédiatement au cas où.

Certains n'avaient pas la moindre idée que leur nom était évoqué, que l'on s'agitait pour trouver leur numéro de téléphone partout.

Certains ont pensé à une plaisanterie.

Certains ont murmuré : « Ce n'est pas trop tôt. »

Certains ont été bouleversés.

Quel que soit l'endroit où nous nous trouvions, nous nous souviendrons tous longtemps du moment où l'on nous a appris que nous allions devenir ministres.

Pour la plupart, ça se passe au téléphone. On se voit, on échange, mais on n'a de certitude qu'au moment où le secrétaire général de la présidence de la République française prononce notre nom sur le perron de l'Élysée.

Le Président avait été élu depuis plusieurs jours maintenant. Je l'avais félicité par SMS. Il m'avait invitée à la cérémonie de la Mairie de Paris et, en passant saluer la foule pressée pour le féliciter, il m'avait adressé un clin d'œil. Joie de Jean-Claude Boulard, sénateur-maire du Mans : « Il va te nommer, il va te nommer ! » Décryptage de Laetitia Avia, pas encore députée : « Marlène, un clin d'œil, ça signifie : tu seras dans mon gouvernement. »

Nous rentrons au Mans. Chaque personne que je croise me demande si j'ai « des nouvelles ». Je n'ai pas de nouvelle.

21 heures. Numéro inconnu.

« Anne... Matignon... Édouard Philippe... demain matin, 9 heures ? »

Trouver un train. Aller chercher le tailleur noir propre et repassé que j'ai laissé de côté, au cas où. Les campagnes présidentielles nous laissent exsangues avec des maisons sens dessus dessous, nous n'avons pas le temps de faire des machines ou du repassage. C'est ainsi que Cécile Duflot s'est retrouvée en jeans au premier Conseil des ministres.

On vous donne une adresse cachée des journalistes, vous devez entrer par-derrière. Vous arrivez en même temps que Laura Flessel, que vous connaissez pour avoir fait des interventions avec elle sur l'épanouissement des femmes au travail.

Imaginez. Vous attendez dans une salle dorée au plafond déraisonnablement haut et, par réflexe, par stress, car vous ne tenez pas assise immobile, vous vous levez et regardez par la fenêtre. D'où vous apercevez Bruno Le Maire dans la cour. Vous souriez. C'est surréaliste. Cela ressemble à ces rêves où vous êtes en salle de classe avec Madonna et Michael Jackson et où vous perdez vos dents. Vous voyez ce que je veux dire ?

La porte s'ouvre sur Édouard Philippe, nous parlons des droits des femmes, du Mans, du Havre, il me demande ce que je ferais si j'étais au gouvernement sur l'égalité femmes-hommes, je déroule la feuille de route, le programme du président sur le sujet – je l'ai coordonné, je le connais bien. Il me demande : « Êtes-vous prête à changer de vie ? » Sur le moment, je ne comprends pas du tout ce à quoi il fait référence. Je fronce les sourcils. Je suis surtout prête à travailler. Nous nous quittons. On vous rappellera.

Les moments de composition de gouvernement sont toujours difficiles, car vous tâchez de trouver des gens avec qui partager l'attente. Il vous faut donc repérer des « ministrables » et vous ouvrir à eux en avouant donc, toute fausse modestie mise à part, que vous vous considérez vous-même comme ministrable, et comparer le niveau de l'avancée de vos échanges. Conférence de presse des investitures. Regards en coin.

« T'as été appelée ?

— Pas encore, et toi ?

— Non plus. » On se rassure, si Untel n'a pas été appelé, moi non plus. À la cérémonie parisienne, un parlementaire sortant qui ne sera pas appelé cette fois-là, mais qui sera un ministre de premier plan de la suite du quinquennat, se penche vers vous :

« T'as eu un appel ?

— Non. Toi ?

— Non. Je ne sais pas si j'en aurai un. Mais toi, oui, c'est clair, tu seras appelée.

— Ah bon, tu as des infos ?

— Non, je n'ai pas d'infos, mais j'ai un sens politique. Il n'y a pas mille jeunes femmes trentenaires de la société civile, élues locales, avec un domaine d'expertise, et qui ont fait la campagne depuis le début avec, allez, je vais le dire, un certain talent. »

C'est en constatant que le nombre de personnes demandant si vous avez « été appelée » grossit de jour en jour que vous finissez par vous dire que, peut-être, vous allez être appelée.

Le purgatoire de la HATVP

« Le purgatoire surpasse en poésie le ciel et l'enfer, en ce qu'il présente un avenir qui manque aux deux premiers », écrit Chateaubriand dans *Le Génie du christianisme*. C'est précisément ce qui définit ce temps suspendu, ce rendez-vous improbable, ce moment du purgatoire, « lieu où les âmes expient leurs péchés avant d'aller au paradis » dans la religion catholique. Ce serait aussi une sorte de confessionnal où l'aveu de ses péchés permettrait d'en obtenir l'absolution. Ce purgatoire, pour un futur ministre, c'est l'entretien de la HATVP.

Sur des millions de Français, seuls quelques centaines ont déjà vécu cette expérience hors du commun : un rendez-vous avec la Haute Autorité pour la transparence de la vie publique avant de recevoir l'absolution, dans la mesure où il n'est organisé que pour celles et ceux qui vont devenir ministres. Certains ont d'ailleurs été bloqués à cette étape cruciale, pour cause de patrimoine ambigu ou de déclaration effrayante. On ne me dit que cela. Des noms se murmurent dans les dîners de ministres : « Tu as su pour Untel… ? Il est resté bloqué à la HATVP. » Regard compatissant, bien entendu.

Avant le rendez-vous avec Édouard Philippe, j'ai donc passé cet entretien. Souvenirs confus. Excitation du rendez-vous secret. Appréhension des enjeux. Amusement de l'ignorance des journalistes politiques. Ils ont tellement manqué d'imagination au moment de composer le gouvernement d'Emmanuel Macron... On entendait pêle-mêle parler de Nathalie Kosciusko-Morizet, d'anciens ministres, de patrons du Medef... Était-il si difficile de prendre la liste de celles et ceux qui ont ouvert des meetings ou été les cadres de terrain pour les projeter au gouvernement ? « Nous ne vous connaissions pas ! », me lancera un de ces journalistes. Seule Anne-Charlotte Dusseaulx du *Journal du dimanche* a fait par écrit le pari que je serai membre du gouvernement. Meilleur sens politique ? Intérêt pour le sujet de la parité ? Bonnes sources ? Je ne sais pas.

C'était au rez-de-chaussée, je crois. Non, j'en suis certaine. Huissier à l'entrée, porte dorée. « Je vous en prie, Madame. » Je crois même que l'un d'eux m'appelle « madame la ministre » avant de se reprendre : « Euh, Madame. » Je ne suis pas encore nommée. Jeu de dupes. Nous feignons, eux et moi, d'ignorer la raison pour laquelle je passe cet entretien.

Je ne me souviens plus si je suis entrée par une porte dérobée. Je revois simplement la porte de la pièce du rez-de-chaussée à gauche de la petite entrée latérale, celle que l'on emprunte quand on va voir le Premier ministre, s'ouvrir sous l'impulsion de la cheffe de cabinet dudit Premier ministre. Deux personnes assises. Une femme et un homme. Ils représentent une direction de cette Haute Autorité, ou une direction des impôts, je ne sais plus. Il me semble que je passe un entretien-vérité comme dans une série américaine : à tout moment je m'attends à voir arriver le détecteur de mensonges, ou un personnage qui porterait un imperméable et fumerait un cigare et lancerait, me braquant la lampe dans les yeux : « Tu mens, Brenda, ta taxe d'habitation, tu l'as payée en deux fois ! »

Dans la réalité française, ils portent des tailleurs et costumes chics et sont très courtois. Ils m'expliquent qu'ils sont là pour « m'aider à évaluer les risques potentiels de conflits d'intérêts entre mon parcours précédent et le service de l'État ».

Devant eux, de nombreuses feuilles. Ils semblent disposer de toutes mes déclarations d'impôts depuis que j'en paye, donc depuis l'âge de 18 ans.

« Payez-vous vos impôts ?

— Évidemment.

— Payez-vous vos impôts à temps ? »

Ils ont les papiers devant eux, mieux vaut être franche.

« Pas toujours, j'ai déjà eu 10 % de majoration pour un retard de paiement. »

À cette période-là, je suis une mère de famille qui a deux enfants en bas âge, en instance de divorce, qui assume seule le paiement de son logement, avec des frais de campagne et de déplacement non remboursés ; j'ai arrêté de travailler pendant l'année de campagne pour ne faire que cela, je perçois environ 1 800 euros par mois d'indemnités d'élue et quelques droits d'autrice. Donc, en effet, je n'avais pas de quoi payer les impôts à la seconde où l'avis est arrivé. Ils se regardent et me disent que, désormais, il faudra que je les paye en temps et en heure. J'acquiesce. Je ne vais pas répondre « Bof, non, faudra voir, je ne prends pas d'engagement formel. »

Ils posent les documents des impôts et me lancent :

« Il faudra que vous placiez votre portefeuille d'actions et d'obligations en gestion pour ne plus le gérer vous-même. »

Je hoche la tête d'un air entendu en me demandant s'ils se sont trompés de personne. Je n'ai absolument aucune action nulle part. Je me demande si je dois feindre de posséder des portefeuilles de participations dans des entreprises pour conserver un semblant de dignité.

« Avez-vous des loisirs controversés ?

— C'est-à-dire ?

— Qui pourraient faire... polémique ? »

Je réfléchis. Qu'est-ce qui fait polémique ? Au Mans, j'étais élue sur une liste de gauche et on m'avait conseillé de dissimuler l'inscription de ma fille à une initiation au golf pour ne pas « heurter les militants », dont la plupart étaient pourtant trois fois plus riches que moi, mais le militant socialiste est facilement heurté, me dit-on.

« Ma fille a fait du golf pendant un an, c'est un peu bourgeois comme loisirs, ça peut faire jaser. »

Ils se regardent de nouveau, semblent se demander si je suis simplette ou si je me moque d'eux.

« Madame. Un loisir controversé c'est par exemple... Êtes-vous allée à la chasse, avez-vous tué un animal d'une espèce protégée, y aurait-il une photo de vous sortant du safari avec un fusil et cet animal ? »

Je visualise une photo imaginaire de moi en tenue kaki, brandissant des armes aux côtés de cadavres d'éléphants, un pied sur le tigre gisant devant moi, la savane africaine au loin. Je ne devrais pas, mais cette vision lugubre me faire sourire par son côté absurde.

À mon tour de me demander s'ils se moquent de moi. La dernière fois que je suis allée en Afrique, c'était pour un voyage avec l'Unicef pour présenter leur nouveau programme d'alphabétisation des filles au Sénégal. Je les fixe en silence. Ils semblent sérieux. Je hoche la tête pour dire « non », en commençant à me demander si je ne suis pas le sujet d'une caméra cachée.

Je visualise cette fois un homme en tenue flashy et colorée, type animateur de jeu télévisé, une grande roue derrière lui, les caméramans apparaissant subitement : « Allez, Marlène, on déconne, c'était une blague, merci d'être venue sur C8 et à bientôt. »

Ils me demandent si je suis déjà partie en vacances chez quelqu'un qui pourrait considérer que je lui dois de l'argent en échange de ces vacances. Je réfléchis. Oui, ce type de situation m'est arrivé. Je dois en parler.

Pour la République.

Pour la France.

« L'été dernier, je suis allée chez mes beaux-parents au camping de Piriac, ils ont un mobile-home et ils nous l'ont prêté quelques jours avec les enfants, donc oui, ils pourraient considérer que j'aurais dû payer une location. »

Cette fois, le duo me regarde avec un semblant de soupçon.

« Madame, des vacances qui pourraient vous causer un conflit d'intérêts, c'est, par exemple, comment dire ? Vous seriez allée chez le chef d'État d'une dictature et il vous aurait offert trois semaines de luxe dans un riad avec majordomes et promenades en yacht... Vos beaux-parents ne sont pas chefs d'État d'un pays au régime non démocratique ? Êtes-vous déjà allée sur le yacht d'un multimilliardaire à ses frais dans un paradis fiscal ? »

Si la dictature de la transparence peut être détournée à des fins malveillantes, la transparence m'apparaît nécessaire en ce qu'elle préserve de conflits d'intérêts majeurs ou d'abus de pouvoir à venir et, bien évidemment, même si j'en souris aujourd'hui, ces organes de contrôle sont nécessaires à assurer une vie publique aussi saine que possible.

À la fin du rendez-vous, je les imagine, porte fermée, une fois l'aspirante ministre raccompagnée, hocher la tête avec pitié, proposant d'ouvrir une cagnotte Leetchi pour la soutenir financièrement.

Taxe sur tout ce qui bouge

Je veux commencer par partager une conviction profonde et peut-être impopulaire : je crois à la redistribution des richesses, je crois donc aux impôts. Je pense que payer des impôts à proportion de ses revenus est une base de cette fameuse expression vide de sens et que je déteste, le « vivre-ensemble ». Je pense utile que chaque citoyen contribue à payer les routes, les écoles, les hôpitaux... C'est mon côté de gauche. Je suis également favorable, par exemple, aux tarifs de cantine progressifs. Je trouve normal que des parents aisés payent plus cher le repas de la cantine, afin que les parents plus en difficulté ne payent que quelques centimes d'euros pour le même repas, et permettent à leurs enfants de déjeuner aussi à la cantine. C'est pourquoi je suis opposée à la fois au tarif unique, mais aussi à la gratuité, faussement équitable. Oui, en ce qui concerne la cantine, les plus riches doivent payer plus. Je crois en outre à la nécessité de disposer d'impôts particuliers pour les patrimoines très élevés. J'ai la conviction que le consentement à l'impôt du père de famille intérimaire ou employé de catégorie C, qui doit choisir entre payer des cadeaux de Noël ou payer ses impôts, passe aussi par l'idée que les personnes qui n'ont jamais ce genre de questions à se poser contribuent davantage en proportion. C'est une conviction personnelle que j'ai toujours eue et que je n'ai jamais abandonnée, même si j'ai parfois eu du mal à la défendre, j'y reviendrai.

En revanche, je m'arrache les cheveux devant le millefeuille fiscal et surtout son illisibilité. C'est mon côté de droite ? Moi-même, ministre, je n'ai pas toujours saisi du premier coup d'œil à quoi correspondait telle ou telle taxe. La suppression de la taxe d'habitation me semble l'une des mesures les plus justes du président Macron[1]. Et il me tarde qu'elle concerne la totalité de la population. En ce sens, je pense que la réforme du prélèvement des impôts à la source est une des plus importantes du quinquennat d'Emmanuel Macron. C'est une réforme de justice fiscale qui permet de faire en sorte que les impôts ne « tombent » plus en fin d'année sur les personnes qui ne peuvent pas se mensualiser ; c'est aussi une réforme qui contribue à une meilleure organisation du budget. On la disait impossible, elle a été conduite ; comme quoi lorsque la volonté du ministre rejoint l'engagement du président et le professionnalisme de l'administration, impossible n'est pas français. C'est pourquoi la suppression de la redevance m'apparaît comme une mesure de justice nécessaire. C'est aussi pour cela qu'en 2017, quand nous annoncions que notre candidat envisageait de supprimer le régime social des indépendants (RSI), tant de gens applaudissaient.

Il n'en reste pas moins que notre pays déborde de taxes en tout genre, si bien qu'en avril 2017, à une question d'un sénateur Les Républicains cherchant

1. La réforme de la taxe d'habitation a pour objectif la suppression de cet impôt sur les résidences principales ; mise en place de manière progressive, elle concernera tous les Français en 2023.

à connaître le nombre de taxes précises existant en France, le secrétaire d'État de l'époque, rencardé par son administration, s'est trouvé dans l'incapacité de lui répondre clairement : « Il n'existe pas de dénombrement centralisé et exhaustif de l'ensemble des impôts et taxes prévus par la législation française actuellement en vigueur. Les documents budgétaires, notamment l'annexe budgétaire des "voies et moyens", qui accompagnent les projets de loi de finances agrègent, dans certains cas, des impôts "autres" ou "divers" relevant de différents ministères et dont il faut obtenir le détail. Plus généralement, le gouvernement a conscience que certaines taxes complexes et parfois obsolètes sont susceptibles de rendre la législation fiscale peu lisible et de nuire à la compétitivité des entreprises. C'est la raison pour laquelle plusieurs taxes ont été abrogées dans le cadre de la loi de finances pour 2015 : peuvent être cités la taxe "Grenelle II", la cotisation de solidarité sur les graines oléagineuses, la taxe sur les appareils automatiques, la redevance due par les titulaires de concessions de stockage souterrain d'hydrocarbures, la taxe sur les trottoirs, la taxe pour la gestion des eaux pluviales urbaines, les droits d'enregistrement sur les mutations à titre onéreux de meubles corporels et, enfin, l'impôt sur les spectacles. La loi de finances pour 2016 a poursuivi cette démarche de simplification de notre droit et de lisibilité fiscale en supprimant certaines impositions dont le rendement était particulièrement faible et qui présentaient des coûts de gestion élevés : ont donc été abrogées la taxe sur les premières ventes de produits cosmétiques ainsi que la taxe administrative pesant sur les opérateurs de communications électroniques. Ces éléments vont dans le sens des préoccupations exprimées. »

De son côté, la Fondation pour la recherche sur les administrations et les politiques publiques (iFrap, un think-tank qualifié de libéral) recense plus de 400 différentes taxes et impôts en France[1].

Dans un contexte où les impôts sont un fait si omniprésent dans la vie des Français qu'ils en font des chansons, de Pierre Perret aux Inconnus, comment appréhender le rapport entre les ministres et les contributions fiscales ? Là encore, je déplore que l'approche soit systématiquement suspicieuse.

Depuis la loi de 2013 sur la transparence de la vie publique, faisant elle-même suite à la nomination d'un ministre du Budget atteint de phobie administrative, tous les ministres nommés subissent un contrôle fiscal.

La Direction générale des finances publiques écrit ceci sur son guide du contrôle fiscal : « La lutte contre la fraude fiscale est un enjeu majeur de souveraineté et de redressement des comptes publics, et une condition essentielle pour faire respecter le principe d'égalité devant l'impôt. En effet, la fraude fiscale porte atteinte, d'une part à la solidarité nationale en faisant reposer l'impôt sur les seuls contribuables qui respectent leurs obligations fiscales et, d'autre part, aux conditions d'une concurrence loyale entre les entreprises. »

La presse révélera que sur trente-cinq ministres, une vingtaine auront fait l'objet d'un redressement fiscal après leur nomination[2]. Comme tout le monde, je subis

---

1. La liste des 483 taxes, impôts, contributions et autres cotisations recensés par l'iFrap est consultable sur son site, ifrap.org.

2. Laure Cometti, « Les 21 ministres rattrapés par le fisc sont-ils de mauvais contribuables ? (Spoiler : c'est plus compliqué) », *20 minutes*, 3 juin 2019.

un contrôle fiscal. Assez sereinement, compte tenu du fait que j'ai peu de revenus et de patrimoine à cette période de ma vie. Mais dans le passé, j'ai gagné plus d'argent en travaillant, et on n'est jamais à l'abri d'une malveillance. Élue locale, j'ai par exemple subi une dénonciation à l'administration émanant d'une femme jalouse. Oui, cela existe en dehors de Wisteria Lane, le décor de la série américaine *Desperate Housewives*. En outre, face au dieu de la fiscalité, on ne sait jamais si l'on n'a pas omis telle ou telle déclaration, surtout quand on n'a pas la chance d'avoir un expert-comptable et qu'on a exercé sous différents régimes, comme ce fut mon cas.

Au moment de ma nomination, je reçois un appel d'unc haute personnalité du pouvoir qui m'apprend que j'ai une « dette fiscale ». « DETTE FISCALE », les mots clignotent en rouge dans ma tête. Après deux heures de stress au plus haut degré, j'apprends finalement que ma dette fiscale était de moins de 100 euros, soit cent fois moins que ce que l'on m'avait annoncé par erreur deux heures plus tôt. « On n'a jamais vu une si petite dette fiscale », souffle la haute personnalité du pouvoir. Je ne suis pas sûre de devoir le prendre comme un compliment. La « dette fiscale » est un des premiers motifs de départ des ministres du gouvernement de la Ve République, même si elle se retrouve parfois maquillée sous d'autres motifs plus glorieux, comme un « désaccord politique » ou une « raison personnelle ». Or avoir une dette fiscale revient à « voler la société », ce qui, généralement, se traduit par le goudron et les plumes.

Pour que chacun puisse utilement retrouver le sens de l'impôt, redonner du sens à la solidarité fiscale me semble primordial. Il faudrait, par exemple, indiquer sur les déclarations d'impôt de quoi il retourne. La taxe d'enlèvement des ordures ménagères ne peut pas afficher seulement « taxe foncière » qui n'évoque que peu de choses. De la même manière et inversement, détailler les factures de ce qui nous est présenté comme « gratuit » serait utile. Ainsi, nous payerions une taxe dont l'avis de paiement détaillerait ce à quoi elle correspond plus clairement et nous signerions des bons de sortie de l'hôpital ou des inscriptions à l'école indiquant les sommes que cela représente, le coût engendré pour l'État. « Félicitations, vous venez d'inscrire votre enfant à l'école ! La République française prend en charge ces frais, d'un montant de XX euros, puisque l'école est gratuite. » Une manière de mieux prendre conscience de la réalité du budget de l'État, en somme…

Si je consacre ces quelques pages à parler de la question fiscale, c'est qu'elle est le préalable à toute nomination de ministre. Depuis l'affaire Cahuzac, un ministre qui aurait des dettes fiscales ne peut tout simplement pas entrer au gouvernement. On murmure que quelques personnalités éminentes se seraient ainsi faites retoquer à quelques jours de la formation du gouvernement pour cette raison.

Vous marchez

Extérieur jour.
Vous marchez.
Le téléphone sonne.
Numéro inconnu.
Vous vous arrêtez.
On vous passe le président de la République.
« Allô ! Marlène, c'est Emmanuel, ça va ? »
Fondu. Ellipse. Musique de fond (« Je marche seul » de Jean-Jacques Goldman).

Pourquoi choisit-on des ministres ?

Je vous ai dit plus haut pourquoi vous acceptez d'être ministre, malgré tout. Mais une autre question se pose : comment vous choisit-on ? Qu'est-ce qui fait que votre téléphone va retentir et faire entendre la voix du Premier ministre, du secrétaire général de l'Élysée ou du président de la République, qui va vous proposer d'entrer au gouvernement ?

Selon la Constitution de 1958, le président de la République nomme son gouvernement sur proposition du Premier ministre, lui-même issu des rangs de la majorité, et ce en tenant compte des sensibilités élues à l'Assemblée nationale. Cela, c'est pour la théorie. Pour la pratique, les usages ont été bousculés. En 2017, Emmanuel Macron a fait le choix de nommer un Premier ministre qui n'était pas issu de ses rangs, ni issu de la majorité parlementaire, qui n'avait, dit-on, pas voté pour lui au premier tour de l'élection. En 2020, Emmanuel Macron a fait de nouveau le choix de nommer un Premier ministre qui n'était pas issu de ses rangs, qui n'était pas parlementaire, dont on ne connaissait pas d'adhésion à La République en marche. Il a fait le choix de l'audace, de l'ouverture, du rassemblement, en donnant une preuve de sa confiance dans le pays et dans sa capacité à s'unir.

Depuis 2017, les gouvernements d'Emmanuel Macron ont été composés avec un savant mélange de politiques chevronnés et de petits nouveaux de la société civile. Jean-Yves Le Drian, ex-ministre, ex-président de région, ex-parlementaire, venu du PS... Bruno Le Maire, ex-candidat à la primaire de la présidentielle, venu de LR... Ces ministres, dits « politiques », sont nommés en raison de leur poids, de leur expérience, de leurs apports en termes de réseau, de savoir-faire, de notoriété, de garantie...

Sont aussi nommés des personnalités issues de la société civile. Dans le premier gouvernement de 2017, citons Laura Flessel, championne d'escrime, Jean-Michel Blanquer, ancien directeur général de l'enseignement scolaire (Dgesco) au ministère de l'Éducation nationale, Agnès Buzyn, hématologue reconnue, Muriel Pénicaud, patronne de Business France, et, en toute objectivité, Marlène Schiappa, présidente d'association et élue locale. Le Président continuera en nommant par exemple Delphine Gény-Stephann, Agnès Pannier-Runacher, femmes d'entreprise, ou Éric Dupond-Moretti, surnommé l'« Acquitator », star des tribunaux. Comment sont choisies ces personnalités de la société civile ? Le Président seul le sait. Mais plusieurs éléments participent de cette sélection.

De nombreux critères procèdent à la composition d'un gouvernement, mais schématiquement et depuis la présidence de Jacques Chirac, il est de bon ton de présenter un gouvernement « de rassemblement » regroupant des poids lourds politiques, mais aussi des « talents issus de la société civile », avec une bonne dose de parité. En juin 1997, nommé Premier ministre, Lionel Jospin explique vouloir un gouvernement « pluriel et plus féminisé », par exemple. En réalité, si les gouvernements sont paritaires ou presque depuis maintenant plusieurs quinquennats, ils reflètent peu la diversité des origines sociales et ethniques de la population. Je ne suis pas favorable aux quotas ayant pour critère l'origine des personnes, mais cela me frappe tout de même. Sans tomber dans la caricature que je dénonçais plus haut (la vie serait douce et belle pour tous les ministres), même si beaucoup ont eu à affronter des épreuves personnelles, peu de ministres sont issus de la diversité. Depuis Rachida Dati, quelle femme issue de la diversité s'est imposée comme une personnalité politique forte et incontournable dans la durée ? Najat Vallaud-Belkacem a indiqué se retirer de la vie politique après avoir été battue par Bruno Bonnell aux élections législatives de 2017. Rama Yade est retournée à la vie civile à l'étranger. La question doit se poser ouvertement : pourquoi si peu de personnalités issues de la diversité s'imposent-elles dans le débat politique ? S'en écartent-elles, en sont-elles rejetées ? J'ai souvenir d'un échange sur le sujet avec un de mes conseillers, qui m'a confié : « Tu sais, souvent, dans les réunions interministérielles, je suis le seul Noir. » La représentativité d'un gouvernement me semble primordiale. Le fossé qui existe entre les Français et les responsables politiques tient aussi au fait que trop de Français ne se sentent pas représentés. L'universaliste en moi soufflera qu'un Français, quelle que soit sa couleur, peut se sentir représenté par un Français blanc au nom de l'universalisme, et je suis bien évidemment d'accord. Mais dans ce cas, nous devons aussi, nous les personnes blanches, nous sentir représentées par des personnes noires, or il y en a encore trop peu dans le monde politique de façon générale comme il y a encore trop peu de femmes, comme il y a encore trop peu de personnes issues de milieux populaires.

Dans tous les cas, votre nom peut arriver aux oreilles du président de la République ou du Premier ministre pour différentes raisons : vous êtes un expert d'un sujet correspondant à un portefeuille ministériel, vous êtes activiste ou identifié autour d'une problématique d'actualité, vous êtes un parlementaire ou un élu brillamment plébiscité aux dernières élections, vous vous êtes illustré par votre capacité à faire campagne pour la présidentielle, vous avez été recommandé et soutenu par un proche du Président, vous représentez un courant de pensée ou un parti politique en particulier.

Lorsque j'ai été nommée au gouvernement, je sais que c'était pour un savant mélange de tout cela : militantisme, activisme, expertise, participation à la campagne, recommandations. Mais sans Jean-Claude Boulard, je n'aurais jamais été nommée ministre, et je déplore qu'il ne soit plus là aujourd'hui. Ce sénateur-maire avait une expérience redoutable : bras droit de Rocard, cocréateur du RMI, député, maire, président de communauté de communes, il était anthropologue, et aussi un très bon communicant – pas dans le sens où il dessinait de bons logos ou s'exprimait bien à la télévision, mais plutôt dans le sens où il sentait véritablement l'air du temps. Il a nommé une femme directrice de cabinet et à l'époque cela lui a été reproché ; il a soutenu les peuples premiers, le cinéma, fait du Mans une métropole avant les appellations. Comme Steve Jobs, il répétait souvent : « Cela n'a aucun sens d'embaucher des gens intelligents puis de leur dire ce qu'ils doivent faire. Nous enrôlons des gens intelligents afin qu'ils nous disent ce que nous devons faire. »

Parallèlement, Jean-Claude Boulard était soucieux de l'argent public. « Un déjeuner de travail au restaurant ça n'existe pas, soit on déjeune soit on travaille, et pour travailler vous avez des bureaux. » Je n'ai jamais fait une seule note de frais en cinq ans au Mans, je n'aurais même pas su comment faire ; j'ai acheté moi-même ma bouilloire du bureau et je réglais les boissons des rendez-vous que je recevais. Si j'avais été habituée à être dispendieuse avec l'argent public, peut-être aurais-je continué une fois ministre, mais je pense clairement que c'est cette habitude qui m'a incitée à remplacer les bouteilles d'eau minérales par des carafes Eau de Paris une fois au secrétariat d'État.

Il faut savoir que les ministres disposent d'un budget pour les frais généraux (réceptions, organisation, attribution de fonds...) à l'année. Or les élections présidentielles ayant lieu en milieu d'année, il n'est pas rare que le ministre qui sait qu'il ne va pas rester dépense les fonds de toute l'année avant l'échéance électorale. Ainsi, quand je suis arrivée au mois de mai, les services m'ont informée que tout le budget de l'année avait été dépensé et qu'il ne restait rien pour terminer les quelques mois qui nous séparaient de décembre. En ce qui me concerne, étant très vigilante vis-à-vis de l'argent public, j'ai souhaité, chaque fois que j'ai quitté un ministère, le laisser dans un très bon état financier. Qu'il s'agisse du secrétariat d'État chargé de l'Égalité entre les femmes et les hommes ou du ministère délégué chargé de la Citoyenneté, j'ai toujours quitté mes fonctions avec des comptes excédentaires et de l'argent public crédité qui n'avait pas été dépensé

Jean-Claude Boulard eut la délicatesse de me souffler lors de ma nomination que je la devais uniquement à mon talent et à ma mobilisation. Mais je sais que sans ses enseignements politiques et sans son appui, je n'aurais sûrement pas été nommée ministre. Je veux lui rendre cet hommage, à lui qui a mené une brillante carrière politique locale et auprès de Rocard sans être jamais nommé au gouvernement. « Je n'aime pas demander des services ou des attentions », disait-il. Il fit une exception dans sa vie, il envoya un unique message pour demander de faire nommer quelqu'un. Je lui en suis redevable même après sa disparition. La reconnaissance, la loyauté, pour moi, veulent dire quelque chose.

Le lauréat

Mais revenons à l'essentiel et à la raison pour laquelle vous avez décidé d'acheter ce livre (ou de le voler à un ami, je ne suis pas là pour juger). Comment peut-on devenir ministre ?

Sur un célèbre moteur de recherches, si je tape : « Comment devenir », après avoir supprimé l'historique et désactivé les cookies pour ne pas biaiser les résultats, voici ce que j'obtiens comme suggestions :

Comment devenir riche ?
Comment devenir pompier ?
Comment devenir mannequin ?
Comment devenir influenceuse ?
Comment devenir sapeur-pompier volontaire ?
Comment devenir gendarme ?
Comment devenir autoentrepreneur ?
Comment devenir acteur ?

Les recherches Google en disent long sur une société. Quand j'ai été nommée ministre, certains éditorialistes ont glosé : « Elle était blogueuse, ha ! ha ! ha ! », comme si c'était méprisable. Une personne qui gère l'interface des chemins pris par les personnes sur les moteurs de recherches possède pourtant un savoir que vous n'aurez jamais, qu'aucune réunion publique ou aucun porte-à-porte ne vous apportera. Ce que les gens cherchent sur Internet, c'est ce qu'ils n'osent pas demander à la machine à café. Quand j'animais Maman travaille, je voyais bien que ce que les futures mères cherchent n'a rien à voir avec ce que l'on entend dans un groupe de parole physique : comment travailler malgré les nausées, quelle position pour faire l'amour, comment tenir assise après une épisiotomie, j'ai peur de ne pas aimer mon enfant... les sujets tabous.

Dans une véritable réunion d'orientation, on ne demande pas comment devenir acteur, influenceuse ou autoentrepreneur. Pourtant, ce sont les requêtes poussées par le moteur de recherches. Si je l'aide un peu et tape : « Comment devenir m... », voici ce qu'il me propose :

Comment devenir musulman

Comment devenir mannequin (encore !)

Comment devenir monégasque (mais pourquoi ?)

Comment devenir millionnaire (variante de riche, donc, mais raisonnable – milliardaire ne figure qu'en douzième position)

Comment devenir maire

Comment devenir militaire

Comment devenir moniteur d'auto-école

Avec « Comment devenir min... », on me propose de devenir « mince sans faire de sport » ou « minuscule sur Fortnite » (je demanderai à ma fille ce que cela signifie).

Selon le site orientation.com, pour devenir ministre, il convient d'être diplômé bac + 5. « Réunions, conférences, voyages en tout genre, le ministre s'affaire sur le terrain et monte des plans pour améliorer la vie de ses concitoyens », poursuit la fiche, qui insiste sur les qualités de communication requises : « Le ministre est un excellent orateur, [...] il résiste à la pression. »

Un article de presse donnant quelques conseils aux aspirants ministres spécifie que seuls 2 % des ministres français des trois derniers quinquennats ont un diplôme à l'étranger. Selon le cabinet Recto Versoi, les ministres de gauche sont plus diplômés en sciences humaines – lettres, histoire, philosophie –, quand les ministres de droite sont plus diplômés en ingénierie, médecine, commerce. Le combo Sciences Po-ENA garantit un beau ministère, comme Laurent Fabius, Édouard Philippe, Alain Juppé, Lionel Jospin, Florence Parly, précise encore cette étude.

En ce qui me concerne, j'ai un parcours atypique puisque après avoir passé un baccalauréat option sciences économiques et sociales (langues : allemand, anglais, russe), je suis partie en Corse. Un bref passage par une première année de géographie et à moi le monde du travail à plein temps ; il faut dire que j'ai dû payer mon loyer dès l'âge de 18 ans et j'ai commencé à travailler pour cela dès le lycée. J'étais l'une des seules élèves qui emportaient ses fiches de révision dans les vestiaires de la Fnac de Boulogne, et l'une des seules à ne pas rester traîner sur les marches du Parc des Princes après les cours parce que je devais aller travailler. Puis, plus tard, j'ai passé un diplôme de communication et nouveaux médias obtenu par validation des acquis de l'expérience tout en m'occupant de mon bébé…

Réduire la vocation de ministre à un diplôme me semble donc hasardeux. Jean-Claude Boulard le disait toujours, « la politique n'est pas un concours d'intelligence ». Vous pouvez être surdiplômé et mauvais politique, jamais élu. Vous pouvez exercer des fonctions importantes sans diplôme. Pierre Bérégovoy, Premier ministre, n'avait pas le bac. Christian Estrosi non plus, cela ne l'a pas empêché d'être ministre, parlementaire, maire de Nice réélu plusieurs fois. Benoît Hamon fut candidat à l'élection présidentielle avec une licence d'histoire, Jean Lassalle sans même le bac. Christian Jacob, président du groupe des députés LR, n'aurait qu'un BEP agricole. Immense respect pour Annick Girardin, ministre depuis 2014, qui a passé son baccalauréat en s'occupant de sa fille, qu'elle a eue à 16 ans.

Et puis, au-delà des études de chacun, ce sont surtout les engagements politiques qui déterminent la possibilité de devenir ministre. Depuis le général de Gaulle, le gouvernement est composé en tenant compte des différentes sensibilités exprimées à l'Assemblée nationale. Le Code électoral rappelle qu'on ne peut pas être ministre et parlementaire : il faut laisser son siège au suppléant. Une règle non écrite stipule que l'on ne peut pas non plus être ministre et maire.

La politique a ceci de particulier que, contrairement à n'importe quelle autre filière où l'on valorise ses études, avoir fait peu d'études est parfois un gage de crédibilité. Vous avez le tampon « Elle est comme vous ». Lors d'un échange avec les Gilets jaunes, alors que le ton montait contre les « énarques », j'ai répondu : « Alors moi, je ne suis pas énarque, je n'ai eu longtemps que le bac et j'ai passé mes diplômes en étant mère de famille. » Silence. Respect. On veut bien m'écouter parce que je n'ai pas fait l'ENA. C'est orwellien. Dans des réunions administratives, ne pas avoir fait l'ENA vous vaut parfois des regards méfiants. L'ENA polarise de façon absurde, il faut avoir fait l'ENA pour être nommé à des postes de pouvoir dans l'appareil d'État, il faut ne pas avoir fait l'ENA pour être crédible auprès des citoyens.

Trois, quatre ans de votre vie vous définissent. Pour les Gilets jaunes, si vous avez fait l'ENA vous êtes forcément : 1) riche, 2) déconnecté, 3) sans problème,

4) quelqu'un qui ne comprend pas les vraies gens. Si vous avez fait l'ENA, pour les services de ressources humaines des différents ministères, vous êtes forcément : 1) fiable, 2) intelligent, 3) raisonnable, 4) honnête.

Peut-être la vérité n'est-elle pas aussi absolue ?

Un ancien collègue me souffle qu'il est, parmi ses frères, celui qui a le moins bien réussi. Un d'eux est un grand médecin, un autre est un puissant chef d'entreprise. Lui, il fait de la politique... Un jour député, le lendemain candidat battu. Un soir la star du *20 heures*, le lendemain moins bien traité que le chien du bar. « La politique est la servante de la science, et l'humble interprète de la philosophie, elle n'a pas la vertu créatrice de l'art », disait François Mitterrand. Les autres nous voient comme jouissant de privilèges, chéris par les dieux qui nous auraient réservé ce destin rare de ministre. Ils ignorent que peu de gens méprisent autant le destin politique que les responsables politiques eux-mêmes.

Ceux qui disent non

Certains font tout pour qu'on leur propose, afin d'avoir l'opportunité de refuser.

Certains déclinent poliment et secrètement.

Certains refusent par paresse. Et l'avouent. Ministre, c'est épuisant.

Certains clament vouloir garder leur liberté.

Certains brandissent le droit à une vie privée.

Certains placardent dans leur bureau et ailleurs : « A refusé d'être ministre », comme si cela équivalait à « ancien ministre ». Cinq ans de travail fictif. Le mot se suffit à lui-même, à leurs yeux.

Certains ne se sentent pas compétents, certaines viennent d'avoir un bébé, certaines au féminin, car on n'a jamais entendu un jeune père décliner un ministère pour cause de changements de couches-culottes.

Dans une belle tribune pamphlétaire pour *Libération* le journaliste et écrivain Luc Le Vaillant écrit ceci[1] :

« En fait, si j'ai décliné, ce n'est pas pour me la raconter allumeuse, rebelle ou irréductible, c'est parce que désormais, être ministre n'a plus le moindre intérêt. [...] Je ne suis pas monté à bord parce qu'être

1. Luc Le Vaillant, « Eh oui, moi aussi, j'ai refusé d'être ministre », *Libération*, 22 octobre 2018.

ministre en 2018 est une tannée. On prend des coups sans pouvoir les rendre. On en est réduit à une gesticulation de bouffon. Je n'avais pas envie d'être le punching-ball des colères "populaires" et le tampon encreur des lynchages réseauteurs. Il faut avoir à combler une faille narcissique abyssale pour supporter ce bizutage permanent. Mon masochisme n'est pas suffisant pour accepter de jouer les utilités auprès d'un président qui capte toute la lumière et d'un Premier ministre qui monopolise l'humour anglais et l'élégance flegmatique. La verticalité théorisée par Macron et le silence exigé dans les rangs conviennent mal à mon souci d'autonomie, à mon orgueil contemporain, à mon individualisme hédoniste. Sans parler de cet entretien d'évaluation annuel qui a des airs de conseil de discipline et ne rend que plus infantilisante une action qui a perdu tout son charme. »

Tous quinquennats confondus, Christian Jacob a expliqué avoir déjà coché cette case et préférer rester député, Ségolène Royal a raconté avoir reçu un énigmatique appel qui la sondait au cas où, mais on ne l'a jamais rappelée. L'humoriste et cinéaste Jamel Debbouze a estimé faire déjà « le boulot des ministères du Travail, de la Culture et de la Jeunesse » tout en refusant de dire quel Président lui a formulé cette proposition. Anne Sinclair, Anne Hidalgo ou Christine Kelly expliquent aussi avoir décliné des propositions. « J'ai envie d'être écrivain, ce qui veut dire être libre, faire la grasse matinée, ne pas faire de réunion et travailler tout seul. Ce qui est mon plus grand bonheur dans la vie », a raconté la lauréate du prix Goncourt Leïla Slimani.

Alors que je suis en train de terminer ce livre, coup de tonnerre ! une candidate à l'élection présidentielle,

Valérie Pécresse, décide publiquement d'annoncer le nom de trois de ses futurs ministres : Teddy Riner, Leïla Slimani et le général de Villiers. Or l'indélicate n'a prévenu aucune de ces trois personnes. Une simple recherche lui aurait permis de se souvenir des paroles citées plus haut de Leïla Slimani, qui a toujours été claire sur le fait qu'elle abhorrait la fonction de ministre et qu'elle ne souhaitait pas l'exercer. Quant à Teddy Riner, il a répondu d'un simple smiley « mort de rire » à la proposition qui lui a été faite. Parfois, avant d'annoncer ses ministres, il est de bon ton de vérifier qu'ils sont d'accord pour le devenir.

Il faut de la maturité pour refuser une telle proposition. Une lucidité sur soi-même et sur les autres, sur le système, aussi. Savoir qu'on ne saura pas, qu'on ne voudra pas. Ne pas vouloir abîmer un gouvernement en démissionnant trois mois après. S'entendre proposer de devenir ministre dans son domaine relève d'une sorte de consécration, que l'on fasse de la politique ou non. Il faut aussi, parfois, peut-être, ce brin d'égoïsme qui fait que l'on privilégie son propre confort plutôt que l'engagement pour les autres. Ou au contraire cette immense générosité désintéressée : on se dit que le pays n'a pas besoin de nous. Et se dire cela, pour quelqu'un qui a fait de l'engagement sa vie, c'est vertigineux.

Dans les limbes

Je ne peux pas écrire ce livre sincèrement sans mentionner ces moments. Plusieurs ministres m'ont dit en avoir vécu aussi. Ces moments terribles où l'on a le sentiment de tomber du haut d'un phare pendant qu'un car de touristes nous prend en photo. Pour certains, ce fut le moment où ils ont été accusés de quelque chose. Pour d'autres, un portrait gratiné, une ancienne assistante qui s'estime négligée et se venge dans la presse, un ex-mari qui menace, ou tout simplement ces moments comme nous sommes nombreux à en avoir vécu où nous devenons la tête de Turc, le bouc émissaire. En un quinquennat, j'ai pu voir de très près des collègues vivre cela : des articles de presse vous mettent en cause, vous devenez un ou une paria, vous êtes mis(e) au ban de la bonne société politique, vous êtes mis(e) en examen, vous êtes soupçonné(e), vous êtes accusé(e), parfois à raison et dans ce cas il est évidemment normal de rendre des comptes, les ministres n'étant pas au-dessus des lois ; mais parfois aussi pour des faits dont l'authenticité interroge et qui prennent une ampleur qu'ils n'auraient jamais acquise dans un autre métier. Qu'un responsable politique trompe son mari ou sa femme n'est pas en soi, à mes yeux, une faute professionnelle et ne devrait jamais conduire au lynchage ou à la démission. Toujours est-il que j'ai vu de mes yeux les perles de suée couler le long des tempes, les yeux embués de larmes ou exorbités, le stress, la paranoïa, la recherche d'alliés autour de soi quand on est la cible. Parfois, il y a un élément déclencheur. Pour moi, ce fut simplement… ma nomination.

Oh, pourtant, j'avais hâte de faire des choses. Dans une de mes premières interviews, à *La Maison des Maternelles*, sur France 5, je dis que je veux porter un congé maternité unique et que, donc, comme c'était dans le programme, ce sera mis en place dans, je ne sais pas, moi, deux mois au maximum. À l'époque j'ignore qu'il faut un calendrier parlementaire, une inscription, une réunion interministérielle (RIM), un vote à l'Assemblée, un vote au Sénat, une commission mixte paritaire (CMP), une promulgation, des décrets d'application.

Surtout, je n'ai pas encore compris qu'avant de pouvoir travailler sérieusement, je serai moi-même la cible de ce vieux précepte : « On lèche, on lâche, on lynche », valable pour à peu près toutes les personnalités publiques, dans cet ordre ou dans un autre.

Le secrétaire général de l'Élysée Alexis Kohler est sur le perron, il mentionne les noms des ministres. C'est une sensation étrange que de voir une personne que l'on connaît sur le perron de l'Élysée. J'aurais voulu vivre ce moment seule. Je suis une personne introvertie. Et superstitieuse. Les choses pas encore annoncées ne sont pas encore faites. La mairie du Mans est un lieu paradoxal, avec mes plus importants soutiens (je sais que le sénateur-maire m'a chaleureusement recommandée auprès du président de la République), mais aussi avec les élus de la majorité socialiste qui nous détestent d'avoir soutenu Emmanuel Macron. Ils nous considèrent comme personnellement responsables de l'échec du quinquennat de François Hollande. Rappelons que la ville du Mans et le département de la Sarthe, éminemment politiques, furent longtemps le bastion du porte-parole du gouvernement Stéphane Le Foll et celui du candidat à l'élection présidentielle François Fillon. Cette histoire politique d'un territoire qui a fourni tant de grands responsables à la République donne une portée particulière à l'engagement.

Alexis cite mon nom. Je suis assise dans le bureau d'Olivier Cloatre, le directeur de cabinet du sénateur-maire, porte ouverte. Journalistes, élus, tout le monde passe par là. Une secrétaire me félicite – regard noir de son élu, qui reste dans le bureau comme pour gâcher la fête. Je demande au maire de me réfugier dans son bureau, il comprend, mais insiste pour que je réponde au moins à un journaliste. En trois minutes je reçois plus de 999 SMS, à 1 000, le téléphone bugue. Les journalistes veulent absolument me voir apprendre la nouvelle en direct, je ne le voulais pas, c'est un instant de gravité, pas la finale de la Coupe du monde ; ils me demandent de sourire, je refuse de sourire ; je m'enferme dans le bureau avec le maire et Brigitte, son attachée de presse, mon amie. Tout le monde est heureux. Moi, je suis sonnée. Sonnée par la nouvelle. Par les péripéties de la journée – il y a quelques heures, on m'annonçait une dette fiscale ! Sonnée par l'organisation qui va suivre. Dois-je aller vivre à Paris ? Il me faudra un appartement ? Il reste deux mois d'école, que faire de mes enfants ?

Le soir, j'emmène les enfants au McDonald's, je ne peux rien avaler, mes filles ne comprennent pas exactement ce que je leur annonce, « ministre » est un concept vague pour des enfants de 4 et 10 ans. France Info m'annonce qu'une journaliste est devant le fast-food, j'ai froid, je suis fatiguée, je tremble, je reste pour faire des photos seule dans ce McDonald's glacé place de la République et les gens se demandent pourquoi on prend cette fille en photo.

Mon téléphone vibre sans cesse. Des centaines de journalistes essayent de me contacter. Je veux être gentille et bien faire, mais je ne peux pas répondre à tout le monde. Je m'excuse. Des journalistes me demandent de retwitter leurs articles annonçant ma nomination. Je le fais. BFM me dit qu'ils seront là demain matin, France 3 aussi, et une troisième caméra (j'ai oublié le nom de la chaîne commanditaire). Je dis d'accord, je donne les adresses, je suis docile. J'ai le vertige, un malaise, le cœur qui bat vite. Les journalistes auxquels je ne réponds pas m'envoient des messages agressifs soulignant que j'ai retwitté leurs collègues, je peux donc bien répondre ?

Je ne sais pas encore que lors des remaniements, les journalistes politiques sont plus fébriles encore que les ministres. J'ai fait un aller-retour chez moi pour lancer une machine, je projette d'y retourner plus tard pour récupérer des vêtements. Cédric et moi venons à peine de nous remettre ensemble et j'essaye de ne pas gâcher nos possibilités de rester en couple alors que je dois changer de ville.

Vers 23 heures, je tombe dans les pommes. Cédric appelle notre amie Fabienne qui, en pleine nuit, vient garder les enfants, les pompiers arrivent, prennent les constantes, m'envoient à l'hôpital faire des examens. À mon arrivée, le personnel chuchote. On me met à part. Un homme parle dans un talkie-walkie à l'accueil en me désignant.

Je rentre au petit matin, épuisée, et je dors deux heures avant que le réveil ne sonne sous les yeux des multiples caméras devant lesquelles je dois faire bonne figure. Je passe chez moi récupérer la robe que j'ai lavée la veille, sauf que je n'ai évidemment pas étendu la machine puisque j'étais à l'hôpital. J'emporte donc une robe mouillée et, dans le train, demande à France 3 de cesser de filmer le temps que j'aille aux toilettes enfiler cette robe humide. Les journalistes sont très sympathiques, ce n'est pas le problème. Ashley Chevalier est adorable, la journaliste de France 3 aussi, elles rigolent, elles prennent les choses avec légèreté et excitation, sans doute comme je devrais les prendre aussi, sauf que je songe qu'un énorme travail m'attend.

« Dans les peuples premiers, quand on est élu, on ne fait pas la fête, on fait la tête, parce que c'est le début des emmerdements », rappelait souvent Jean-Claude Boulard.

Fêter les nominations, ce n'est pas dans ma culture, ni dans celle que m'a inculquée mon père, qui avait collé sur son ordinateur la phrase : « Il faut travailler et il faut encore travailler », ni dans celle de mon mentor politique, qui sous des dehors de bon vivant, n'aimait pas dépenser l'argent public, ni les démonstrations de joie trop ostentatoires.

Arrivée au premier Conseil des ministres, Gérard Collomb m'attrape le bras et me lance d'un air concerné : « Ça va mieux ? », alors que je n'avais eu le temps de parler à personne de mon épisode à l'hôpital.

Le ministère de l'Intérieur sait tout. Message reçu.

Contemplative, je regarde autour de la table pour tenter de mémoriser les noms et les visages.

Le magazine *Elle* prend en photo les femmes du gouvernement. Sur Twitter, une ancienne ministre des droits des femmes se moque de nous, car nous sommes toutes vêtues en noir, gris ou blanc. Elle se moquera aussi de nous plus tard quand nous porterons des vêtements de couleur.

Nous faisons la traditionnelle photo de groupe, les stars d'alors au premier plan, dans l'ordre protocolaire : Gérard Collomb, Marielle de Sarnez, Laura Flessel...

Je suis au dernier rang, à côté de Mounir Mahjoubi. Sur la photo officielle, mon visage est à moitié caché. C'est un problème, car c'est ce cliché qu'ils veulent choisir. Un des importants devait y figurer à son avantage. Je surprends une conversation entre des personnes dont j'ignore les fonctions, penchées au-dessus de l'appareil photo : « Après tout, elle n'est pas connue.

— Elle est chargée de quoi ?

— Ah, l'égalité femmes-hommes...

— Mouais...

— C'est qui ?

— Aucune idée. »

3

Au quotidien

Des dorures et des souris

Une des spécificités du travail de ministre au quotidien, c'est que l'on a parfois la chance de se rendre tous les jours dans un endroit magnifique et chargé d'histoire. C'est le cas du ministère de l'Intérieur, où la grille de la place Beauvau et les immenses salles encadrées de grandes bibliothèques brillent de mille feux. Un piano à queue, des tableaux pluriséculaires et du mobilier Empire complètent les lieux. Certains de mes collègues secrétaires d'État ou ministres délégués ont moins de chance et exercent à plusieurs dans de nouveaux ministères plus exigus et moins beaux. « La représentation de la maison en rêve est une représentation directe du Moi. Rêver d'une maison délabrée dénote un état négatif du rêveur, rêver d'une belle maison rangée et plaisante dénote un rêveur se sentant à l'aise avec son Moi », explique Sigmund Freud, dans *L'Interprétation des rêves*. Je ne peux m'empêcher de trouver que l'aspect de notre bureau a un sens.

Mon premier ministère, le secrétariat d'État à l'Égalité femmes-hommes et à la Lutte contre les discriminations, était occupé précédemment par celui du Logement et, avant lui, par le secrétariat d'État chargé de la Famille. Une personne de l'intendance me le décrit comme un bâtiment féminin. Je bénéficie alors de plusieurs chances : d'abord, ce lieu est en face de l'Assemblée nationale, rue Saint-Dominique, dans le 7e arrondissement de Paris. Ensuite, c'est un immeuble à part, ce qui me permet de le gérer à ma guise. Nous y travaillons souvent très tard, souvent en musique. Il dispose de cuisiniers et d'une intendance qui lui sont propres, gage d'organisation autonome. Mais les lieux sont assez anciens, on voit qu'ils n'ont bénéficié d'aucune rénovation récente. Au Petit Monaco (c'est son nom), le parquet craque sous les talons. Vous marchez et subitement, *crac*, une latte cède. Les rideaux sont plus gris que blancs. Mais comme il y a un bâtiment entier, nous disons souvent en plaisantant que l'Égalité femmes-hommes, comme Monaco, est une principauté. Nous vivons notre vie en totale autonomie. Avec les bons et les mauvais aspects de cette autonomie.

La direction des services administratifs et financiers (DSAF) de Matignon, qui a sûrement d'excellentes raisons, bloque toute dépense d'aménagement. Un rideau, pour quoi faire ? Je convoque le directeur pour lui montrer la douche immonde dans laquelle les officiers de sécurité qui dorment ici lors de leurs permanences se lavent. Elle fait 70 cm^2 environ. Des traces de saleté partout. Cela doit faire des années qu'elle n'a pas été nettoyée. Quelques produits gisent sur les bords. Un vieux tapis. La porte ferme mal. Le verrou aussi. Même les combles ont été aménagés en bureaux et, comme l'on ne dispose pas d'une cour, on utilise parfois le parking, garant temporairement les véhicules à l'extérieur pour le transformer en espace de fête. Il faut dire que dans ce secrétariat d'État, le cabinet ne comportant que cinq personnes, même en y ajoutant les secrétaires et les huissiers, on n'est pas les uns sur les autres. J'héberge à l'étage le Haut Conseil à l'égalité entre les femmes et les hommes où il n'y a que quelques permanentes et les bureaux de la Délégation interministérielle à la lutte contre le racisme, l'antisémitisme et la haine anti-LGBT (DILCRAH), qui m'est rattachée.

À Beauvau, le ministère est bien plus grand. Il est vaste et impressionnant, avec plusieurs ailes, logé dans des bâtiments historiques. Dans les caves, les nazis ont torturé des résistants, qui ont laissé des traces de leur passage sur les murs de la geôle, c'est glaçant. Cette mémoire nous oblige à chaque instant et, pour toutes les personnes qui travaillent dans ces bureaux, cela rajoute une gravité solennelle à toutes les décisions qui y sont prises. À l'entrée, sont exposés les portraits des anciens ministres depuis que ce ministère existe, je ne me lasse pas de les contempler. Cette galerie nous rappelle à quel point nous serons vite oubliés, je l'ai dit, mais aussi que nous ne sommes pas chez nous, mais que nous nous inscrivons dans une continuité qui nous dépasse.

Paradoxalement, nous y avons moins de place. Le ministère en tant que tel est immense, mais pas prévu pour deux ministres et deux équipes. Une seule aurait déjà du mal à y loger. On transforme une salle de réunion en bureau pour ministre. Mes conseillers sont pour la plupart deux par bureau. Les souris occupent une place importante dans nos vies. Nous les comptons. Nous les baptisons. Il y a Jane, Jacqueline, Billy Bob, Ilona…

Les toilettes sont dans la cuisinette. Il n'y a pas de Wi-Fi. À l'Égalité femmes-hommes, les fenêtres simples rendent le lieu désagréable, on y gèle l'hiver, on y cuit l'été. Un trou dans une fenêtre a été réalisé pour glisser une vieille climatisation. Des chauffages électriques d'appoint comme je n'en ai pas vu depuis mon enfance tentent de nous éviter les rhumes. L'ambassade de Pologne dont la cour jouxte la nôtre passe le karcher de 10 heures à midi chaque matin : on ne s'entend pas dans les bureaux, on n'y donne pas de rendez-vous sur ces créneaux. Ces problèmes ne sont évidemment rien, que des anecdotes au regard des problèmes de mal-logement ou de personnes œuvrant dans des locaux insalubres. Mais ils sont aussi la réalité du travail dans un ministère, pourquoi le cacher ? Et puis l'on bénéficie aussi de côtés positifs. Une réserve d'œuvres d'art et le Mobilier national où piocher pour refaire la décoration si on le souhaite. Je n'en aurai jamais le temps, sélectionnant uniquement une œuvre réalisée par une femme, *Savoir c'est pouvoir*. À l'Égalité femmes-hommes, l'intendance est comparable à une cuisine personnelle, comme un mini-restaurant. Les intendants et les cuisiniers sont aux petits soins : ils nous apportent ce que nous aimons, cuisinent frais, à la demande, pour la ministre comme pour les équipes.

Je n'ai pas fait de cuisine dans le secrétariat général du ministère de l'Intérieur où j'ai installé mes bureaux. C'est typiquement le type de travaux qui vous attirent les foudres de la presse, et pourtant un peu d'aménagement ne serait pas volé, y compris pour les intendants qui traversent la cour deux fois par jour afin d'apporter des repas chauds. Comme lorsque j'étais élue locale, j'ai amené une bouilloire et je fais le thé moi-même. On s'en étonne souvent : « La ministre va préparer son thé elle-même ? » Oui, et tant que j'y suis, voulez-vous un café aussi ? C'est ma tournée ! J'ai toujours été choquée par les personnes exerçant de hautes responsabilités qui n'ont pas deux sous d'autonomie. Après cinq ans, je demande toujours qu'on n'ouvre pas les portes sur mon passage, qu'on ne me retire pas mon manteau, merci, je vais le garder, et qu'on ne me serve pas à boire. « Je vais me gérer » est la phrase que j'ai répondue sans cesse aux intendants et aux personnels dédiés à faciliter la vie quotidienne du ministre. Si bien qu'un jour, au moment de me proposer de pendre mon manteau, une huissière me fit dans un clin d'œil : « Je sais que vous allez vous gérer… » Rires partagés. L'autonomie est primordiale pour moi, je ne supporte pas d'être une assistée dans le moindre de mes gestes. Sauf pour la dératisation, ou j'appelle volontiers à l'aide mes conseillers, comme lors de cette réunion où j'ai tâché de garder mon calme tandis que des rongeurs traversaient le bureau alors qu'un ambassadeur nous exposait des faits primordiaux pour l'avenir du monde, stoïque.

À Beauvau, les gens entrent par la grille dorée. Ils sont impressionnés. Il y a les portraits de Pasqua, Sarkozy, Baroin ou Édouard Philippe. Y passent toutes sortes de convives, pour toutes sortes de dossiers.

Il y a des dorures.

Et des souris.

Comment préparer un déplacement ministériel ?

Maintenant que je suis ministre, je ne vais pas rester enfermée dans cette honorable tour d'ivoire au parquet qui craque. Je dois aller rencontrer mes concitoyens et pour cela, me déplacer. Présidente d'association, je pouvais organiser mes déplacements et ceux de ma petite équipe. Les choses s'avéraient relativement simples. On prenait contact, on venait. Élue locale, je faisais prévenir par ma chargée de mission, Karen, de ma venue prochaine et je prenais le tram pour me rendre sur place après avoir déposé les enfants à l'école et à la crèche. Parfois, je pouvais aussi passer à l'improviste. Il n'y avait pas de service communication dédié, aussi je prenais des photos moi-même, de l'entrée, avec les personnes présentes, des documents que l'on nous présentait… grâce à un vieux réflexe conservé de journaliste-blogueuse qui songe à faire un petit reportage photo partout où elle va.

Un déplacement ministériel ne ressemble en rien à cela. Il revêt une portée symbolique éminente. Vous décidez d'assister à tel ou tel événement, saluer et honorer une organisation. D'abord, il faut prévenir. La cheffe de cabinet en est responsable, elle organise souvent une « reco », une visite de reconnaissance, c'est-à-dire qu'elle fait le déplacement elle-même en amont, afin de vérifier s'il est intéressant, visuel, sécurisé... Aucun déplacement ministériel ne se fait sans préfet : représentant de l'État dans la région ou le département, il accueille les ministres. En cas d'absence, c'est son représentant qui se charge de cette mission, « en tenue » – le costume noir avec la casquette reconnaissable des serviteurs de l'État.

L'accueil républicain est incontournable : au moment où le ministre descend de sa voiture, les élus – parlementaires, maires, conseillers départementaux... –, en ligne et alignés par ordre protocolaire ou à défaut par proximité géographique, attendent pour saluer le représentant du gouvernement. Un déplacement ministériel est souvent aussi suivi par les médias, auquel cas caméras et photographes doivent trouver un espace.

Voici le vade-mecum des déplacements ministériels. C'est simple et basique, et probablement apprend-on cela dans les écoles d'administration. En ce qui me concerne, j'ai mené mes premiers déplacements dans une grande simplicité, à la bonne franquette. J'avais alors une cheffe de cabinet sympathique, mais sans aucune expérience, qui ignorait comme moi les us et coutumes du protocole. Cela m'a conduite à faire plusieurs erreurs, comme cette nuit où je suis allée dans le quartier Chapelle-Pajol, dans le 18e arrondissement de Paris, vers minuit, pour lutter contre le harcèlement de rue, comme ça, juste avec un copain, sans prévenir personne. Rétrospectivement, c'était une erreur et je ne referai plus ce type de faux pas de débutante. Mais sur le moment, personne ne m'ayant appris comment organiser un déplacement ministériel, comment l'aurais-je deviné ?

Venir soutenir telle association, valoriser telle entreprise... Les déplacements ministériels sont très attendus et la simple présence d'un ministre revêt une signification forte. Un bon déplacement a un sens politique, c'est une vitrine pour valoriser une politique publique, soit qu'on en fasse l'annonce, soit qu'on vienne la mettre en œuvre sur place. Le déroulé classique d'un déplacement comprend une petite présentation ou visite du lieu et une ou plusieurs tables rondes. Ce que je ne fais jamais. À mes yeux, un bon déplacement doit rester dynamique, en mouvement, sans ennui, et sans tour de table. L'intéressant dans un déplacement, c'est ce que l'on ne veut pas nous montrer. Je l'ai appris avec Emmanuel Macron, qui va toujours parler avec la personne la moins en évidence, ou avec Gérald Darmanin, qui demande toujours à voir les vestiaires et les salles de garde à vue des commissariats visités, à l'improviste.

En cinq ans, j'ai fait de nombreux déplacements et j'ai acquis la certitude que ce sont les plus longs qui nous permettent de mieux sentir le pays : c'est pourquoi j'ai délocalisé mon cabinet à Trappes pendant trois jours afin d'avancer sur différentes problématiques, en pleine immersion, sur place, avec des permanences de conseillers et des visites impromptues, hors du déroulé officiel. Comme cette fois où nous avons dévié du tracé officiel et sommes partis avec Julien Denormandie et Nadia Hai au marché, contre l'avis des autorités préfectorales qui hurlaient que ce n'était pas assez sécurisé. Comme dit le Président, « si vous suivez les consignes de la sécurité, vous êtes tranquilles physiquement, mais politiquement vous êtes morts ». Demander un programme, et faire tout l'inverse. C'est ma feuille de route dans les déplacements.

Usine, opéra, squat de migrants, association d'aide aux femmes victimes de violences, Facebook, Twitter, grosses entreprises du CAC 40, coulisses d'émissions de télévision, remises de prix… La fonction de ministre donne un passeport permanent pour tout, rien ne vous est inaccessible et cela fait partie des grands intérêts de cette mission ; il est toujours passionnant de découvrir de nouveaux lieux, de nouvelles personnes ! Vous êtes partout comme chez vous. Et partout vous pouvez aider les autres.

Lors des déplacements, une constance : les notes de *La Marseillaise*. J'ai toujours eu des frissons dès le début, qu'elle soit chantée à tue-tête lors des finales de coupes du monde, fredonnée solennellement depuis la tribune présidentielle les 14 juillet ou articulée entre les larmes lors des trop nombreuses cérémonies d'hommage aux forces de l'ordre décédées en intervention. Les regards émus des familles devant le drapeau resteront inoubliables.

Bodyguard

Je ne me rappelle plus si l'on m'avait prévenue de sa présence ou non. Je me souviens de m'être dit : qu'est-ce qui me prouve qu'il est officier de sécurité pour de vrai ? Et aussi quelque chose comme : je ne monterai pas dans cette voiture avec un inconnu. Finalement, c'est peut-être à cause du gyrophare bleu et de la sirène (j'apprendrai plus tard qu'on l'appelle le deux-tons), ou à cause de l'air sérieux du conducteur, de la voiture ou de BFM et France 3 qui couraient toujours derrière moi avec leurs caméras, en tout cas, je suis tout de même montée dans la voiture.

Les ministres disposent d'un officier de sécurité et d'un conducteur. En réalité, de deux pour chaque fonction, car ils alternent, une semaine sur deux. Plus tard, au ministère de l'Intérieur, mon niveau de sécurité sera rehaussé et j'aurai une équipe plus large d'officiers de sécurité, fonctionnant selon des protocoles que je ne peux évidemment pas révéler – juste dire que chaque endroit où je me rendrai aura été vérifié.

Les officiers de sécurité et les conducteurs sont bien plus que cela, en réalité. Ils sont les premières et les dernières personnes que nous voyons. Ils nous entendent passer des appels téléphoniques dans la voiture, ils entendent nos disputes, nos mots doux, connaissent notre famille, nos habitudes, nos lieux de vie, nos amis. À la fin du quinquennat, je n'aurai parfois même plus à dire qui je vois ou même où je vais, ils le sauront avant moi. « On passe voir votre père ? » « On va chez Delphine ou chez Géraldine ? » « Juste pour info ? il y a un Starbucks à 250 mètres et on a quinze minutes d'avance, je dis ça comme ça... » « Ce n'est pas Assia, qui traverse, là-bas ? » « Vous irez à pied à l'école, j'imagine... »

Ils partent en vacances sur nos lieux de vacances, ils nous suivent partout – kermesses de fin d'année, Disneyland, la Corse, Le Mans, souvent –, mais aussi dans les lieux les plus insolites de nos déplacements ministériels. Alors oui, parfois, ne jamais être seule pèse un peu. Aucune place pour le hasard. On ne flâne pas dans la rue sans but, on doit déclarer sa destination au préalable. Prévenir quand on part. Ne jamais acheter une baguette ou aller chercher les enfants à l'école seule. Ne pas pouvoir se promener le long de la plage de façon romantique en s'embrassant sans tomber dans l'exhibition. Garder les conversations intimes pour l'intérieur de la maison. Mais ces petites habitudes sont des problèmes anecdotiques face au soutien qu'ils apportent. Car ce n'est pas que de la sécurité, soyons honnêtes. C'est aussi du confort. Et de l'empathie.

Ils voient grandir nos enfants, participent parfois des habitudes qu'on leur donne. Baignant dans la politique, ils ont souvent des analyses très fines, un réseau de capteurs partout, mais aussi des intuitions personnelles. « Remaniement en vue dans moins de huit jours. » « Chez tel ministre, ils font les cartons... » En effet, les officiers de sécurité, les conducteurs parfois, tiennent le rôle de chef de cabinet adjoint, de psychologue, de coach sportif ou d'ami. J'ai eu la chance d'avoir une équipe formidable, qui a su se démener pour ma sécurité en période de menaces terroristes ou de tentatives d'agressions par des Gilets jaunes radicalisés, qui a su aussi être présente et rassurante auprès de moi et de mes proches pendant cinq ans. Face à la multitude de menaces que je reçois chaque jour et auxquelles j'ai – c'est triste – fini par m'habituer : les fatwas islamistes, la fois où la voiture a été arrêtée et secouée par des manifestants, les menaces et le cyberharcèlement, la visite de mon domicile privée comme une intimidation, la révélation d'informations privées sur ma famille, tout cela justifie évidemment une protection sensible et rapprochée. Ils ont été d'extraordinaires professionnels, et des hommes bien. Assurer la sécurité d'un « VIP », comme disent les OS entre eux, ce n'est pas seulement le suivre aux toilettes dans le train, c'est aussi connaître l'état de la menace et consacrer à cette personne la plupart de son temps. Ils appellent cela « la mission ». Avoir une sécurité permanente m'a pesé pendant cinq ans. Mais cela m'a aussi rassurée. Grâce à eux.

Homard-frites

Quand j'ai été nommée au gouvernement, ma mère m'a demandé si j'aurais des tickets restaurant pour mes pauses-déjeuner. En fait, un ministre n'a pas de pause-déjeuner à proprement parler. Chacun est libre de son emploi du temps en fonction de son ministère. Le temps au Parlement prend des jours et des nuits. Au secrétariat d'État chargé de l'Égalité, peu d'obligations institutionnelles, mais au ministère de l'Intérieur, pléthore de textes : j'ai représenté le gouvernement « au banc » pour plus de vingt-sept d'entre eux. Ajoutons à cela des déplacements en région ou à l'étranger, des visites, des réunions de travail, le Conseil des ministres hebdomadaire... Le terme de pause-déjeuner est fort peu approprié, donc ! De 2017 à 2022, je pense avoir eu moins de dix déjeuners personnels, et j'inclus dedans le fait d'aller prendre un sandwich ou de rentrer chez moi. Le déjeuner est, à proprement parler, un temps de travail : déjeuners avec nos directeurs d'administration, déjeuner avec des élus lors de déplacements, déjeuner avec des associations, déjeuners de presse... « Donnez-moi de bons cuisiniers et je vous ferai de bons traités », disait Talleyrand, soulignant l'importance de ces moments.

Il avait raison et nous avons un grand avantage : d'excellents cuisiniers dans chaque ministère et des salons où organiser des déjeuners de travail. Il est ainsi possible de recevoir les représentants des cultes, les associations féministes, les syndicats, des collègues ministres, des journalistes ou autres au cours de repas de travail. Alors, que servir ?

« Des frites, des frites ! » Comme dans *Les Tuche à l'Élysée*, j'ai rapidement demandé une cuisine plus simple. Les croque-monsieur, les frites, les salades César, les buddha bowls ont rapidement remplacé les menus très prestigieux servis alors. À l'Égalité femmes-hommes, j'ai même annulé les commandes de bouteilles d'eau pour les remplacer par de l'eau en carafe Eau de Paris – de l'eau du robinet, quoi – afin de faire des économies et d'être plus écologique. Ne buvant pas d'alcool, j'ai demandé que ma cheffe de cabinet signe en personne les consommations de champagne ou de grands vins. Qu'est-ce qui justifie que l'argent public offre du champagne, à qui, quand et pourquoi ? Cela doit être argumenté. Si pour une raison ou une autre mes filles passent, je demande que l'on édite des factures et je rembourse les barres chocolatées ou les portions de frites qu'elles mangent très occasionnellement.

Quelqu'un qui n'aurait jamais exercé de responsabilités publiques et que l'on nommerait subitement ministre pourrait en avoir la tête qui tourne. Premier échange.

« Que voulez-vous manger ?

— Je ne sais pas. Qu'est-ce qu'il y a ?

— Il y a tout ce que vous voulez, vous êtes ministre. »

Une amie me demande : « Mais alors si tu veux un moelleux au chocolat à 15 heures, ils le cuisinent ? »

Techniquement, oui. Souvent, nous n'avons même pas le temps de nous demander ce que nous voulons. À chaque grande occasion, les pâtissiers de Beauvau nous régalent de leurs talents. Les convives même les plus rudes dans la discussion repartent toujours conquis par les éclairs au café ou les millefeuilles à la crème légère. Quelques garde-fous, assortis de paquets de nouilles japonaises instantanées pour les dîners improvisés – je sais, les cuisiniers vont hurler –, nous ont permis d'éviter de perdre la tête dans les petits fours. En bonne ménagère, j'ai toujours demandé à valider les menus. Je sais que certains ministres n'en ont pas pris le temps et que d'autres ont laissé faire, pas par volonté de profiter des repas de la République, mais parce que c'est ainsi que l'on fait. Il m'est arrivé plus d'une fois de rayer des menus des mets trop dispendieux, de faire remplacer un plat par un autre moins onéreux, et même de renvoyer en cuisine des grands crus sortis par habitude ou pour faire plaisir à l'occasion de simples repas de travail interne qui ne justifient pas cela.

Admettons-le toutefois, les grandes tables de la République contribuent aussi à son rayonnement. De bons repas permettent d'aplanir des conflits et nos convives se sentent bien accueillis et bien traités lorsqu'ils sont reçus avec de belles tablées. Nous avons la chance de disposer de grands talents dans les cuisines de la République. Les cuisiniers, les intendants, les majordomes de la République française contribuent ainsi à son rayonnement intérieur et international, et nous permettent de maintenir un haut rang lors de visites protocolaires importantes. Après tout, nous sommes la France, non ?

« Vous ne pouvez pas faire ça »

« Allô Marlène, c'est le directeur de cabinet du Premier ministre au téléphone. Vous ne pouvez pas faire ça. » Cet appel, je l'ai reçu plusieurs fois. Le directeur de cabinet du Premier ministre tient un rôle extraordinairement difficile. Essentiellement, vue de notre fenêtre, c'est lui qui dit non. Bien sûr, son rôle est bien plus vaste et complexe que cela. En l'espèce, ce jour-là, j'ai écrit une lettre de soutien aux Femen sur du papier à en-tête du gouvernement à l'occasion d'un procès. Je l'ai fait spontanément, parce que je pense que l'on ne devrait pas condamner des femmes pour exhibition sexuelle quand elles s'engagent de façon militante. Cette lettre à en-tête du gouvernement enfreint la séparation des pouvoirs. Je reviendrai plus tard sur ce principe constitutionnel méconnu de la population – et peu respecté des nouveaux ministres, donc.

En l'espèce, il a raison. Un ministre ne peut pas prendre part aux débats d'un procès en cours et encore moins écrire une lettre de soutien. D'ailleurs, l'association féministe n'en demande elle-même pas tant et est surprise de recevoir ce courrier. Ni ma directrice de cabinet ni ma cheffe de cabinet d'alors ne me disent que cela ne se fait pas, l'ignorant sûrement tout autant que moi. Sur le moment, je prends donc l'appel comme un appel hostile émanant d'un homme de droite un peu « réactionnaire », comme il le dit lui même en plaisantant, qui vient m'empêcher d'exprimer mon soutien aux femmes opprimées du monde entier. Alors qu'il s'agit simplement d'un « dircab » responsable qui accomplit son travail, je le comprends aujourd'hui et lui donne raison.

Les premiers mois, mes relations avec Matignon sont tendues. Je pense qu'ils me perçoivent comme une féministe activiste incontrôlable, comme lors de cet épisode avec les Femen. J'en suis même sûre. De mon côté, je trouve qu'ils ont une vision conservatrice des choses, et je ne retrouve pas la « disruption » de la campagne. Surtout, je ne fais pas semblant. Quand je suis mécontente, j'envoie des SMS de trois pages au Premier ministre. « Personne ne fait ça. » Une conseillère de Matignon m'apprend que, lorsque je participe à des émissions, plusieurs membres du cabinet du Premier ministre se réunissent devant la télé en se rongeant les ongles.

Le directeur de cabinet d'Édouard Philippe a une qualité essentielle pour un directeur de cabinet du Premier ministre : il porte la parole du Premier ministre. Si c'est oui pour le PM, c'est oui pour lui ; si c'est non, *idem*. Il donne des arbitrages tranchés. Il ne revient pas dessus. Ce n'est pas le dernier qui a parlé qui a raison. Il regarde ce qu'il pense être l'intérêt général avant tout. Et surtout il explique. On sait pourquoi les décisions sont prises. On est d'accord ou pas. On peut sans doute pointer des leviers d'amélioration. Mais c'est quelqu'un de clair, droit, honnête.

Et puis, peu à peu, on apprend à se connaître. Le réchauffement doit évidemment à l'intelligence politique du Premier ministre, Édouard Philippe, qui comprend que je peux apporter une note différente à son équipe, sans compter mon travail. Ils réalisent que je ne suis pas une dingue qui vient seins nus au Conseil des ministres, mais une personne qui travaille énormément, qui propose, qui défend le gouvernement sur les plateaux de télé, qui fait des notes de propositions. Et surtout, que je suis loyale. Je ne suis ni une frondeuse ni une personne incontrôlable, je suis quelqu'un qui a des convictions et les défend, mais aussi quelqu'un qui respecte les arbitrages et sur qui l'on peut toujours compter. J'ai du courage, je ne me planque pas quand ça va mal. Ce n'est pas si répandu dans nos milieux. Notre principal sujet de discorde (je veux faire plein de choses) deviendra aussi notre principal sujet de cohésion. Au-delà de cela, le réchauffement se fait grâce à Charles Hufnagel, le conseiller en communication du Premier ministre. Il devient mon interlocuteur principal quotidien ou presque. Nous parlons le même langage, celui de la communication. Le sujet des violences conjugales le touche et il soutient de nombreuses mesures et, clairement, grâce à ses impulsions, nous obtenons beaucoup. Sur les violences conjugales comme dans la lutte contre l'excision, jamais Matignon ne me rendra un arbitrage défavorable et, petit à petit, ils me confieront davantage de missions. Cela ne sera pas toujours un long fleuve tranquille, nous aurons des désaccords ou des accrochages, mais nous ne cesserons jamais d'échanger.

Édouard Philippe a gagné mon respect, mon admiration même. À deux reprises, il aurait pu se faire plaisir et me descendre, comme lorsque je suis allée trop loin lors d'une interview, enflammée par ma volonté de défendre les couples LGBT+ et que, encore sous le coup du *jet lag* après un retour de l'ONU, à New York, j'ai comparé La Manif pour tous aux terroristes islamistes. J'ai été beaucoup trop rapide dans mon expression, c'était clairement une erreur politique de ma part. Ce que j'essayais de dire, c'est que l'extrémisme et la radicalité amènent souvent à nier des droits pour les autres et que des personnes qui, en apparence, n'ont rien en commun, comme des militants de La Manif pour tous d'une part et des terroristes islamistes d'autre part, se rejoignent dans leur lutte contre les droits des personnes LGBT+. Je l'ai dit de façon raccourcie et maladroite. Il eût été si facile pour Édouard Philippe de se mettre les partisans de La Manif pour tous dans la poche en tapant sur sa ministre. Mais non. Il ne profite jamais de ce type d'occasions. Au contraire. Sa solidarité à l'égard de son équipe est sans faille. Quand il a un reproche à faire, un désaccord profond, il en parle en tête à tête, sans témoin, les yeux dans les yeux.

Au moment des Gilets jaunes, je suis la seule membre du gouvernement à défendre le Premier ministre quand ceux-ci lui posent un lapin. Je suis choquée, profondément. Je ne respecte peut-être pas toujours la Constitution à la lettre, mais enfin le Premier ministre est le chef du gouvernement, je trouve scandaleux d'obtenir un rendez-vous avec lui et de ne pas y aller. Sur BFM, je m'insurge : « Matignon n'est pas un self-service ! » Cela déclenche une dépêche AFP.

Doudou – c'est ainsi qu'on surnomme affectueusement le Premier ministre – m'appelle pour me remercier, je le sens plus que sincère, il n'appelle pas très souvent. Je ne le dis pas pour être sympa, je le dis parce que je le pense. Je crois qu'ils le savent. Je ne suis plus juste « la féministe qui nous bouscule pour la PMA », mais aussi « celle sur qui on peut compter ».

C'est sans doute ce qu'on me reproche, mais c'est aussi ma force : je dis ce que je pense. Je crois à ce que je dis. Si je n'y crois pas, je ne le dis pas.

« Marlène, elle fait de la politique », dira plus tard Édouard Philippe, et je sais à quel point c'est un compliment dans sa bouche. Je serai flattée d'être l'une des seules ministres citées dans son livre *Impressions et lignes claires* : « La politique c'est de l'incarnation. Marlène Schiappa a formidablement réussi à incarner son sujet. » C'est un très beau compliment. Ce qui n'empêche pas les appels et rappels, mais qui les espace considérablement. De 2017 à 2022, sur le fond, j'aurai toujours reçu des arbitrages favorables du Président et du Premier ministre sur mes dossiers, et souvent leurs félicitations. C'est aussi cela qui m'a permis de hausser le ton sur d'autres sujets.

Des cerveaux collectifs

Le cabinet d'un ministre joue un rôle fondamental dans sa réussite ou son échec. Un ministre médiocre ou peu à l'aise entouré d'un cabinet solide peut aller loin. S'il a un bon directeur, fin connaisseur de l'administration, une personne pour traiter l'écosystème, un bon conseiller politique pour organiser le lien avec le Parlement, un conseiller presse habile et un chef de cabinet organisateur de déplacements hors pair, il s'en sortira haut la main. Inversement, l'excellent ministre pugnace, politique et expert de son sujet, entouré d'un directeur de cabinet faible et mou, d'un conseiller presse sans réseau, d'un chef de cabinet laxiste et d'un conseiller politique malhabile peut se crasher très rapidement.

« Le cabinet ministériel à la française est le fruit d'une tension entre le pouvoir de nomination du ministre, qui lui permet en théorie de choisir ses collaborateurs, et la capacité unique d'expertise que détiennent les directions administratives, dont le ministre ne peut *de facto* se passer. Il en résulte un fonctionnement équivoque, qui voit tantôt le ministre être en mesure d'imposer ses vues à l'administration, tantôt cette dernière mener à bien ses projets, et ce par un unique intermédiaire : le cabinet ministériel. Conçu comme une courroie de transmission entre deux mondes, il est difficile de savoir *a priori* lequel l'emporte sur l'autre », analyse Jean-Régis Catta[1].

Le cabinet ministériel engendre des mythes et des légendes comme dans le film *Quai d'Orsay*, ce n'est pas toujours une équipe soudée.

Dans *Le Règne des entourages. Cabinets et conseillers de l'exécutif*[2], Jean-Michel Eymeri-Douzans analyse ce qu'il appelle la « collectivisation » de la fonction ministérielle.

Pour lui, le « ministre n'est plus une personne », il est une forme d'équipe, avec un porte-parole (le ministre) et un groupe qui dirige des politiques publiques (le cabinet ou l'entourage). « Un ministre et son cabinet ont une relation de dépendance mutuelle : le ministre ne peut tenir valablement son rôle, c'est-à-dire "faire de la politique" – au sens de *politics* – tout en "faisant" des politiques publiques – au sens de *policies* –, que grâce à et par le truchement de l'incessante activité de cet entourage "taillable et corvéable à merci", tenu dans l'ombre, dont l'influence est minorée et dont les membres ne peuvent jouer en retour leur rôle de collaborateurs qu'en se réclamant de la personne du ministre. [Il faut] rendre raison des dynamiques de transformation de la fonction ministérielle sous la Cinquième République, qui ont abouti à la collectiviser en pratique. Aussi n'est-il pas exagéré d'affirmer qu'un ministre est moins une personne physique que l'incarnation et/ou la figuration de ce collectif de

1. Jean-Régis Catta, « Le cabinet ministériel à la française, un serviteur entre deux maîtres », *Éthique publique*, vol. 20, n°1, 2018.

2. Jean-Michel Eymeri-Douzans, avec Xavier Bioy et Stéphane Mouton (dir.), *Le Règne des entourages. Cabinets et conseillers de l'exécutif*, Presses de Sciences Po, 2015.

> travail : son entourage de collaborateurs de cabinet. [Il faut] expliquer les formes que prend ce phénomène, qui comporte quatre dimensions principales : "faire dire" des choses par le ministre, lui faire "écran" et "encarafer" maints dossiers, porter sa parole d'autorité là où il ne va pas, décider avec lui ou à sa place, tels des "cerveaux collectifs". Puis, [souligner] l'étrangeté de cette "collectivisation sans confiance", car le collectif de travail qu'est un cabinet apparaît, à l'analyse, comme un "champ de force et un champ de lutte" bien davantage que comme une équipe. »

Ainsi, la nomination d'un directeur de cabinet devient, en soi, un choix politique, comme dans un gouvernement en réduction. La presse relaie des portraits de directeurs de cabinet et suit leur parcours[1].

Au moment où un ministre est nommé, l'Élysée et Matignon proposent souvent des directeurs de cabinet. C'est une manière de s'assurer que les directions des cabinets seront alignées, de la loyauté du ministre via des personnes de confiance, mais aussi d'avancer dans une ligne donnée et partagée par chacun. Le directeur de cabinet de Bercy, de Beauvau, du Travail ou même de la Culture sont identifiés à l'avance, presque autant que les ministres.

À l'Égalité femmes-hommes, on ne vous soumet personne. Vous aviez envisagé trois personnes : l'une, suppléante d'un député appelé à devenir ministre, n'est plus disponible ; l'autre, haute fonctionnaire, a été appelée à d'autres fonctions dans un autre ministère ; le troisième est nommé dans les hautes sphères. On vous glisse alors quelques *curriculum vitae*, non

1. Cécile Mazin, « Directeur de cabinet de Françoise Nyssen, Marc Schwartz est éjecté de Valois », actualitte.com, 9 janvier 2018.

vérifiés, de personnes qui ont vaguement coché la case « femmes » sur leur CV.

Concernant les politiques publiques de droits des femmes, en effet, on a trop souvent tendance à considérer qu'il suffit d'en être une pour en être experte. C'est une énorme erreur. Et une preuve du peu de valeur que le système accorde à ce domaine de spécialité. C'est pourtant ma fierté d'avoir piloté un des cabinets les plus jeunes de la Ve République, avec le plus jeune directeur de cabinet et conseillers en droits des femmes, communication, parlementaire, politique, de moins de 30 ans au moment de leur recrutement. J'ai également composé des cabinets variés où se sont croisés aussi bien un ancien président d'un centre LGBT qu'un colonel de gendarmerie.

Selon Igor Martinache[1], la « proportion d'énarques au sein des cabinets constitue sans doute l'un des indicateurs d'attractivité du passage en cabinet les plus évidents, car il s'agit du principal vivier de hauts fonctionnaires. En l'occurrence, alors que les cabinets des quinze premières années de la Ve République comptaient en moyenne un peu plus d'un tiers d'anciens élèves de l'École nationale d'administration (ENA) [...], cette proportion a ensuite dépassé les 40 % durant les décennies 1970 et 1980, avec une pointe à 53,3 % sous les gouvernements dirigés par Raymond Barre (1976-1981), après l'épuisement de la filière des anciens résistants dans le recrutement des ministres et de leurs entourages [...]. Frédéric Sawicki et Pierre Mathiot observent, quant à eux, déjà une certaine attrition des

1. Igor Martinache, « L'âge du cabinet : un révélateur des logiques de carrières et de hiérarchisations dans les entourages ministériels », *Revue française d'administration publique* 2018/4, n° 168.

énarques entre les deux périodes de majorité socialiste sous la présidence Mitterrand (1981-1986 et 1986-1993), avec une proportion d'énarques dans les cabinets passant de 45,3 % à 39,9 %, tandis que la part de ceux qui sont issus de la voie interne augmentait de son côté, passant de 7,4 % à 11,7 % du total de l'effectif étudié dans le même temps [...]. Ce processus de relative désaffection des cabinets par les anciens élèves de l'ENA semble confirmé par la suite, puisque leur proportion tombe sous la barre des 30 % sous les gouvernements de droite du quinquennat Sarkozy (2007-2012), et s'infléchit même tout au long de ce dernier, les cabinets du gouvernement Raffarin comptant 29,8 % d'anciens élèves de l'ENA, contre 26,8 % pour ceux de son successeur Dominique de Villepin, et 25,3 % lorsque François Fillon occupe ensuite Matignon. Les cabinets de 2012-2014 ne marquent pas de rupture dans cette érosion puisqu'ils comportent 24,5 % d'énarques. Cependant, si l'on est attentif à leur âge, on constate que 28,6 % des plus de 41 ans sont passés sur les bancs de l'ENA, contre 21,2 % des moins de 40 ans, ce qui suggère que l'expérience en cabinet est de moins en moins perçue par les énarques comme un passage obligé en début de carrière. À noter en passant que le supposé favoritisme à l'égard de la promotion Voltaire de la part de François Hollande ne se retrouve pas dans les entourages ministériels, puisque moins de 1 % des énarques en cabinet dans la première moitié de son quinquennat en sont issus (0,9 %), loin derrière les promotions Senghor (9,7 % des énarques alors en cabinet), Willy-Brandt (8,4 %) ou Aristide-Briand (6,6 %) bien plus récentes. Ces constats semblent ainsi infirmer l'idée selon laquelle les cabinets ministériels ne constitueraient plus une voie ascensionnelle pour certains jeunes hauts fonctionnaires, mais indiquent qu'elle est néanmoins davantage concurrencée par d'autres. »

En ce qui me concerne, je fis quelques erreurs de recrutement, et de management aussi. Les premiers temps furent difficiles. Je débutais et étais encore un peu candide. Je pensais que l'on pouvait faire fonctionner un cabinet ministériel comme une équipe municipale ou associative. Avec le recul, je pense que je n'ai pas mis assez de distance entre certains membres de mon cabinet et moi-même, laissant la relation amicale prendre le pas sur la relation professionnelle à certains moments. Par ailleurs, estimant que manager le cabinet était du ressort de la directrice ou du directeur de cabinet, j'ai parfois décidé de ne pas trancher dans les conflits internes entre mes collaborateurs alors que j'aurais dû poser un cadre et des limites. D'ailleurs, par la suite, je l'ai fait beaucoup plus clairement. On apprend tous de nos erreurs. Cela n'a évidemment rien à voir avec l'administration, le Parlement, Matignon ou les autres ministères... Tout est dans le rapport de force ou de séduction permanent. N'ayant jamais exercé comme ministre et n'ayant jamais eu à composer un cabinet, livrée à moi-même dans les choix à mener à l'Égalité femmes-hommes (domaine dans lequel les experts politiques sont rares), j'ai eu tendance à privilégier la bonne volonté et l'engagement, qui ne sont pas forcément des qualités suffisantes. Les premiers temps, j'ai aussi trop confondu « cabinet ministériel » et « équipe de campagne » ou « bande d'amis », pensant que l'on pouvait travailler vingt-quatre heures sur vingt-quatre. Ces erreurs m'auront servi pour la suite. Critère numéro 1 : je veux des gens alignés avec ce que l'on fait. Le Macron-bashing est un motif de départ, en cabinet. Faire des comptes rendus de nos activités aux opposants politiques, aussi. Il m'a semblé que cela allait de soi. Moi, je travaille tous les jours. Dimanche inclus. Je peux recevoir un appel du Président un samedi après minuit, une demande d'un élu le jeudi matin à 7 heures, avoir besoin d'une fiche pour une matinale ou une émission dominicale, et pour cela il me faut un échange. C'est comme ça. Je ne peux pas me mettre sur pause le week-end, je n'ai jamais fonctionné comme cela. J'ai donc besoin d'un roulement de permanence dans les équipes. Nous travaillons sur des sujets d'urgence – la lutte contre les féminicides ou contre le terrorisme, par exemple.

Par ailleurs, lorsque l'on passe dix-huit heures par jour et six jours par semaine avec des membres de son cabinet, en incluant des déplacements et des moments de forte adrénaline, on peut avoir tendance à oublier la place de chacun. C'est humain. Avec le temps, j'ai appris que travailler dans l'urgence ne doit pas faire omettre la reconnaissance ou les remerciements à l'égard d'une équipe, ni le respect de mon statut de ministre. Des histoires d'amour naissent souvent dans les cabinets, entre membres, entre membres et journalistes ou conseillers d'autres ministères, voire parfois même avec ministres. Je les comprends ! Un bon conseiller ou un bon chef de cabinet est aux petits soins pour vous et c'est évidemment toujours rassurant d'avoir un soutien, une épaule sur laquelle pleurer, quelqu'un avec qui fêter les succès, partager un référentiel commun et le sentiment de mener des projets exaltants.

Preuve que le ministère de l'Intérieur est considéré comme plus important, on vous y propose des directeurs de cabinet. J'en ai trouvé un très bien. Si bien que le Président l'a recruté… Je ne lui en veux pas ! J'ai été récompensée de cet emprunt par un tout aussi bon directeur de cabinet, aujourd'hui préfet de département. À l'Égalité femmes-hommes, j'ai eu surtout un cabinet réduit : cinq personnes, c'est peu pour tout faire. Deux étaient particulièrement engagées au début, Thomas et Mathieu ; nous avons traversé les très bons et les très mauvais moments, conçu des stratégies et porté des propositions au président de la République. Ils ont ensuite été rejoints par une cheffe de cabinet, Harmonie, qui est encore à Beauvau avec moi. Jeune et vive, avec une énergie jamais démentie, capable de monter un déplacement sous tous les aspects en vingt-quatre heures, avec un grand sens politique et une préoccupation permanente pour l'intérêt général. Amandine, ma conseillère à l'Égalité femmes-hommes, devint ma « dircab » adjointe à Beauvau. Fille de gendarme, militante politique aguerrie dans le mouvement Les Jeunes avec Macron au moment de son lancement, elle a une capacité de travail proportionnelle à sa grande humilité, une mémoire hors norme et une capacité à penser les solutions assez rare. Loris, mon conseiller parlementaire, a également réussi à faire valoir ses talents politiques, ayant plusieurs coups d'avance comme un joueur d'échecs et réussissant à me persuader qu'il était positif d'aller passer une nuit au Sénat à l'occasion d'un débat sur « les avancées des politiques migratoires européennes face au défi Frontex », et ce plus d'une fois. Pour Yenad, mon conseiller communication (que j'ai recruté via Twitter), il n'y a jamais de souci et tout peut être réglé en quelques coups de fil. Son calme a souvent permis de désamorcer des conflits naissants et, avec un esprit d'équipe chevillé au corps, il a toujours été apprécié par tous les interlocuteurs et répondu présent pour les différentes séquences de communication traversées. Pendant plusieurs années, Caroline a également fait partie de cette petite équipe en ayant en tête des « coups » de communication et en ne lâchant jamais rien pour m'obtenir la meilleure presse possible, y compris en assurant en périodes de crise. Nous avons élargi l'équipe en arrivant à Beauvau.

« On dit que pour de petits riens / je bats mes musiciens. / C'est vrai, c'est vrai », chante Dalida, mon idole, dans « Comme disait Mistinguett ». C'est vrai que je travaille sept jours sur sept et que je ne suis absolument jamais satisfaite. C'est vrai que je suis en tension permanente et mobilisée sans cesse. Est-ce dur à suivre ? Oui, je le conçois. C'est vrai aussi que je travaille en confiance totale, ou pas du tout. Mais la quantité de mots, de cadeaux, de lettres, de dossiers portés ensemble, de soirées de travail ou de détente et d'amitiés créées dans mon cabinet m'amènent à croire que la vie n'y était pas aussi dramatique que certains veulent bien le laisser entendre. Et puis, comme le dit Jean-Marc Berthon, mon directeur de cabinet depuis le 31 janvier 2022, dans un cabinet il y a toujours un Icare qui veut s'approcher le plus possible du soleil, en bénéficier seul, éloigner les autres, et qui finit toujours par se brûler.

J'ai eu la chance de bénéficier d'excellents membres de cabinet ministériel. Avec le temps, j'ai appris à manager mieux. Au ministère de l'Intérieur, nous avons 290 000 femmes et hommes qui dépendent de Gérald Darmanin et de moi. Je gère en direct plusieurs directions dont j'ai dû faire les organigrammes, les évolutions, les feuilles de route parfois moi-même. Je manage directement de nombreux services et directions, un cabinet composé de préfets, d'un diplomate, d'un colonel, d'un sous-préfet, de conseillers politiques chevronnés… Avoir une équipe excellente pousse à l'excellence. J'ai toujours pu compter sur leur loyauté et leur force de travail. Sans chaque membre de mon cabinet, je n'aurais pas réussi mes missions. À l'Intérieur, le préfet Sébastien Jallet, avec son légendaire sang-froid, m'a permis de mener à bien des missions délicates et structurantes pour le ministère. Également directeur adjoint du cabinet de Gérald Darmanin, il a grandement permis de faire en sorte que les deux ministres avancent ensemble au quotidien. Sans relâche et avec une loyauté et une sérénité à toute épreuve, il a travaillé d'arrache-pied, aidé en cela par le sous-préfet John Benmussa dont l'extraordinaire passion pour Beauvau a été une boussole républicaine, et le colonel de gendarmerie Benoît Pierre qui m'a aidée à comprendre les forces de l'ordre, y compris dans leurs aspects les plus subtils, et à les soutenir. Tous deux ont constitué auprès de Sébastien Jallet un pôle régalien d'excellence. Jean-Marc Berthon, spécialiste des droits humains et de la diplomatie pour qui j'avais beaucoup d'admiration lorsque nous avons travaillé ensemble dans le cadre du G7, a quitté son poste de directeur de cabinet à la Francophonie pour nous rejoindre, pour le grand plaisir de la jeune équipe qui a vu d'un bon œil l'arrivée d'un conseiller spécial chevronné, érudit, lettré, madré, et pour couronner le tout très drôle. Mon pôle politique s'est étoffé avec la contribution de Thomas Urdy, expert en laïcité rencontré à Trappes, puis de Jennifer Rousselle, habile et talentueuse négociatrice politique qui recèle un flair hors pair et un grand talent pour tisser des liens avec les élus, grâce à une très bonne connaissance des collectivités. Attachée à la parité, j'ai voulu à de nombreuses reprises féminiser mon cabinet et valoriser les talents féminins. Cela n'a pas toujours été facile. Ce n'est pas ce qui m'a fait choisir les deux dernières recrues, mais il s'est trouvé qu'il s'agit de femmes. J'ai connu Ramona Radu en campagne à Paris ; son dynamisme, son entrain, son énergie, sa compréhension des enjeux politiques et son appétence pour la communication en ont vite fait un élément clé de mon dispositif. Enfin, j'ai eu la chance de pouvoir recruter Aurélia du Vignau qui, après être passée par l'Unesco, l'Élysée, d'autres cabinets ministériels et même l'Afghanistan, est venue gérer les relations presse et relations publiques au cabinet. Alexandre Dimeck-Ghione fait mentir l'adage selon lequel il ne faut pas travailler avec ses amis. Nous nous sommes rencontrés en campagne il y a une dizaine d'années, et cet ancien dirigeant de centre LGBT est aujourd'hui un conseiller spécial précieux après avoir géré l'exécution des réformes prioritaires du ministère. Nous nous astreignons à une communication assertive et à une stricte séparation des sphères pro et perso avec, à ce jour, un succès jamais démenti.

Tous sont de fortes personnalités, mais tous sont unis par une volonté : faire avancer le pays. Mon bilan est aussi le leur et mes réussites ont été accomplies grâce à eux. Si le ministre est visible, il est pour moi fondamental d'insister ici sur le rôle des conseillers ministériels et de rendre hommage à chaque membre de mon cabinet, chacun m'ayant permis par ses idées, son travail, son talent et son engagement de défendre les missions que le président de la République et le Premier ministre m'ont confiées. Il n'y a pas de ministre sans cabinet.

Money, money, money

« Tu devrais supprimer ce chapitre. Ce n'est pas approprié pour une ministre de parler d'argent, surtout si c'est une femme. » Voici ce que m'ont dit mes amis.

L'argent reste un énorme tabou dans notre société. J'en veux pour preuve les réactions de mes proches à la lecture de ce livre. Pourtant, je reste profondément convaincue, malgré le tabou judéo-chrétien qui pèse sur le sujet de l'argent, que ce dernier doit être abordé. Derrière la question : « C'est une bonne situation, ça... ? », se pose évidemment celle du salaire. Alors, qu'en est-il ?

« J'ai divisé mon salaire par dix », soupire un de mes collègues. Malgré moi, je compte sur mes doigts. Il a dû se tromper. Par dix ? Mais qui est-ce et que faisait-il avant ?

En fait, toute l'ambivalence du rapport entre l'argent et la politique se situe ici : ceux qui exerçaient une fonction politique *avant* de devenir ministre voient leur rémunération augmenter. Ministre, c'est mieux payé que maire ou député. Mais ceux qui faisaient autre chose que de la politique *avant* perdent de l'argent. Grand avocat pénaliste de renom, chroniqueuse radio, cheffe d'entreprise, personnalité de la télévision... Ceux-là gagnaient tous bien plus d'argent qu'un ministre dans leur ancienne vie. C'est tout à leur honneur d'avoir considéré que leur apport au pays était plus important que le montant sur leur bulletin de salaire.

Attention, soyons clairs : financièrement, les ministres ne sont pas à plaindre. Aucun. J'ai toujours été écœurée par ceux qui sortent les violons pour se plaindre d'avoir dû entamer leurs économies. Mais en général, ceux-là ne restent pas longtemps.

Les ministres ne sont pas financièrement à plaindre, mais un jour, sans démagogie, oserons-nous poser la question : comment attirer les personnes qui sont les meilleures dans leur domaine ? Un PDG d'une grande entreprise française appelé comme ministre de l'Économie et des Finances serait-il partant pour diminuer son salaire ?

Disons-le : plusieurs romanciers et romancières, des personnalités connues, de hauts fonctionnaires ont déjà refusé d'entrer au gouvernement. Oh, bien sûr, le salaire n'en était pas la raison. La violence de l'exposition, si. Mais il est permis de penser que le sujet de la rémunération reste un élément « d'attractivité des talents », comme on le dit dans le secteur privé. D'après les chiffres officiels, la rémunération moyenne d'un PDG en France est de 90 000 euros environ par an. Un avocat gagne environ 7 000 euros mensuels, bien davantage s'il est associé[1].

Le salaire moyen en France est d'environ 40 000 euros par an selon l'OCDE. Sophie Marceau toucherait entre 700 000 et 2 millions d'euros par film, selon les sources. Neymar reçoit une prime mensuelle pour être

1. Unasa, 2019.

« courtois, ponctuel, sympathique, disponible pour les fans » d'un montant de 541 680 euros.

Même au sein des ministères, de hauts fonctionnaires émargent à plus de 200 000 euros par an[1]. Il n'est pas rare qu'au sein d'un cabinet, les collaborateurs soient mieux payés que les ministres. Étrange hiérarchie que celle où le chef n'est pas mieux payé que son équipe.

Parlons cash : le Premier ministre touche 15 200 euros brut mensuels. Un ministre ou un ministre délégué environ 10 000 euros brut mensuels ce qui nous amène à environ 6 400 euros net après prélèvement des impôts. Et ce, quel que soit le ministère. Un ministre de l'Intérieur, exposé à toutes les crises que peut traverser ce pays, gagne la même somme qu'un ministre portant un combat social et/ou culturel certes délicat, mais qui permet tout de même de partir en week-end en famille régulièrement. Les secrétaires d'État gagnent un peu moins, 9 623 euros brut, soit un peu moins de 6 000 net.

Un maire touche une indemnité, à partir de 600 euros environ – jusqu'à 3 500 euros pour le maire d'une petite ville. Un conseiller départemental touche entre 1 556 et 2 723 euros brut mensuels. Un commissaire européen ? Plus de 27 000 euros. Le président de la Commission européenne ? 34 149 euros – soit trois fois le salaire du président de la République. *Idem* pour le Haut représentant de l'Union. Le directeur de la Bpifrance ? Plus de 38 000 euros par mois. Quant aux membres du Conseil constitutionnel, ils gagnent environ 16 000 euros mensuels brut pour un travail absolument fondamental, mais peut-être pas aussi

1. Barthélémy Philippe, « Les rémunérations impressionnantes des hauts fonctionnaires de Bercy et de l'Intérieur », *Capital*, 16 octobre 2020.

exposé ni aussi prenant que celui d'un ministre ou d'un maire.

Ce que je vais écrire est impopulaire. Mais comme je l'esquissais dans l'introduction, je crois qu'on a trop pris de décisions démagogiques concernant la situation et la rémunération des gouvernants. Qu'un commissaire européen ou un membre du Conseil constitutionnel gagne plus que le président de la République, chef de l'État, me choque. Entendons-nous bien, la plupart des personnes de mon entourage exercent des métiers classiques (« modestes », dit-on) comme infirmière ou professeur des écoles. Mais je vois bien que les chefs d'entreprise ou les hauts fonctionnaires gagnent des salaires bien plus élevés que ceux des ministres et même que celui du président de la République. Cela interroge et peut expliquer le nombre exponentiel d'individus qui, quinquennat après quinquennat, refusent de devenir ministres quand on le leur propose. Aux États-Unis, le Président touche environ 30 000 dollars par mois, avec un système fiscal très différent. En Allemagne, le Chancelier touche près de 20 000 euros par mois.

Par ailleurs, on a glosé sur le thème du « président des riches » en arguant du fait qu'Emmanuel Macron s'était entouré de millionnaires. S'il y avait bien douze millionnaires dans le gouvernement de 2017, rappelons qu'ils étaient quatorze dans le gouvernement socialiste de François Hollande en 2012.

En 2021, trois des quatre ministres les plus riches sont des femmes et, surtout, viennent de la société civile. Nouvelle preuve que la politique n'enrichit pas. Elles ont toutes vu leurs revenus diminuer en intégrant le gouvernement. Dans un article sur le patrimoine des ministres, le magazine *Capital* écrit[1] : « Au total, le gouvernement compte 14 millionnaires parmi les 43 ministres et secrétaires d'État, soit un peu moins d'un sur trois. En moyenne, le patrimoine immobilier des membres du gouvernement est de 795 000 euros pour une fortune nette de 1,09 million d'euros. À titre de comparaison, le patrimoine des Français s'élève à 276 000 euros, selon les chiffres de l'Insee publiés en 2018. » Selon le site Planet, le patrimoine brut de Jean-Luc Mélenchon dépasse le million d'euros. Il est de 1,13 million précisément.

Il est tout de même ironique de constater que ceux qui passent leur temps à donner des leçons à la Terre entière sur leur mode de vie sont plutôt bienveillants envers eux-mêmes. C'est par exemple le cas d'une élue locale et candidate aux législatives qui occupe un logement social, mais explique que c'est par volonté de ne pas enrichir des propriétaires. Manifestement, financer des résidences secondaires n'est pas plus dérangeant. Tant mieux pour eux. Je pourrais ici lister les métiers qui, clairement, mériteraient d'être mieux rémunérés : métiers de services à la personne, services aux usagers, métiers du soin, de la transmission… Les responsables politiques ne sont certes pas à plaindre financièrement, mais je ne pense pas non plus qu'il s'agisse des plus grands nantis de notre pays.

1. Manuel Alaver, « Dupond-Moretti, Riester… le classement des ministres les plus riches », *Capital*, 2 décembre 2020.

Les logements

Les ministres qui ne possèdent pas d'appartement à Paris sont logés dans des appartements appartenant à l'État, en fonction du nombre de leurs enfants et de leur éloignement géographique. C'est évidemment un énorme avantage en nature. Les règles sont assez strictes : nous ne disposons pas de palaces ou d'aménagements personnalisés ; c'est la jurisprudence, qui fait suite au scandale du duplex dont vous vous souvenez peut-être : un ministre occupait un appartement de plus de 600 m^2 avec sa famille, dont il avait demandé la rénovation à grands frais. Depuis, les travaux importants doivent faire l'objet d'une autorisation exceptionnelle.

La répartition des logements est assez disparate. Certains ministres disposent de beaux logements bien aménagés, d'autres de lieux exigus ou de logements dans les bureaux. Un rapport transparent paru sur le sujet indique que l'on trouve des appartements parisiens entre 52 et 200 m^2. La répartition est établie par le secrétariat général du gouvernement. Quand vous faites partie du premier gouvernement comme c'est mon cas, vous disposez des premiers appartements disponibles, dans le parc civil, près du jardin du Luxembourg : je bénéficie d'un appartement familial sans luxe, non ostentatoire, non aménagé, mais confortable et excellemment bien situé dans Paris. Certains ont moins de chance, ou arrivent plus tard, lors des derniers remaniements, et ils sont alors logés dans les bureaux. C'est le cas de quelques secrétaires d'État qui vivent dans des appartements de fonction modestes, même pour Paris.

À Beauvau, je serai au-dessus de la DGPN, emplacement à la fois très pratique et très prenant. Impossible de décrocher quand on entend le cliquetis des clés, les rires dans les bureaux, les éclats de voix, les prises de tour de permanence à 6 heures du matin, que l'on vient sonner chez vous ou déposer des dossiers du matin au soir et du soir au matin. Je ne blâme personne, bien sûr, c'est moi qui suis chez eux et non le contraire et, de leur côté, ils ont subi les visites d'amies ou les bruits d'aspirateur. L'appartement de fonction existe pour que les ministres qui viennent de province, de l'étranger ou des DROM puissent immédiatement se loger ; cela fait partie des dispositions qui existent pour préserver les ministres de la corruption ou des conflits d'intérêts – nul besoin de vous faire loger, la République s'en charge.

En ce qui me concerne, j'ai demandé à ce que l'on retire tous les meubles de valeur de l'appartement, je ne tenais pas à élever mes enfants dans des dorures. « Faut pas jouer les riches… », disait mon grand-père avec Jacques Brel. En tout cas, pas des dorures que je n'aurais pas payées moi-même ! J'ai commandé des meubles IKEA à la place du mobilier national, ce qui a causé un petit émoi, car ce type de fournisseur n'était pas référencé dans les catalogues. Mais en pensant à mon arrière-grand-mère femme de ménage, je culpabilisais énormément à l'idée de choisir sur catalogue des meubles du montant d'un loyer mensuel, cela n'aurait pas été concevable.

Tous les ministères n'ont pas le même rythme. Le ministère de l'Intérieur est clairement le plus intense. Je conçois que des ministres plus âgés s'épuisent. « Marlène, j'ai 60 piges, tu ne peux pas t'imaginer à quel point c'est épuisant pour moi tous ces déplacements, on nous regarde sans cesse, on nous attaque sur tout, j'ai toujours pensé beaucoup travailler, mais là c'est... Je suis fatigué. » Le mot est lâché. Disposer d'un logement sur son lieu de travail est aussi un avantage dans la mesure où il permet de passer embrasser les enfants avant de repartir. Plusieurs fois, j'ai eu l'occasion de monter partager des lasagnes, un cordon-bleu ou une purée-jambon avec les filles à l'appartement avant de repartir en réunion, au Parlement, en déplacement ou pour le plateau d'une émission du soir. En résumé, vous n'êtes pas chez vous et l'on peut vous mettre dehors rapidement – c'est ce que j'ai vécu au premier remaniement, quand on m'a donné quarante-huit heures pour partir –, mais vous disposez d'un appartement parisien mis à votre disposition et entretenu par un service dédié, ce qui est clairement un immense avantage non seulement financier, mais aussi en termes de charge mentale. De nombreux ministres font aussi le choix de garder leur propre logement, soit qu'ils habitent en région mais proche de Paris et estiment pouvoir rentrer chez eux le soir pour dormir, soit qu'ils aient simplement une petite chambre d'appoint dans le ministère pour les soirs de débats parlementaires ou d'émissions tardives. D'autres ministres, parisiens ou franciliens, choisissent également de conserver leur logement personnel. Un d'eux me dira que cela lui évite de faire des cartons, un autre qu'il n'a pas envie d'élever ses enfants dans un ministère froid ou impersonnel. Je connais un ministre qui a toujours gardé son appartement et toujours vécu dans le 19e arrondissement, à quelques pas de ce que l'on appelle la colline du crack, dans le but de rester aux prises avec ses concitoyens, et c'est bien évidemment un choix qui mérite le respect.

Je suis reconnaissante envers les personnes qui ont tout organisé pour me loger avec ma famille et, comme le dit l'expression consacrée, pour que je reste « mobilisable pour nécessité de service ». Mais à la fin du quinquennat, j'ai fait le choix de déménager. Un petit chez soi, un grand chez les autres… le besoin de liberté et de stabilité conjugués. Si je devais un jour exercer de nouveau des fonctions ministérielles, je m'organiserais cette fois pour rester chez moi. Pouvoir s'extraire même symboliquement et même brièvement de son ministère aère la pensée et donc l'action.

Je vous écris une longue lettre parce que je n'ai pas le temps d'en écrire une courte

C'est une bonne situation, ça, permanente du bureau des courriers ?

« Je dirais que c'est une situation difficile parce que toute la journée nous devons lire les choses qui se passent pour chacun, les difficultés des personnes qui écrivent... C'est aussi une responsabilité parce que parfois un simple courrier peut tout changer. Il faut lire en diagonale et estimer l'urgence, l'importance du courrier... Et si un courrier important ne reçoit pas de réponse, on se tournera vers notre tampon et notre signature.

Aurélie, du BDC »

Je comprends sincèrement le désespoir qui fait qu'un citoyen en arrive à se dire : « Je vais écrire au ministre ! » Mais souvent cela est peine perdue.

Que se passe-t-il lorsque vous écrivez à un ministre ? D'abord, j'ai été frappée de voir que beaucoup de citoyens n'ont pas les bonnes adresses des ministères, qui déménagent souvent, comme celui de l'Égalité femmes-hommes. Si la lettre est arrivée à la bonne adresse, elle part ensuite au bureau des courriers (BDC), dont chaque ministère dispose. On y lit les courriers et les répartit.

Ensuite ils vont au cabinet, qui répond, ou alors ils sont transmis aux services.

Au risque de vous décevoir, la probabilité que la ministre ait véritablement lu la lettre est mince, pour une raison simple. À raison de 250 courriers quotidiens me concernant, si je les lisais tous, je passerais exclusivement mes journées à les traiter à l'exception de toute autre activité. C'est impossible pour tout ministre, comme ça l'est également pour Brigitte Macron.

Il est arrivé à deux reprises que je sois blâmée publiquement pour n'avoir « pas répondu aux courriers ». Je ne me suis jamais exprimée là-dessus, peut-être est-il temps de le faire.

Concernant le premier, on m'a critiquée dans la presse, aux environs de Noël, pour n'avoir pas répondu à un courrier d'alerte. Sur le moment, je ne me suis pas justifiée, car nous étions en période de deuil après le décès de trois gendarmes en intervention. Je veux aujourd'hui dire que jamais je n'ai reçu de lettre sur cette affaire. Ni moi ni mes services – je remercie ceux qui sont revenus le 25 décembre pour la rechercher… Car ce n'était en fait pas un courrier, mais un message privé sur les réseaux sociaux. Il était dans les spams et ne comprenait aucune indication de lieu, ni de date, ni d'alerte. Que je n'ouvre jamais pour les mêmes raisons que celles évoquées plus haut : un millier de messages Instagram, Twitter et Facebook me sont adressés chaque jour. On scanne les messages avec mon cabinet pour repérer les urgences, mais entre les fétichistes qui demandent une photo de mes pieds, les antivaccins qui m'accusent d'être le diable, et des messages automatiques… Entre le début de ce chapitre et maintenant, j'ouvre mes pages sur les réseaux sociaux, j'en ai déjà reçu plusieurs dizaines sans informations précises me permettant de les transmettre aux forces de l'ordre.

Concernant le deuxième, la lettre était bien arrivée. C'était une affaire signalant, là encore, des violences. Cette lettre, je ne l'ai jamais reçue puisqu'elle ne m'a jamais été transmise. Peu importe, Mediapart n'a pas envie de savoir si j'ai reçu cette lettre ou pas, ça devient : « Marlène Schiappa a choisi de ne pas répondre à cette lettre. » Et quand bien même j'aurais reçu une lettre faisant état d'une affaire en cours de jugement, je n'aurais eu aucun droit d'y prendre part, au nom de la séparation des pouvoirs.

Par ailleurs, est-il vraiment utile d'écrire aux ministres ?

Je vais être franche. Souvent, non.

Et cela répond aussi à la question : est-ce que toutes les lettres adressées aux ministres sont urgentes ?

J'ai fait le test sur une semaine :

- des demandes de mutation,
- des demandes de promotion,
- des demandes pour faire sauter une amende,
- des demandes pour accélérer une naturalisation,
- des demandes de décoration (vous n'imaginez pas le nombre de personnes qui écrivent aux ministres tous les jours pour expliquer qu'elles méritent la Légion d'honneur et que c'est une faute lourde de ne pas leur attribuer),
- des demandes de permis de construire,
- des plaintes pour violences conjugales,
- des signalements pour discrimination.

Tout cela est légitime et je comprends bien que les personnes aient besoin d'être entendues. Évidemment ! Je comprends le désarroi du citoyen qui a épuisé tous les recours et espère tomber sur une bonne grâce ministérielle. Mais si l'on envoie au ministre directement ce qui relève du guichet d'accueil de la préfecture, les courriers qui leur sont véritablement destinés seront bloqués ou noyés.

Par ailleurs, cela prouve bien la méconnaissance de notre travail. Que pensent les auteurs de ces courriers ? Que nous nous tournons les pouces et que de temps en temps nous « passons un coup de fil » pour « débloquer une situation » ? Certains m'envoient des demandes très personnelles : faire muter tel beau-frère gendarme, augmenter tel cousin professeur, faire retirer telle plainte ou faire enfermer tel homme. En aurais-je le pouvoir que je ne le ferais pas.

Des proches également m'interpellent, m'envoient des dossiers, tous urgents et tous uniques : « Ma nièce voudrait un logement » ; « La nounou de mon beau-frère, une perle, n'a pas ses papiers, que peux-tu faire ? » ; « J'ai eu une amende pour excès de vitesse, merci de la faire sauter » ; « Pourquoi ne trouves-tu pas de logement pour ma nièce ? » ; « Tu sais que la nounou de mon beau-frère va être expulsée ? » ; « Bientôt je n'aurai plus de points sur mon permis, c'est une vraie galère » ; « Mon père veut faire sauter son PV », etc.

Si je devais conseiller à un ami une solution efficace pour régler l'un de ses problèmes, je ne lui conseillerais pas d'écrire à un ministre. Tout simplement parce que ce n'est pas son travail. Le ministre de la Justice ne rend pas de verdict, le ministre du Logement n'attribue pas les HLM, la ministre des Droits des femmes n'attribue pas les bracelets anti-rapprochement aux conjoints violents. La confusion immense qui règne sur le pouvoir d'un ministre me glace à chaque affaire pour laquelle on m'interpelle. C'est cet acteur célèbre qui m'écrit sur Instagram pour me demander de renvoyer en prison un harceleur qui vient d'en sortir. Imagine-t-il véritablement que je vais prendre ici un jugement suite à son message et décider de renvoyer un justiciable en prison depuis mon écran ? Quel type de société cela serait-il ? Je trouve effarant le faible niveau en droit de la plupart et, plus encore, je m'étonne que l'on ne s'interroge pas sur ce que cela signifie en termes de crise de régimes. 68 % des Français trouvent la justice trop laxiste, plus d'un sur deux ne lui fait pas confiance. Mais demander aux ministres de rendre justice via des hashtags, en fonction du nombre de *likes*, participe-t-il véritablement du régime politique que nous souhaitons ? J'ai toujours tout fait pour répondre. Parce que, lorsque l'on a présidé dix ans une association de mères qui travaillent, l'on sait à quel point ces réponses sont attendues et appréciées. Après tout, quelqu'un pense que l'on peut régler son problème ! Quelle plus belle marque de confiance que ces courriers parfois manuscrits, ces quelques mots qui nous confient l'indicible ou le marquant ? Si véritablement vous souhaitez confier un dossier ou donner une lettre à un ministre, je vous recommande de passer par le parlementaire de votre circonscription ou par le maire de votre ville qui s'en fera le relais, ou d'identifier la personne dans son cabinet qui est en charge de ce sujet et qui pourra être votre interlocuteur. Dans tous les cas, les demandes du type « Je souhaiterais parler une demi-heure au ministre » sans motif n'aboutissent jamais. J'ai une immense pensée pour toutes les personnes qui pendant cinq ans m'ont écrit, des lettres d'amour ou de protestation, des demandes de photos dédicacées ou des requêtes législatives. Roselyne Bachelot m'a dit un jour : « Les lettres d'amour engagent bien plus que les lettres de haine. Les haineux n'attendent rien de toi alors que les gens qui t'écrivent leur amour attendent une réponse et placent un espoir en toi. Oublie les lettres de haineux et souviens-toi des lettres d'amour. Toujours. » J'ai écrit cette note sur un post-it et l'ai affichée sur mon ordinateur.

Le citoyen illégitime

Depuis que je suis membre du gouvernement, j'ai toujours eu la même ligne de conduite : tout le monde mérite d'être écouté, tout le monde mérite d'être considéré, tout le monde mérite d'être reçu. Plus que bien des réformes, cette ligne de conduite bousculera des principes établis. Normalement, certains citoyens mériteraient d'être reçus par des ministres, et d'autres non ? Et en fonction de quoi, au juste ? Leur classe sociale, leur apparence, leur niveau de diplôme ? Ce principe même me semble être une atteinte fondamentale au principe de droit commun, au principe de citoyenneté ! À la télévision, un homme proteste de façon vigoureuse (en fait, il les insulte) contre des femmes que j'ai reçues au ministère. Elles ont entre 18 et 24 ans, sont de jeunes femmes qui ont monté des salons d'esthétique, qui ont monté de petits business en ligne comme influenceuses, qui ont participé à des émissions de téléréalité pour certaines. Cela en fait-il des sous-citoyennes ? Sont-elles déchues de leurs droits ? En quoi serait-il, lui, plus légitime que Miss France ou des influenceuses ? Toutes les femmes doivent avoir accès à leurs droits. Toutes. La haine que certains expriment dès lors que des femmes essayent d'avoir accès à leurs droits et de les relayer – je reçois des femmes qui partagent les dispositifs d'aides face aux violences auprès de leurs millions de followers ! – m'affole.

Je suis fascinée par ce que l'on appelle l'inconscient collectif. Cette notion repose sur le fait que nous aurions un imaginaire fait de représentations communes et archétypales. L'inconscient collectif valide ou invalide des représentations. Je suis assez persuadée que, dans la vie politique, nous partageons un inconscient collectif dense et que bien des décisions sont encore prises en fonction de celui-ci, que bien des avis sont émis sur ce fondement. Il est par exemple probable que notre inconscient collectif ait conservé quelques stigmates de la monarchie. Sans le vouloir, nous aurions encore en tête des références des siècles passés comme ce monsieur qui m'a fait une révérence en m'appelant « Majesté », non pour se moquer, mais au premier degré, parce qu'on lui avait dit qu'il fallait saluer ainsi les autorités. Selon l'étiquette de la cour de Charles Quint, qui a inspiré directement celle de nombreuses monarchies européennes, toutes les femmes n'étaient pas admises dans les appartements de la reine. Le fait, par exemple, que des femmes considérées comme de rangs inférieurs, ou hors noblesse, n'y étaient pas admises reste ancré.

Bien que nous soyons le pays des Lumières, le pays de la Révolution française, le pays de Voltaire, le pays de la liberté d'expression, nous restons en France très attachés à certains codes, notamment en ce qui concerne le pouvoir. La passionnée d'histoire que je suis ne peut s'empêcher de remarquer cette forme de désir de fonctionnement monarchique. Je suis incapable de vous dire s'il s'agit de ce fameux inconscient collectif qui existerait dans notre pays ou s'il s'agit vraiment de codes de la Constitution de la Ve République, dont certains disent qu'il s'agirait d'une monarchie présidentielle, mais que ce soit un phénomène de cour, des us et coutumes, des habitus, tout cela (même les réactions lors d'invitations au « Palais ») fait évidemment écho au système monarchique.

Ce que j'aurai fait de plus subversif, c'est d'ouvrir les portes des ministères. Pas pour la représentativité supposée de telle ou telle personne, mais parce qu'un ministère doit être visible de tous les citoyens. J'ai accueilli des jeunes, « prodiges de la République », pour les récompenser de leur engagement, des Prix Nobel de la paix, des influenceuses, des associations de banlieue, des femmes proches de l'extrême droite, des chefs cuisiniers et des jeunes apprentis, des PDG et des caissières tout juste naturalisées, des militants anarchistes, des héros et des repris de justice, j'ai accueilli tout le monde. Parce que c'est comme cela que devrait fonctionner un ministère, sans aucune exception. Parce que la République est une et indivisible.

Les questions au gouvernement

Imaginons un entretien d'embauche au cours duquel on vous dirait : deux fois par semaine, vous irez dans un amphithéâtre et, dans ce lieu, vous devrez répondre en deux minutes maximum à toutes les questions posées, sans parfois en connaître la teneur auparavant. Vous serez conspué par 500 personnes. Injurié. Mais vous ne pourrez pas répondre. Après deux minutes, on coupera votre micro. Vous devrez retourner vous asseoir.

Accepteriez-vous cela ? Considéreriez-vous que c'est une pratique respectueuse ?

Nombre de ministres venant de la société civile ne supportent pas l'exercice qui est, il faut le dire, très particulier. Il s'agit de désapprendre tout ce que vous avez appris au cours d'années à travailler sur soi, de thérapies, sur la communication bienveillante, non violente, l'école de Palo Alto, l'haptonomie, etc. pour arriver dans un Hémicycle où l'on vous hurle des horreurs. Le sexisme est toujours bien présent, même si la sévérité du président de l'Assemblée, Richard Ferrand, et une forme de contrôle social permettent d'éviter des « débordements », cependant encore trop fréquents. C'est souvent insidieux. C'est une femme que l'on appelle « monsieur le ministre ». C'est une question posée avec un ton graveleux. Ce sont des remarques formulées hors micro, sur le physique ou la robe de telle ou telle. Ce sont de perpétuels procès en incompétence. Un secrétaire d'État homme peut marmonner en lisant sa fiche dans l'indifférence générale, mais si une femme le fait, on la moque. Ce sont des remarques salaces ou personnelles. On est parfois assez loin de la Politique avec un grand P, et même de la politique avec un petit p, d'ailleurs.

Les questions au gouvernement sont un moment essentiel de la démocratie, un moment pendant lequel on peut interpeler les ministres et leur demander de rendre des comptes sur leur action. Les questions au gouvernement sont donc en soi fondamentales en ce qu'elles permettent de matérialiser et d'incarner la séparation des pouvoirs et l'importance du Parlement.

La Constitution dispose que le Parlement contrôle l'action du gouvernement. Députés et sénateurs ont donc plusieurs manières de le faire, notamment avec des « questions écrites » (les QE), qui vous sont adressées par écrit comme leur nom l'indique, des « questions orales sans débat », qui se tiennent dans une ambiance crépusculaire, dans un Hémicycle quasi vide, questions évidemment passionnantes pour les personnes directement concernées (« Combien de pompiers exactement enverrez-vous à la caserne de La Bourboule en mai ? »), mais qui concernent peut-être peu le commun des mortels (« Quand allez-vous transposer la directive européenne n° 334-24 en droit local d'Alsace-Moselle ? »).

Les « questions au gouvernement » (QAG ou même QA, pour « questions d'actualité ») obéissent à des codes précis.

Voici ce qu'en dit le site de l'Assemblée nationale :

Élaborée par la Conférence des présidents, la procédure des questions au gouvernement a été mise en œuvre en 1974, en marge du Règlement, à raison, à l'origine, d'une séance d'une heure par semaine. Depuis l'instauration d'une session parlementaire unique en 1995, deux séances d'une heure leur sont consacrées, les mardis et mercredis après-midi, et ce même pendant la discussion budgétaire.

L'organisation des séances de questions au gouvernement a été modifiée en février 2008 : le temps consacré à chaque question, réponse du ministre comprise, est passé de cinq à quatre minutes, des chronomètres étant installés dans l'Hémicycle de sorte que chacun puisse vérifier le respect de cette règle.

Cette réduction permet de poser quinze questions par séance au lieu de douze antérieurement et la parité entre la majorité et l'opposition est réalisée sur deux séances, à raison de quinze pour la majorité et quinze pour l'opposition. Les députés non inscrits peuvent poser une question tous les deux mois.

En séance, le président appelle les questions selon un ordre qui fait alterner une question émanant d'un groupe majoritaire et une posée par un groupe d'opposition, la première d'entre elles revenant de droit à un groupe d'opposition ou minoritaire.

Contrairement aux questions orales, les questions au gouvernement ne sont ni déposées, ni notifiées, ni préalablement publiées. En principe, leur contenu n'est pas communiqué au gouvernement, seuls les noms des auteurs lui sont transmis une heure avant l'ouverture de la séance. Le caractère spontané des questions et la présence de l'ensemble des membres du gouvernement assurent une large audience à ces séances qui, de plus, grâce à leur retransmission télévisée, constituent un temps fort de l'actualité parlementaire.

Le contenu des questions est libre (seules les injures et menaces sont interdites). Dans la pratique, la dualité questions orales-questions au gouvernement permet de réserver les questions d'intérêt local aux premières et les questions politiques à caractère général aux secondes.

Pendant la session ordinaire 2010-2011, 1 005 questions ont été posées au gouvernement au cours de 67 séances.

En général, vous savez quel député va vous poser une question, mais vous ignorez le contenu de la question, sauf pour la majorité. La majorité vous donne le thème de la question, parfois vous le choisissez ensemble. Par exemple, la semaine où vous souhaitez vous engager contre les thérapies de conversion, votre conseiller parlementaire téléphone aux députés engagés pour leur proposer de poser une question. Inversement, des députés de la majorité qui tiennent à défendre un projet peuvent vous informer qu'ils vous poseront une question pour faire avancer les choses vis-à-vis de Matignon. C'est un argument pour mettre le sujet à l'agenda : « Regardez, un député m'a interrogé, c'est un sujet important ! »

Concernant l'opposition, vous devez chercher. Si Éric Ciotti vous pose une QAG, il y a des chances pour qu'elle porte sur l'immigration. Si Delphine Batho vous pose une QAG, elle portera probablement sur la transition écologique ou les sources d'énergie.

Comment décide-t-on qui répond à telle ou telle question ? Le ministre chargé des Relations avec le Parlement vous attribue les questions en lien avec le pôle parlementaire de Matignon. Il arrive que les ministres se battent pour ne pas répondre à une question gênante, peu à propos, casse-gueule. Dans ce cas, le Premier ministre arbitre en direct au banc, de discrets signes de la main indiquant au président de l'Assemblée nationale qui il doit annoncer. Parfois, des ministres se battent pour obtenir une question.

Un jour, j'obtiens une question sur l'égalité salariale, que voulait une de mes collègues. Assise à côté de moi au banc, pendant que la députée pose sa question, elle est outrée : « Ah ! Ah ! Oh ! Non, mais non ! C'est moi l'égalité salariale, toi t'es les violences ! » Je me tourne : « Je ne suis pas ministre des Violences, je dois aussi porter ce sujet de l'égalité salariale, et c'est moi qui ai sollicité cette question pour présenter l'opération que j'ai lancée... » Rien à faire, la ministre s'énerve et prend à témoin un député assis un rang plus haut, tout gêné. « Pour l'Égalité femmes-hommes, il y a une question toutes les morts d'évêques [comme on dit dans le sud de la France], tu peux quand même me laisser répondre non ? Tu en as sept aujourd'hui ! »

Une autre fois, je me suis battue avec un collègue pour répondre : nous voulions tous les deux rendre compte des bracelets d'éloignement pour conjoints violents. Le Premier ministre me désigne, mon collègue me demande de lui céder, je refuse, mais je le sous-estime : il se lève et va au micro, mettant le président du Sénat devant le fait accompli. Il salue mon travail dans sa réponse et s'excuse, une fois assis, m'explique qu'il y tenait tellement. Je souris, car finalement cet engagement sera porté. Et c'est bien cela l'essentiel ! Détail d'importance qui impressionne toujours les visiteurs : au moment où le président de l'Assemblée nationale ou le président de séance qui supplée le président de l'Assemblée rentre, une haie de gardes républicains en uniforme balisent son chemin et empêchent toute personne extérieure de se mettre sur son passage et même de lui adresser la parole. En fait, cette haie n'est pas destinée aux badauds ou aux visiteurs puisque l'entrée est extrêmement réglementée dans l'Assemblée nationale. Elle est surtout destinée à protéger le représentant de l'Assemblée des ministres et du pouvoir exécutif. C'est le symbole de l'indépendance du pouvoir législatif par rapport au pouvoir exécutif, c'est-à-dire le gouvernement, et il empêche toute pression de la part d'un membre du gouvernement sur le président de l'Assemblée nationale. Le président de l'Assemblée nationale, et c'est la même chose pour le Sénat, est intouchable lors de ce trajet ; il est placé en surplomb dans l'Hémicycle par rapport au gouvernement. C'est loin d'être anecdotique, anodin, ou de servir le décorum, c'est véritablement la matérialisation de la séparation des pouvoirs.

C'est une bonne situation, ça, conseiller ministériel ?

« Ça me plonge dans une réflexion abyssale… Je dirais qu'on tient le marteau qui frappe l'enclume, tout en étant entre le marteau et l'enclume.

J'aime beaucoup l'expression "être une barque calme sur une mer agitée, et pas une barque agitée sur une mer calme" (expression de mon cru, oui, je m'autocite).

C'est un point dans l'espace et dans le temps, extrêmement contracté sur lui-même, quelque chose d'intense et d'exceptionnel, qui nécessite l'humilité et le silence.

C'est avoir les mains sur un tableau de bord gigantesque, et l'aborder avec une extrême précaution, guidé par l'audace et le panache de renverser la table.

C'est être exemplaire plus encore qu'un saint, savoir que tout est potentiellement fatal pour soi, ses collègues, son autorité.

C'est jouir de l'image d'un deus ex machina et d'avoir en réalité le pouvoir d'écrire un mail auquel on répondra "c'est compliqué" huit fois de suite.

C'est faire des choix, distinguer le vital de la vacuité, écrire vite, réfléchir avant parce qu'après c'est déjà trop tard, accepter le temps long et exiger la vélocité d'une mise en œuvre.

Tirer la moelle de l'os pour en présenter une vision politique qui soit comprise par tous.

C'est avancer dans la montagne en tirant le chariot des pierres précieuses amassées jusque-là pour continuer à les polir.

C'est une situation de derviche tourneur, conseiller ministériel. »

Alexandre Dimeck-Ghione,
conseiller ministériel
à l'Égalité femmes-hommes puis à l'Intérieur

Ministres, démission !

Pour énerver ma fille aînée, timide, je lui chante « joyeux anniversaire » dans les restaurants pour entraîner tous les clients à le chanter en chœur. De préférence, évidemment, un jour où ce n'est pas du tout son anniversaire.

Pour se venger, elle lance des « Schiappa, démission ! » dans la rue quand nous marchons. Beaucoup de gens ne comprennent pas. Mais cela nous fait beaucoup rire. Quand on y pense, c'est assez rare d'exercer un métier où, lorsqu'on est en désaccord avec vous, on exige votre démission. Aucune démonstration de joie ne vous est permise. Le tribunal populaire vous jugera pour des crimes comme être allé à Disneyland, avoir offert une manucure à votre fille, passer une soirée au théâtre. C'est le cas fréquemment pour les ministres. Cela fait partie du package.

Joséphine Duglantier a posté une photo d'elle chez le coiffeur. Chez le coiffeur ! Pendant que tant de gens souffrent et meurent. Duglantier, démission !

En disant seulement « tous ceux » et pas « toutes celles et tous ceux », Étienne Duglantier se rend coupable de mégenrage et de discrimination envers 50 % de l'humanité. Duglantier, démission !

Cela fait désormais 345 jours que j'ai écrit à Étienne Duglantier qui ne m'a pas répondu, je ne mérite pas de réponse ? Les citoyens ne comptent pas ? Il veut que je meure de froid ? Duglantier, démission !

Pendant que nous manifestions, Joséphine Duglantier était tranquillement en week-end à Saint-Malo. Elle prend des week-ends. Avec nos impôts. Duglantier, démission !

Il existe tout de même peu de métiers où l'on exigera votre démission aussi régulièrement. À l'Intérieur, on gère les crises et les urgences, des événements graves et des obsèques nationales qui ne donnent pas toujours envie de se réveiller en chantonnant. Pourtant il fallait bien rester optimiste, ne serait-ce que pour montrer l'exemple, comme le détaille Justine Lévy dans *La Gaîté*. Parfois, en étant ministre, j'ai eu l'impression qu'être heureuse était une faute professionnelle.

4

Au Conseil des ministres

Le saint des saints

Certains l'attendent avec impatience pour glisser un mot au Président.

Certains viennent avec des listes de courses à passer à leurs collègues.

Certains apportent la presse du jour pour l'y lire pendant les moments de longues interventions.

Certains prennent des notes au stylo plume et les cachent pour éviter qu'on ne copie – peut-être n'ont-ils pas été prévenus que ce n'était pas noté.

Certains bavardent allègrement.

Certains s'y ennuient, et ne s'en cachent pas.

Certains encouragent leurs collègues du regard.

Certains semblent avoir abusé de la lecture du manuel de la parfaite réussite de carrière, chapitre « Prenez la parole même si vous n'avez rien à dire ».

Certains caressent Némo pendant leurs présentations.

Certains se passent, sous pli fermé, les articles de presse people sur leurs petites camarades pour sourire au moment où ils prennent la parole.

Le Conseil des ministres reste impressionnant. C'est un exercice très codifié. Précédemment, les gouvernements étaient composés de personnes appartenant à un même camp politique : ils avaient mené des batailles ensemble, probablement fait la campagne présidentielle ensemble, parfois gagné des élections ensemble, et si une ou deux personnes arrivaient de la société civile ou d'un autre parti politique au titre de l'ouverture, tous se connaissaient.

Je précise cet état de fait, car je suis convaincue que cela joue dans la difficulté de s'exprimer longuement au Conseil des ministres. Ce n'est pas un lieu de débat. Ce n'est pas à quarante personnes autour d'une table, qui plus est séparées d'un mètre en période de Covid, que vous pouvez lancer un débat de fond. Et d'ailleurs, le Conseil des ministres n'est pas un lieu de débat philosophique. Le président de la République n'y a jamais coupé qui que ce soit, mais il a souvent recadré les discussions, rappelant où nous étions et pourquoi. En effet, pour des membres de gouvernement qui croisent peu le président ou le Premier ministre, c'est aussi une manière de pouvoir faire un compte rendu d'activité. Et c'est évidemment très chronophage si chacun se met à faire cela ou à défendre des dossiers déjà arbitrés. Le Conseil n'est pas une réunion interministérielle. Le Conseil commence aux alentours de 10 heures, plus tard si le Conseil de défense a été plus long.

Des huissiers vous invitent à déposer vos téléphones dans un petit coffret à l'entrée de la salle. Un plan à l'entrée, comme dans un mariage, vous indique votre place autour de la table, une étiquette cartonnée la confirme. Nous ne sommes jamais placés de la même manière, mais toujours par ordre protocolaire, après une ingénieuse réflexion des services pour y parvenir : il est entendu que le secrétaire d'État auprès du ministre des Solidarités et de la Santé est en dessous protocolairement de la ministre déléguée auprès du ministre de l'Économie et des Finances, mais si l'un est à droite et l'autre à gauche, comment les placer ?

Le Président prend la parole. C'est le moment solennel où chacun prend des notes. Les ministres qui étaient déjà membres du gouvernement sous le précédent quinquennat disent que l'attention était moins de mise avec le précédent président… C'est là que le Président donne ses indications générales, l'impulsion de la semaine. Il fait aussi des remontrances, parfois, même si elles sont bien moins acerbes que ce que la presse en rapporte ensuite. « Soyez solidaires… Je n'aime pas les tireurs couchés… Ne tombez pas sur celui d'entre vous qui est en difficulté… » Il s'agit de grandes indications générales, le plus souvent.

En partie A, nous étudions les projets de loi. En partie B, les « mesures individuelles », c'est-à-dire les nominations. C'est là que les ambassadeurs, les préfets, les conseillers d'État plénipotentiaires, etc. sont nommés après une brève présentation de leur biographie et de leurs états de fait. Si quelqu'un s'y oppose, qu'il se prononce maintenant ou se taise à jamais… Il fut rare que quelqu'un s'y opposât. La partie C concerne les communications. Vous souhaitez partager un projet important avec le reste du Conseil des ministres, la répartition des cent milliards d'euros destinés à relancer l'économie (plan France Relance), les objectifs du prochain Conseil de l'Europe… Invariablement, chaque semaine, en partie C, le ministre de l'Europe et des Affaires étrangères lit la communication sur la situation internationale. « Monsieur le Président, un mot sur les élections en Ouzbékistan/le conflit israélo-palestinien/la sollicitation du président américain… » C'est aussi le moment d'aller à la pêche aux informations, l'état de préoccupation du ministre nous renseignant sur l'état du monde. En partie D, les débats. Et en partie E, les résultats ! On sait donc si l'on sera amené, ou non, à prendre la parole en Conseil des ministres sur nos propres dossiers.

Le Conseil des ministres est un lieu solennel puisque c'est un lieu de discussion mais surtout un lieu de décision, pas le lieu du début d'une réflexion mais celui de son aboutissement. C'est en cela que le Conseil des ministres est extrêmement important et que son rôle est fondamental, car un projet de loi ou une communication passés en Conseil des ministres vous engage, vous engage pour maintenant et pour l'avenir, et engage l'ensemble du Conseil des ministres.

Le Conseil des ministres n'est pas mon moment préféré, j'ai la bougeotte et rester assise plusieurs heures sans téléphone portable et sans échange ni action m'est parfois difficile. Mais sa solennité revêt quelque chose d'important. C'est souvent un moment plaisant où nous pouvons profiter du café-croissant d'avant Conseil pour échanger avec nos collègues préférés. Si j'appréhendais ce moment au début, par timidité, ce petit déjeuner convivial est devenu un moment attendu, car il me permettait de retrouver Olivier Véran, Gabriel Attal, Laurent Pietraszewski, Éric Dupond-Moretti, Élisabeth Borne, Nathalie Élimas... Amélie de Montchalin y a toujours une nouvelle idée à partager et Roselyne Bachelot une anecdote politique à raconter.

Des journaux ont écrit que j'avais pleuré lors d'un Conseil des ministres. Mais ils n'ont pas précisé pourquoi. C'était avant le premier confinement et avant le remaniement, en partie E, un mois de mars.

No women no cry

On ne dévoile pas publiquement les échanges du Conseil des ministres. C'est la théorie. Pour la pratique, il suffit d'ouvrir *Le Canard enchaîné* en page 2 le mercredi matin, *Le Journal du dimanche* à la page « indiscrétions », ou d'écouter la radio le lendemain pour savoir ce qui s'y est dit. Parfois fidèlement cité. Parfois déformé. Parfois carrément inventé. Mais il suffit que deux ou trois ministres se mettent d'accord pour taper sur un quatrième pour que cela devienne un scoop. C'est ainsi que les lecteurs de la presse politique ont pu découvrir qu'une membre du gouvernement avait pleuré à la fin d'un Conseil des ministres. La vérité est pire.

J'attends mon tour. Le Conseil des ministres a commencé tard. Après un Conseil de défense consacré au Covid. Après un ordre du jour plus que chargé. Le Président m'interroge. Je commence mon intervention. Le Président semble agacé, il tourne des pages ; on lui amène un mot dont je saurai plus tard qu'il évoquait le Covid. Je raconte les violences subies par une femme. Le Président m'interrompt : il veut voir le tableur. Je n'ai aucun tableur. Jamais on ne m'a demandé de tableur. Je ne suis pas une dingue, si l'on m'avait demandé un tableur, j'aurais fait un tableur : cela ne m'a jamais été demandé. Le Président me dit que si je n'ai pas les documents normés de partie E sur le bilan, on arrête là le Conseil des ministres et on reprendra cela une prochaine semaine. J'ai les larmes aux yeux. Non pas pour moi personnellement, mais parce que j'ai encore dans la gorge les témoignages des femmes dont j'étais en train de parler, j'ai en tête le regard du père de Julie Douib, la main de la sœur d'Armelle, le parcours de Diariatou, et je me sens dépositaire de leurs paroles. Je suis dans cette enceinte pour les représenter et on m'arrête en pleine histoire. J'engrange des récits de violences dont certains font parfois échos à des choses que j'ai pu vivre moi-même, je les ai précieusement emmagasinés, et non, la séance est levée et je dois faire un tableur.

Le Président voit, je crois, que j'ai les larmes aux yeux. Certains collègues regardent ailleurs. Je suis myope ; en plus de la myopie, les larmes brouillent totalement ma vision. Il me semble que le Président baisse le ton, je pense qu'il ne comprend pas pourquoi une membre du gouvernement se met subitement à pleurer. J'ai l'impression qu'il essaye de dire des choses aimables. Le Président poursuit finalement : il rappelle que ce sujet est primordial, que c'est pour lui une priorité, qu'un énorme travail a été mené et que l'on aura davantage de temps la semaine prochaine. Il est bientôt 14 heures, le Covid s'annonce en France, et de toute évidence il préfère donner plus de temps au sujet en le décalant d'une semaine. Rationnellement, tout ceci s'entend très bien. Les quelques collègues qui regardent ailleurs diront après que Marlène est tellement « bonne élève » ou « chouchoute » qu'elle pleure si le Président est mécontent. Quel manque de psychologie… Ce ne sont pas des larmes professionnelles d'une personne qui travaille, ce sont les pleurs d'une femme qui a au fond des tripes les témoignages encore chauds du matin : « Elle baignait dans son sang… Elle était couverte de bleus… La lèvre fendue, on ne la reconnaissait plus… »

En sortant du Conseil des ministres, je dois aller annoncer à l'équipe que je ne fais pas le point presse : rien n'a été présenté, inutile donc. En leur disant cela, je me remets à pleurer. J'ai juste envie de partir. Je suis dans le hall de l'Élysée en pleurs et je refuse de sortir pour ne pas être prise en photo par les journalistes. Julien Denormandie me voit, me propose de m'envoyer ses tableurs et ses modèles. J'accepte en lui expliquant que le problème est ailleurs.

Les portes s'ouvrent. Dehors, la vie civile hors membres du gouvernement. Je respire. Je dois présenter nos actions en conférence de presse, c'est un moment important. Quand la porte s'ouvre sur mon visage plein de larmes, mes conseillers perdent leur sourire.

« Qu'est-ce qui se passe ? Qu'est-ce qui se passe ? »

J'essaye d'expliquer sans pleurer, mais c'est nerveux et une fois que j'ai commencé, je ne peux plus m'arrêter.

Je pars vers l'escalier sans un mot de plus et monte aux toilettes me passer de l'eau sur le visage. Je suis furieuse qu'on ne m'ait pas expliqué ce qui était attendu, mais je suis encore plus furieuse contre moi-même de m'être mise à pleurer. J'arrive si bien, si souvent, à garder le contrôle, à rester à distance, à me dissocier. Mais là, c'était comme si je devais expliquer aux parents que j'avais échoué à faire entendre leur fille, comme si moi-même je parlais d'une chose vécue et qu'on ne m'écoutait pas, qu'on ne trouvait pas ça important.

En fait, ça fait écho à quelque chose que j'ai vécu et j'enrage de ne pas avoir su mieux gérer mes émotions et les stigmates de mon trauma.

Alexis m'envoie un message très empathique, sans en faire trop, en m'expliquant le malentendu et en me disant que, sans faute, la semaine prochaine on me mettra à l'ordre du jour.

Je dois raconter ici un moment de solidarité qui a suivi. Quelques ministres, dont je pense qu'ils ont sûrement de l'empathie ou de la psychologie, sont venus me voir la semaine suivante. Christophe Castaner, Nicole Belloubet et Florence Parly viennent me dire que ça se passera bien. Après ma présentation, plusieurs ministres reprennent la parole pour saluer mon travail ou viennent me voir pour me féliciter en tête à tête. Je ne pense pas que ce soit coordonné, mais que c'est spontané. Il y a aussi de l'humanité parfois. En tout cas, là, ce fut le cas. Bien sûr, avec un recul de plusieurs années, je sais que ne le referais pas de la même manière. Cela étant, je ne sais pas si je dois estimer que c'est une bonne chose… On a tellement tendance à se forger une armure pour se protéger des attaques, de nos propres émotions et de nos propres sentiments que le risque, à force d'avoir trop de défenses, c'est de ne jamais plus pleurer. Alors j'ai pleuré de nouveau, les années qui ont suivi, à d'autres occasions, dans des rencontres avec des personnes qui ont vécu des choses terribles ou dans des moments de colère ou de rage, mais je n'ai plus jamais pleuré devant les autres et je me demande toujours si cela est vraiment positif d'être obligé de se couper de ses émotions pour être considéré comme un interlocuteur crédible. Ceux qui m'inquiètent, en vérité, ce sont les gens qui ne pleurent jamais.

Pendant le Covid, nous passons chaque Conseil des ministres dans la salle de crise du ministère de l'Intérieur. Dans l'antichambre, nous profitons des bons mots de Roselyne Bachelot, des souvenirs de procès d'Éric Dupond-Moretti, des histoires politiques de Gérald Darmanin. C'est, dit-on, le meilleur endroit pour les conseils. Il faut dire que l'équipe est aux petits oignons : Darmanin quand il n'est pas en présentiel, Dupond-Moretti, Lecornu, Bachelot et ma pomme. Les vannes fusent, le casse-croûte est à l'avenant. Des animaux politiques, des bêtes rhétoriques, des personnalités qui pensent vite, agissent autant, parlent peu pour ne rien dire en réunion, savent ce qu'ils ont à faire et sont attachés aux résultats. Une vraie fine équipe. Parfois, nous nous disons à cette occasion qu'il serait profitable de partager davantage de ces instants en petit comité. Car le Conseil des ministres est aussi l'un des rares moments où nous faisons corps, ensemble, en équipe. Et c'est précieux.

Celui qu'on appelle « le PR »

Certains l'appellent Emmanuel.
Certains l'appellent Manu.
Certains l'appellent le PR.
Certains l'appellent le chef.
Certains l'appellent Monsieur Macron.

Je n'aurais probablement jamais été ministre avec un autre président de la République. Emmanuel Macron a eu l'audace de nommer au gouvernement une jeune femme trentenaire n'ayant fait ni l'ENA ni Sciences Po, ayant grandi en partie dans une cité à Belleville, et ayant monté son association, été élue locale, bref, ayant étudié ses sujets sur le terrain, concrètement. C'est disruptif en soi ! Il avait promis de changer les visages et les usages, il a tenu parole. Une fois au gouvernement, le Président a eu l'intelligence émotionnelle de me laisser faire. Il a assez vite compris mon mode de fonctionnement et je le remercierai toujours de ne pas avoir cherché à me faire rentrer dans un moule – comme on dit, « rentrer dans le moule, c'est l'ambition d'une tarte ! » Il a toujours écouté ou lu mes propositions, mes remontées négatives parfois, mes idées. Que je propose un hommage aux femmes tuées par leurs conjoints, une loi contre les certificats de virginité, la création d'un bureau de la laïcité, la naturalisation des travailleurs étrangers lors de la période du confinement, le lancement d'une grande cause mondiale pour l'égalité femmes-hommes à l'ONU, j'ai toujours été écoutée. Quand le Président n'est pas allé dans mon sens, il m'a toujours expliqué ses positions – sur l'impôt de solidarité sur la fortune (ISF) ou l'entrée du mot « féminicide » dans le Code pénal. Je ne me souviens que de ces deux éléments. Quant aux quelques fois où j'ai pris position contre le gouvernement ou proposé mon départ du gouvernement, comme lorsque j'ai défendu le droit aux parents endeuillés de bénéficier d'un congé comme proposé par une loi par l'UDI, le président est allé dans mon sens. Au final, à l'heure de regarder en arrière, j'ai pu bénéficier pendant cinq ans d'une écoute attentive du président de la République lui-même, ce qui doit être assez unique dans une vie. Jamais je ne me suis sentie déconsidérée ou méprisée, et l'endroit dans lequel on m'a le moins fait sentir que j'étais une femme et que je ne venais pas du milieu des hauts fonctionnaires, c'est bien l'Élysée, où j'ai toujours été respectée par le Président et son équipe rapprochée.

Je ne tutoie pas le président de la République et je ne l'appelle pas Emmanuel. Je ne prétends pas avoir de relation amoureuse ou amicale ou spéciale avec lui. Je n'ai jamais joué au jeu du « je le connais mieux que tout le monde ». Je lis parfois des gens qui, pour quelques déjeuners partagés, sortent des livres de confidences, ça me fait sourire. « Tu sais, Emmanuel et moi nous sommes très proches. » Le coup du « je suis le confident du Président », deux fois par mois, j'y ai droit. « Brigitte est une bonne amie... » Des gens pensent que cela va leur ouvrir des portes. Me demandent des services en arguant de cette proximité. Ma réponse ne varie jamais : « Si c'est votre ami, appelez-le, il sera ravi alors. »

Des gens écrivent des livres fondés sur trois dîners partagés avec le Président. Je ne suis jamais allée baiser la main des gens dont on nous dresse la liste : « Il faut absolument voir Untel. » Dans quel but ? Dans le but qu'il dise du bien de vous au Président.

Le Président peut se faire son propre avis sur les gens, non ?

« Fais-toi inviter aux soirées. » Pitié, je ne supporte pas les demi-mondains qui errent d'un cocktail parisien à un autre. C'est vain et ennuyeux. Je préfère lire un livre chez moi.

Contrairement aux ministres que le Président a nommés sans qu'ils aient fait campagne, moi, je l'ai choisi avant qu'il ne me choisisse. Je n'ai pas attendu l'appel qui me tombe dessus par la grâce de Dieu. J'ai observé Emmanuel Macron. Je l'ai écouté. Je l'ai analysé. J'ai été subjuguée par certaines choses. En désaccord sur une poignée d'autres. Je l'ai toujours dit. J'ai parfois été entendue, j'ai parfois changé d'avis.

Après quelques semaines, j'étais convaincue. J'allais m'engager. Faire sa campagne. Alors qu'il ne m'avait rien demandé.

Je suis devenue référente pour le mouvement En Marche, d'abord pour la Sarthe, puis référente thématique sur l'égalité femmes-hommes.

Pendant la campagne de 2017, je ne fais jamais le siège du sixième étage, espérant croiser fortuitement le candidat, à son quartier général rue de l'Abbé-Groult comme tant d'autres personnes. Je ne lui demande rien pour moi. Je ne le dérange pas.

Mais je fais des notes. Beaucoup. Longues. Sur plein de sujets.

La place de la voiture, la lutte contre les discriminations, la politique fiscale...

« C'est probablement justement pour ça que tu seras nommée », me glisse la cheffe de cabinet d'Emmanuel Macron, fraîchement élu président.

Je respecte la fonction, j'admire l'homme à l'intelligence hors norme, à la résistance sans pareille, aux capacités stratégiques inimaginables, à la mémoire d'éléphant.

Il m'a proposé de le tutoyer. D'ailleurs, lui me tutoie. Mais je le vouvoierai toujours. J'admirais profondément le maire du Mans. Jusqu'à son dernier souffle je l'ai vouvoyé et l'ai appelé monsieur le maire. Dans la série *À la Maison-Blanche*, un conseiller du Président lui dit : « Je ne vous appellerai pas par votre prénom, car je ne m'adresse pas à vous, je m'adresse au président des États-Unis. »

Je ne suis pas une ministre collante. Je suis loyale. Je ne cherche pas à être sur la photo à côté du Président. Je ne fais pas savoir à la presse quand je lui parle. Je ne demande jamais de rendez-vous avec lui, je viens toujours aux rendez-vous qu'il me donne de son initiative. Je n'insiste pas pour être invitée aux dîners ou aux déplacements (nous en reparlerons plus bas). Je suis autonome.

« Avec vous j'ai compris, Marlène, que tout ce que vous voulez, c'est un *go* ou un *no go*[1] », me dira un jour un de ses conseillers.

Certains curieux nous demandent quels seraient ses ressorts personnels ou intimes.

Je ne prétendrai jamais être une « intime ». Je ne suis pas son amie, je suis sa ministre.

1. « Vas-y/n'y vas pas. »

Ce n'est pas mon ami, c'est le président de la République.

Pour le soutenir, je fais savoir que nous sommes là. Un nous général, pas trop personnel, pas trop envahissant. Nous vous soutenons. À plusieurs moments précis, le soutien est plus concret qu'un message, je n'entrerai pas ici dans les détails.

Le Président ne se plaint pas. Jamais. Il avance. Il ne nous plaint pas non plus. Il nous demande d'avancer aussi. Dans les moments les plus difficiles, il serait fondé à s'écrouler, *a minima* à se plaindre, à râler. Il ne le fait pas. « La fonction politique est dure, mais elle est ainsi. Nous avons aussi une fonction expiatoire pour les gens », dit-il.

Il est tourné vers l'efficacité et je suis aussi comme ça, je pense que c'est une des raisons pour lesquelles nous avons pu avancer ensemble, je pense que nous n'aimons pas les conversations de premier niveau.

Parfois mon directeur de cabinet me disait : « Tu as beaucoup de points communs avec le Président, dans le fonctionnement… » Nous ne passons pas deux heures à deviser de choses banales. Cela doit avoir un sens et un but.

Un jour, je patiente dans une antichambre. Un ministre sort d'une salle où il déjeunait avec le Président, il rit fort, entend faire comprendre aux oreilles qui traînent qu'il vient de passer du bon temps, entre hommes.

Je suis debout, dossiers sous le bras.

Le ministre sort et me toise. « On a déjeuné avec Emmanuel. »

Ben oui, merci, j'ai vu, je suis myope, pas totalement aveugle.

Je hausse vaguement les sourcils. Il poursuit :

« C'était juste les plus proches. C'est pour ça que tu n'étais pas invitée. »

Je réponds : « OK. »

Au cas où je n'ai pas bien saisi le sens de sa phrase, il précise : « C'était juste les proches. »

Je ne réponds rien. Il me fait perdre mon temps. Je regarde si la salle est prête.

Le ministre parle fort, il lance à la cantonade : « Merci, Emmanuel, à bientôt ! »

Ce ministre très-proche-du-Président n'est plus membre du gouvernement, je ne l'ai pas croisé à l'Élysée depuis plus d'un an et je ne sais même pas ce qu'il fait aujourd'hui.

Donc, pardon de vous décevoir, mais je n'ai aucune révélation personnelle à formuler sur le président de la République. En aurais-je que je ne les écrirais pas dans un livre. En cinq ans, jamais je n'ai rapporté le moindre propos direct du Président, jamais je n'en ai dit le moindre mal, en public comme en privé, d'abord parce que je n'en pense pas, ensuite parce que c'est une hygiène de vie. Et c'est peut-être aussi pour ça que je suis ministre.

Alors que j'écris ces quelques lignes, le quinquennat s'achève. Tout le monde me demande ce que je vais faire, après. Parfois, j'ai l'impression que les personnes qui posent cette question n'ont pas conscience de ce qui vient de se passer. J'ai fait une campagne présidentielle en 2016-2017, en partant de rien, les mains dans les poches avec un baluchon vert militaire et quelques idées en tête. Et figurez-vous que cette campagne fut victorieuse ! Nous avons porté notre candidat à l'Élysée. Ensuite, lors de tous les remaniements, le président a décidé de me faire prendre part à ses équipes gouvernementales. Et alors qu'une deuxième campagne s'amorce, j'ai l'immense chance de pouvoir de nouveau y contribuer. C'est quelque chose de tout à fait exceptionnel, qui plus est auprès d'un Président qui me bluffe toujours. Si après deux campagnes présidentielles et un quinquennat, je fais autre chose, je n'irai pas bouder dans mon coin. La vie est longue et le pays est vaste, il y a de nombreux espaces pour défendre ses idées auprès d'un gouvernement ! L'idée selon laquelle il faudrait se réserver une place pour après, alors que la campagne n'est même pas encore lancée, m'est totalement étrangère. Je soutiens le Président. Je l'aurais soutenu aussi si je n'étais pas entrée dans son gouvernement, et je le soutiendrai après. Sans jamais oublier que c'est grâce à sa confiance et à son audace de nommer des femmes comme moi que j'ai pu exercer le pouvoir pendant cinq ans au gouvernement.

Oui, le bilan des cinq ans d'Emmanuel Macron à l'Élysée sur des sujets qui me tiennent à cœur comme la place des femmes, l'accueil des réfugiés, la démocratie, la culture pour tous et tant d'autres, est positif. Oui, Emmanuel Macron est un leader charismatique, reconnu sur la scène internationale, qui téléphone aussi bien à Joe Biden qu'à Vladimir Poutine et œuvre pour la paix, pour la défense des valeurs de la France et de l'Europe partout dans le monde. Oui, Emmanuel Macron a été un formidable président de la République pendant cinq ans, et cet homme exceptionnellement brillant intellectuellement et extraordinairement à l'écoute est un président de la République comme on n'en aura jamais eu avant. Tout simplement.

Si je ne pensais pas chacun de ces mots, je n'aurais jamais tenu cinq fois 365 jours.

Des EDL et des RIM post-AKNR

Comme dans tout secteur professionnel, l'exercice du pouvoir gouvernemental répond à une suite de sigles et d'acronymes variés et parfois assez créatifs. Au ministère de l'Intérieur, on peut tout aussi bien faire appel au SSMSI (service statistique ministériel de la sécurité intérieure) qu'au CDPD (conseil départemental de prévention de la délinquance) ! À l'Égalité femmes-hommes (ou SEEFH, pour secrétariat d'État chargé de l'Égalité entre les femmes et les hommes), on croise la DILCRAH (délégation interministérielle à la lutte contre le racisme, l'antisémitisme et la haine anti-LGBT), à ne pas confondre avec la LICRA (Ligue internationale contre le racisme et l'antisémitisme) ni avec le CRAN (Conseil représentatif des associations noires).

Parmi ces sigles de fonctionnement, la AKNR est celle qui suscite le plus de respect. La AKNR, pour « Alexis Kohler Nicolas Revel », désigne une réunion entre le secrétaire général de l'Élysée et le directeur de cabinet du Premier ministre, signifiant qu'ils ont conjointement pris une décision. Ainsi, si elle vous est défavorable, vous pouvez dire, avec de la déception dans le regard : « Trop tard, c'est passé en AKNR », et si elle vous est favorable, vous pourrez affirmer crânement à vos interlocuteurs que votre projet « a été vu en AKNR ».

Dans un autre style, l'annonce d'une RIM est rarement prise comme une bonne nouvelle. Une RIM est une réunion interministérielle au cours de laquelle des services, parfois des cabinets, quasiment jamais des ministres, tentent de trouver un compromis. « Excusez-moi, juste pour être sûr d'avoir bien compris, on va donc Rimer les décisions du président de la République ? », a par exemple lancé un ministre éminent, agacé d'entendre des remises en cause de consignes émanant de la seule personne élue au suffrage universel direct par les Français. Parfois, certains ministres ne sont pas informés de ce qui a été décidé en RIM et découvrent donc plus tard les positions de leurs propres services – c'est arrivé. D'autres, pour être certains du bon arbitrage, s'y rendent directement. Une légende dit que le Président, agacé qu'un dossier sur le patrimoine n'avançait pas suffisamment à ses yeux, serait venu en personne accompagné de Stéphane Bern à une RIM, sous les yeux médusés des participants qui auraient immédiatement débloqué les dossiers !

Les EDL sont des fiches précieuses. Chaque soir, le porte-parolat du gouvernement envoie les EDL (les éléments de langage), c'est-à-dire les informations dont doivent disposer les membres du gouvernement afin de les partager dans les médias. Lors de notre premier Conseil des ministres, le Président a indiqué : « Quand j'étais ministre de l'Économie, je ne parlais jamais en EDL, les gens détestent ça. » J'ai bien entendu le message et, si je suis restée fidèle à la défense de la ligne du gouvernement, je n'ai jamais partagé de langue de bois ni de phrases toutes faites. Mais ces éléments sont particulièrement précieux parce qu'ils sont synthétiques sur des événements qui se sont passés dans tous les domaines. Nous sommes concentrés sur nos sujets toute la journée, et souvent ces EDL nous permettent aussi de comprendre les enjeux qui se jouent sur d'autres périmètres que les nôtres.

Je veux également répondre ici à une question que l'on m'a souvent posée : les ministres connaissent-ils les questions des journalistes à l'avance ? Je répondrai : ça dépend (ça dépasse). La plupart du temps, le cabinet échange avec la programmation ou la rédaction de l'émission afin de trouver des sujets d'intérêt. Souvent, les chaînes de télévision veulent des annonces, car une annonce donne lieu à une dépêche et positionne leur émission comme très suivie et de référence. Mais si l'émission veut une annonce, elle doit donner le thème de ses questions à l'avance. Cela ne signifie pas que ce sera une émission de connivence ou préparée, cela signifie au contraire souvent que le ministre disposera des réponses. Les émissions où l'on ne dispose pas des thèmes à l'avance ne permettent pas de préparer des réponses et donnent lieu à des quizz type *Questions pour un champion* où vous ne venez pas partager une vision politique ou une action publique, mais passer un grand oral de l'ENA.

Tout cela dans le but d'obtenir un « bleu », c'est-à-dire un document qui atteste de la validation des décisions prises en RIM. « Une décision bleuie », sortie sur ce papier historiquement de couleur bleue, est une décision entérinée. Ce sera donc dans vos EDL suite à la RIM post-AKNR avant le CDM ! (Celui-ci, je suis sûre que vous l'avez !)

S'il vous plaît, par ici !

Comme dans la publicité pour le parfum *Scandal*, la première chose que l'on aperçoit du Conseil des ministres depuis la voiture, c'est cette nuée de flashs. Imaginez : vous arrivez sur votre lieu de travail, un groupe de photographes vous appelle. Vous devez vous arrêter, les regarder, mais pas trop, sourire sans avoir l'air de leur sourire, saluer, mais sans faire de signe. Cela fait partie des difficultés de l'exercice d'un métier public. Vous ne pouvez pas arriver mal coiffé, faisant la gueule, partir plus tôt… On juge ce que vous faites, mais on juge aussi et parfois surtout ce dont vous avez l'air !

Or, je suis timide. J'ai une forme de timidité particulière, je ne suis jamais aussi à l'aise que sur une scène ou dans un meeting. Je tremble en petit comité. C'est ainsi. Et chaque fois que je verrai cette nuée de flashs, j'aurai une seule envie : me cacher sous la banquette, derrière le siège de l'officier de sécurité, et faire demi-tour. À la place, lorsque l'huissier vous ouvre la porte, vous sortez, vous souriez, vous faites un petit signe. « Trop à l'aise ! Elle se croit à Cannes ! », railleront des observateurs sans même savoir que je frôle l'arrêt cardiaque.

« C'était l'horreur pour moi », m'a confié Édith Cresson, ex-Première ministre, lors d'une rencontre organisée en son honneur autour de jeunes élues. « Ils faisaient exprès de se mettre en dessous pour prendre mes jambes et mes collants en photo, pour dresser des titres injurieux ensuite », nous a-t-elle raconté, déplorant le sexisme du traitement médiatique.

Quand on vous photographie parce que vous êtes journaliste ou activiste, on vous laisse choisir les photos. Ce n'est pas le cas quand vous êtes ministre. Liberté d'informer. En conséquence, dans un même magazine, vous pouvez voir des photos de comédiennes et de mannequins intensément retouchées après un maquillage professionnel, et la page suivante des femmes politiques comme au saut du lit, épuisées, ridées, non seulement pas retouchées, mais aussi comme prises volontairement en train de faire des grimaces ou la moue. Si bien que, même en 2022, la première femme à avoir été nommée à Matignon le confirme dans ses interviews : « La France a une tradition politique misogyne. » À ce propos, vous noterez qu'une femme politique ridée est critiquée, mais une femme politique qui a fait un lifting ou eu recours au botox l'est tout autant. Une jeune femme politique est moquée pour sa supposée légèreté. Élégante, on l'accusera d'être frivole. Naturelle, d'être négligée. Pendant ce temps, un homme politique peut porter un costume hors de prix sur mesure sans encaisser la moitié des critiques que recevrait une femme en prêt-à-porter Ralph Lauren !

À la sortie du deuxième Conseil des ministres, je me sens miraculeusement en forme. J'ai dormi la nuit précédente. Je porte des vêtements secs. Mais surprise, aucune voiture ne m'attend dehors ! Je m'approche de Stéphane Séjourné, qui est alors conseiller à l'Élysée :

« On n'a pas de voiture ?

— Non, vous sortez un par un en marchant, pour que les photographes aient des photos de vous en marchant.

— En marchant ? La totalité de la cour de l'Élysée, en talons sur les graviers ? »

Il fait signe que c'est ainsi.

À chaque sortie, même manège. Ne pas partir trop tôt, sans quoi l'on écrira que vous étiez pressé de partir. Ne pas rester trop tard sans quoi l'on écrira que vous vouliez un aparté avec le président de la République. Choisir un collègue avec qui se montrer. Savoir que cette photo illustrera les prochains papiers. Attendre ensemble nos voitures. Plisser les yeux pour reconnaître la vôtre, ne pas s'élancer au-devant de celle d'un collègue. Tourner la tête. Sourire. Faire un petit signe de la main. Partir. Se cacher derrière la banquette. Soupirer. La façon dont vous avez marché en sortant fournira parfois plus d'articles que la loi que vous aurez défendue la veille... Alors que je m'en plaignais à l'une de mes collègues, celle-ci me dit : « Arrête de te plaindre, moi, ils ne m'appellent jamais pour une photo. »

C'est une bonne situation, ça, Premier ministre ?

La solennité, la classe à l'anglaise du personnage, contraste avec son surnom, « Doudou », totalement inapproprié. Si bien que rapidement, forcément, entre nous, nous appelons Édouard Philippe « Doudou ».

Édouard Philippe est un homme qui ne vous fusille pas par-derrière. Il ne vous fusille pas non plus en public. Il n'a pas ce défaut détestable de certains hauts responsables politiques d'aimer flinguer devant témoins ; il ne prend pas de plaisir pervers à l'humiliation. Il dit les yeux dans les yeux, porte fermée, et clairement, ce qu'il a à vous dire, comment on peut régler les choses. Il ne fait pas semblant. Bref, Édouard Philippe n'est ni un pervers ni un hypocrite et, franchement, ce sont déjà deux qualités importantes.

Il y a eu des moments difficiles. Comme la période des Gilets jaunes pendant laquelle une délégation de manifestant décida tout simplement de… poser un lapin au Premier ministre de la France. Ce n'est pas la ministre en moi qui a été choquée, c'est la citoyenne ! En tant que présidente d'association, j'ai été conviée par Éric Besson, dont je ne partageais pas les avis, tant s'en faut. Je m'étais rendue à Bercy pour présenter les requêtes de mon association. Je ne compris pas que l'on pût refuser de se rendre à Matignon, où tant de gens disaient avoir des choses à demander.

« Mais enfin, Matignon n'est pas un self où on se rend quand on a envie ! Ce n'est pas Flunch ! », ai-je lancé sur le plateau d'une chaîne d'information en continu, partageant mon courroux.

En fait, j'étais outrée. Sous mon côté gauchiste progressiste, je suis aussi attachée à certains principes. J'aime la démocratie, je respecte donc ses représentants. Poser un lapin à un Premier ministre en exercice me semble le comble de la grossièreté. Pour moi, c'est comme s'ils avaient craché sur Marianne.

Le Premier ministre m'en saura gré. Je connais l'attachement d'Édouard Philippe à nos institutions, à notre fonctionnement, à notre République et à ses symboles. Je pense que cette marque d'irrespect l'a profondément choqué et l'a même plutôt conforté dans une certaine vision des choses.

Un conseiller de Matignon me donne plutôt raison, et m'explique que ce n'était pas son idée, cette invitation… Je ne saurai pas de qui ce choix émanait.

En fait, Édouard Philippe est à la fois quelqu'un de très sain sur ses bases, très ancré dans ses principes, dans sa ville du Havre, dans son histoire politique, et en même temps très ouvert et libre d'esprit. Un jour, il me fit ce beau compliment : « Toi, tu sais faire de la poloche. » Nous organisons parfois des *live* communs sur Facebook, comme il le fera avec quelques autres ministres. Quand nous répondons : « J'ai pris la liberté de composer un petit jingle : c'est toi Édouard, c'est moi Marlène, et on répond à vos questions… Wouuuh ! » Édouard Philippe lance un rire aigu et rapide, un genre de « hu ! hu ! » dont il a le secret.

Charles Hufnagel, conseiller communication du Premier ministre, est devenu mon interlocuteur principal avec beaucoup d'intelligence, de diplomatie, de subtilité. Et de conviction. Il a été un allié dans la lutte contre les violences conjugales et a permis d'avancer sur de nombreux dossiers. J'ai perdu un allié précieux et intelligent à son départ. Quant à Édouard Philippe, j'ai été heureuse d'être la première ministre à me rendre au Havre au lendemain de la création de son mouvement, Horizons. Si je reste une marcheuse de la première heure, loyale et fidèle, et bien sûr dans le sillage direct du président Emmanuel Macron, je me sens aussi en fidélité au travail mené ensemble pendant trois ans avec Édouard Philippe, sans pour autant adhérer à son mouvement. Je pense que ce n'est pas incompatible.

Puis arriva Jean Castex. Je m'étais attachée à Édouard Philippe. Je le respectais, je travaillais bien avec lui et j'arrivais même à avoir une forme d'attachement à l'homme qu'il est. Pour une personne comme moi, c'est-à-dire quelqu'un pour qui la loyauté est tout (rappelez-vous, je suis corse), il est extrêmement difficile de « changer de patron ». Car oui, c'est cela qui se passe dans un remaniement. Édouard Philippe, votre Premier ministre présente sa démission, vous l'apprenez dans la presse, le président de la République l'accepte et, là, pendant un bref instant qui vous semble durer une éternité, vous attendez de connaître l'identité du nouveau Premier ministre. Des noms circulent, des journalistes téléphonent, des collègues murmurent, et puis la nouvelle tombe : le président de la République a décidé de nommer Jean Castex à ce poste éminent. Jean Castex répond donc à une interview au *Journal de*

20 heures de TF1. Dans cette interview, il dit une phrase qui me touche particulièrement : quand on lui demande quelles sont ses valeurs, il répond que parmi elles, il y a la laïcité. Je ne sais pas encore à ce moment-là que je serai ministre chargée de ce sujet, mais le fait qu'il s'exprime sur la question me touche et j'en fais part au président de la République. Dans les premiers temps, je reste distante. Ce n'est pas que je ne souhaite pas travailler avec ce Premier ministre, je suis très honorée que, sur sa proposition, le président de la République me nomme une nouvelle fois dans son gouvernement, et passionnée par les missions régaliennes qui me sont confiées auprès de Gérald Darmanin.

Mais, toujours à cause de cette forme d'esprit de loyauté à l'égard d'Édouard Philippe, cela me semble un peu déloyal vis-à-vis de lui d'immédiatement travailler avec un nouveau Premier ministre. Je suis bien d'accord avec vous, ce sentiment n'a pas sa place dans la sphère professionnelle et il n'y a aucune déloyauté à continuer à travailler avec un nouveau Premier ministre, mais les sentiments que l'on éprouve ne sont pas toujours rationnels.

Comme j'avais appris à connaître et à apprécier Édouard Philippe, j'ai donc appris à connaître et à apprécier Jean Castex. Nous avons ensemble porté des combats politiques majeurs, comme sur la laïcité, j'y reviendrai ; mais, par ailleurs, Jean Castex s'est montré une personne incroyablement humaine à mon égard au cours des épreuves que j'ai pu traverser en tant que ministre. Une certaine petite sphère médiatico-politique a pu porter des jugements un peu hâtifs sur le chef du gouvernement, avec une pointe peut-être de mépris. On a beaucoup moqué son accent, on le désignait comme « le maire de Prades », sous-entendant qu'il ne mériterait pas de considération ni d'accéder aux hautes sphères en tant que Premier ministre, mais Jean Castex est quelqu'un qui a exercé beaucoup de responsabilités éminentes et qui a une connaissance parfaite à la fois des rouages de l'État et de ses acteurs. Il a toujours été pour moi un soutien et une personne de bons conseils, tant sur le plan personnel que sur le plan politique. Il aura été un Premier ministre de terrain, présent du matin au soir, ne rechignant jamais à écouter. J'ai eu la chance qu'il m'associe à des dizaines de ses déplacements et je l'ai vu aussi bien auprès d'un jeune de banlieue à Lyon, que de policiers blessés ou de personnes âgées à l'hôpital : ayant la même attention pour chacun. Loin des discours, un vrai humaniste. Jean Castex a été sans aucun doute un coup de cœur humain pour moi, sa gentillesse et sa sollicitude envers les personnes reçues ensemble mais aussi à mon égard lors de moments difficiles ont souvent adouci la dureté de la vie politique. Aujourd'hui, avec le recul et après ce quinquennat, je me réjouis d'avoir eu l'honneur de travailler pour deux Premiers ministres très différents, Édouard Philippe et Jean Castex, mais qui tous les deux ont chevillée au corps cette volonté de travailler pour la réussite du quinquennat du président de la République et pour améliorer la vie des Français.

5

Les médias

Douze manières de présenter une même source anonyme dans un article

1. Un conseiller du pouvoir.
2. Une personne bien introduite à Matignon.
3. Un visiteur du soir
4. Un cadre de LaREM.
5. Un haut responsable de la macronie.
6. Une conseillère de l'exécutif.
7. Un ministre en vue.
8. Un proche du président de la République.
9. Un conseiller bien avisé.
10. Une source renseignée.
11. Un membre de cabinet ministériel.
12. Un parlementaire influent.

Déjeuner de presse

Aujourd'hui, je maîtrise et j'apprécie l'exercice. Partager un déjeuner avec des éditorialistes politiques, écouter leurs analyses et partager des joutes verbales fait partie du charme de la vie d'un ministre. Je choisis mes convives avec soin et j'en sors toujours avec des analyses brillantes, livrées par ces grands observateurs et analystes. Et parfois, je souris en retrouvant mes propres mots dans certains éditos. Mais je n'ai pas toujours maîtrisé ni apprécié cette habitude de la vie politique.

Il existe des règles entre les journalistes et les ministres. Je n'en connaissais évidemment aucune en arrivant. Lorsque j'étais romancière, une attachée de presse s'occupait de mes interviews. Les journalistes étaient toujours enthousiastes, mes portraits toujours flatteurs. Je défendais directement mon réseau, Maman travaille. Et pour mon activité d'élue, je passais par le cabinet du maire et mon amie Brigitte Glon qui gérait le service presse d'une main de maîtresse. J'ai raconté plus haut comment j'avais échoué à mettre des barrières entre la presse et moi lors de ma nomination.

La suite est pire.

Donc, vous êtes nommé, vous êtes isolé. Vous changez de logement. De ville. Vos enfants sont loin. Vous n'avez pas de temps pour voir les amis qui vous restent. C'est pour cela que j'insistais précédemment sur la place de votre vie amicale qui se réduit comme une peau de chagrin. Vous n'avez plus de « petit thé à l'improviste » ou de « soirée chez des copains ». Vous, le soir, vous êtes au Parlement, ou en dîner officiel, ou à une réunion post-RIM.

Je ne peux blâmer personne, car je me suis enfermée moi-même. Un savant mélange de complexe de l'autodidacte qui veut toujours en faire plus que tout le monde pour compenser les études qu'elle n'a pas faites, d'addiction irréversible au travail, d'engagement sincère, de volonté de bien faire, et de contrôle social des gens qui ont accès à votre agenda ou vous espionnent. En cinq ans, j'ai déjeuné rarement à l'extérieur, très peu avec des amies ou pour le plaisir. « La solitude du dirigeant », sûrement. C'est vrai que le pouvoir isole. Pas physiquement, non : des officiers de sécurité vous suivent même pour aller faire vos courses à Monoprix et vous ne recevez jamais personne hors de la présence d'un conseiller. Vous apprenez vite à vivre en public, à vous remaquiller devant des gens, à ne plus téléphoner car tout le monde vous écoute, tout le temps. Comme vous ne pouvez rien prévoir à l'avance, cette solitude pèse.

Alors on vous remplit votre emploi du temps de ces deux mots : « Déjeuner presse. »

Imaginez ici en fond sonore la musique stridente d'un film d'horreur.

Les deux premières années, j'en faisais énormément. Trop. Mon agenda était barré de ces lettres, « Déjeuner presse ». Mon conseiller m'en mettait trois par semaine, si bien qu'à la fin je ne savais plus qui j'avais vu ni qui m'avait dit quoi.

C'est Roselyne Bachelot qui m'a donné le bon conseil : « Ne crois jamais qu'un journaliste est ton ami. »

Elle a raison, c'est l'évidence. Cela ne signifie pas qu'on ne les apprécie pas ou ne les respecte pas. Mais se souvenir de la position des uns et des autres me semble précieux.

Comme un policier qui vient offrir une bière à son indic, le journaliste politique s'attable avec nous le temps d'un *off*. Sauf que c'est du vin et des spaghettis à la truffe, et que c'est l'indic qui paye l'addition, à la fin.

Nommée à l'Intérieur, mon conseiller trouve utile que je rencontre des journalistes pour leur expliquer les contours de mon ministère inédit. C'est une bonne idée. Nous les recevons.

Au dessert, vous avez éclusé tous les sujets de conversation possibles.

« Vous l'aimez bien, Jean Castex ? », demande ingénument Alberta Londres.

— Je le découvre.

— Il sera Premier ministre jusqu'en 2022 ?

— Je n'en ai pas la moindre idée. »

Ici, évidemment la bonne réponse était : « Je le souhaite. » Mais vous avez déjà passé une heure et demie à répondre à toutes les questions façon grand oral de l'ENA, vous voulez juste partir poursuivre votre journée. Vous tentez de terminer poliment.

« Et Darmanin, il serait un bon Premier ministre ?

— Certainement, oui. »

Vous vous levez, vous saluez, vous partez, votre conseiller lance à la cantonade un « Pour les citations vous me faites relire comme d'habitude, merci » avec un regard noir plein de sous-entendus pour ceux qui s'affranchiraient de la méthode.

Douze jours après, dans le journal :

« *OFF – Schiappa veut voir Darmanin à Matignon ! Elle n'en peut déjà plus de Castex. Son plan : le remplacer à l'Intérieur.* »

Vous devez implorer Alberta de téléphoner à Matignon pour rectifier, ce qui sera fait, mais rien ne sera rectifié publiquement. Pour avoir répondu vaguement « oui, oui » à une question que vous ne vous posiez pas, vous passez pour un intrigant. Alberta s'en fout, elle a eu son *off*.

« On ne peut pas se fâcher avec Alberta Londres, elle a un gros pouvoir de nuisance.

— Pire que ce qu'elle vient de faire là ? Je ne vois pas. Fâchons-nous. Je ne lui dois rien, et si elle veut jouer à balancer, je veux bien jouer aussi. »

Alberta est fâchée et fait paraître des articles assez odieux à votre endroit par la suite.

Si un homme avait signé de tels articles, on les aurait qualifiés de sexistes. Je suis furieuse. Ce sont Roselyne Bachelot et Éric Dupond-Moretti qui me permettent de redescendre en me demandant : « Mais à quoi tu t'attendais ? Évidemment, qu'elle veut un *off*, c'est son travail tu sais, elle est payée pour ça ; vois-les moins. » Je suivrai leur conseil, nous y reviendrons plus tard.

Ce petit incident ne fut pas isolé. On me prêta des propos, des ambitions, des animosités ou même des inimités que je n'avais guère. J'ai lu diverses observations erronées sur mon compte, comme ce livre écrit par un généalogiste qui prétendait expliquer mon parcours par l'arrivée en France d'une famille… qui n'est nullement la mienne. Cet expert a confondu ma mère avec une homonyme, et a donc raconté l'histoire de quelqu'un d'autre avec un aplomb magistral !

Mais un bon déjeuner de presse peut être passionnant. Là aussi, quels métiers permettent cela ? Pour une personne passionnée par la politique, déjeuner avec des journalistes dont certains sont des spécialistes reconnus est un véritable plaisir. Des éditorialistes politiques, des patrons de chaîne, des experts qui ont suivi plusieurs campagnes présidentielles ou même parfois révélé des informations de première ampleur et couvert des lois historiques… Les écouter m'intéresse bien davantage que leur parler.

Les journalistes s'organisent par petits groupes affinitaires, avec un membre de chaque rédaction, et font ce que l'on appelle des « groupes de déjeuner presse » pour échanger autour d'un bon repas. C'est l'occasion pour nous de partager des informations avec eux, notre feuille de route actuelle, nos projets à venir. Et l'occasion aussi d'avoir des conversations intéressantes sur la vie politique de notre pays, pour les plus passionnants d'entre eux. Le principe des déjeuners de presse m'a agacée longtemps. J'ai beaucoup soupiré en les découvrant à mon agenda. Mais avoir régulièrement à sa table quatre ou cinq fins analystes de la société actuelle est un exercice qui sans doute me manquera beaucoup quand je ne serai plus ministre.

J'adore le journalisme. J'ai exercé cette profession, menacée dans de nombreux pays du monde. J'ai défendu les journalistes et leur liberté de nombreuses fois et me suis offusquée lorsqu'un candidat les a braqués avec un fusil soi-disant pour rire. C'est justement parce que j'ai une haute idée de cette fonction que j'éprouve respect et considération pour les journalistes, même quand j'estime que ce qui est imprimé n'est pas vrai.

La ministre a disparu

De nombreuses légendes urbaines circulent sur les ministres et leur comportement insolite, tous quinquennats confondus. Il y a ce jour où une conseillère parlementaire de Matignon aurait couru après un ministre, dans la rue, devant l'Assemblée nationale, pour l'obliger à aller au banc. Celle qui, alors qu'elle défendait une loi, aurait appris par un SMS qu'elle était renvoyée et dû partir à pied. Celle, séductrice, dont on dit qu'elle aurait interrompu un déplacement diplomatique à cause d'une épouse jalouse de sa complicité avec son Premier ministre d'époux. Celui qui, dit-on, partait le jeudi soir pour faire du kitesurf. Et il y a la ministre qui a disparu.

La ministre a disparu. Nul ne sait où elle est. Son téléphone vibre. La dernière fois, elle était à la librairie Beaubourg. Lieu familier, rassurant, réconfortant, lieu où elle savait aller rapidement. Feindre de regarder les couvertures de livres le cœur serré. Elle arpente Paris à la recherche d'endroits où personne ne sait qu'elle est membre du gouvernement et, surtout, à la recherche d'un endroit sans journalistes. Une cabine d'essayage des Galeries Lafayette : « Ça vous va ? C'est la bonne taille ? » Elle marmonne un vague oui. « Autre endroit. » Les marches derrière les vignes de Montmartre où des touristes asiatiques lui demandent de les prendre en photo. Elle sourit, appuie sur le bouton, le flash se déclenche. Elle redescend, traverse le 18e arrondissement et slalome entre les coiffeurs qui veulent absolument lui faire des tresses.

La notoriété soudaine est quelque chose de très étrange à vivre. Même quand on l'a théorisée ou observée chez d'autres. Plus que le pouvoir, c'est la notoriété qui modifie votre vie. J'ai connu dans mon engagement politique des ministres et même participé à des réunions avec des présidents ou des Premiers ministres. J'ai été conviée à des émissions comme le *Journal de 13 heures* sur France 2 pour présenter mes livres, été interviewée… Mais cela n'a rien à voir. Lorsque vous êtes un ministre, vous parlez au nom du gouvernement, donc du pays ; vos paroles sont attendues et scrutées, décortiquées. Tout ce que vous dites peut être imputé au gouvernement ou même au pays. Une dépêche de la presse internationale commençant par « La France dit que… », reprenant vos propos, est si vite arrivée ! Pas de droit à l'erreur. Je ne vais pas me plaindre : j'aime qu'on me connaisse. Cela me donne une capacité incroyable pour valoriser telle ou telle cause, lancer des appels aux dons dans une émission de télévision pour les associations des orphelins des forces de l'ordre, reverser des droits au 3919, décider de soutenir telle cause ou telle personne… Cinq ans après, je sais jouer avec le système médiatique, après avoir appris ce qu'il voulait pour se nourrir.

Mais les premières semaines, la presse est horrible avec moi et j'ai peu d'habitude de cela. Je n'ai pas acquis une notoriété progressive qui m'aurait permis de m'y habituer ou de voir venir. On m'a plongée d'emblée, comme Blandine dans la fausse aux lions, dans le grand bain médiatique. Je subis article insultant sur reportage falsifié. Je lis des portraits lunaires, voire faux. Je suis avant tout une personne engagée et travailleuse, qui met son réveil à 5 h 30 ou à 6 heures chaque matin et peut travailler sept jours sur sept en préparant des analyses politiques. J'ai de nombreux défauts mais aucun de ceux que l'on me prête dans la presse. On me traite de tout ce que je ne suis pas. J'ai pardonné, mais j'ai gardé la liste. « Elle a fait des coucheries avec le haut du panier », écrit une journaliste dans *Le Point*, qui me dira après : « Je sais maintenant que c'est faux, je me rattraperai » ; j'attends toujours. Je suis « la reine des salopes » pour Benoît Rayzki dans *Atlantico*[1]. Une journaliste qui a promis de m'inviter en plateau sur LCI pour parler politique et choses sérieuses termine son émission par un focus « livres érotiques » en me piégeant. Un journaliste de *L'Express* m'enregistre à mon insu pendant que nous marchons. Avec un sourire de faux cul, il feint la connivence quand mon conseiller lui dit : « Vous enregistrez, là ? » Lui : « Non… oui… non », et il éteint son dictaphone. Des centaines d'articles de la presse en ligne écrivent tout et n'importe quoi, de préférence n'importe quoi. *L'Obs* se fend, via sa journaliste prétendument féministe, d'un « 10 choses à savoir sur Marlène Schiappa » dont environ six sont fausses ou arrangées. Je m'en émeus. Où est le professionnalisme ? Le directeur de la rédaction nous explique qu'elle fera un portrait pour s'en excuser. Le portrait est pire. On ne raconte rien de ce que je fais, de mes combats. On peut lancer un bingo avec les mots utilisés : cheveux, vernis, bijoux, sourire, tout est bon pour me faire passer pour une bimbo. Je ne m'en débarrasserai qu'en me coupant les cheveux et en prenant dix kilos. « Non, c'est parce que tu es crédible désormais sur ton poste, tu as un

1. Émilie Brouze et Nolwenn Le Blevennec, « "La reine des salopes" : même *Atlantico* est "choqué" », *L'Obs*, 10 juillet 2017.

bilan qui parle pour toi », me dira gentiment ma collègue Olivia Grégoire. Dans le doute, je garde mon assurance. « Foutez-moi la paix avec cette image de bimbo que vous voulez me coller. » Parce que, évidemment, une femme jeune et jolie ne peut être que stupide. Aujourd'hui, je suis très détachée par rapport à cela, je le prends avec beaucoup de recul, et le caractère prévisible des titres d'articles de la presse en ligne en fonction de telle ou telle action que je mène me fait même plutôt sourire. Et comme dirait Carla Bruni, « le temps est de mon côté », puisque moins on est jeune, plus on est crédible, c'est triste, mais c'est comme ça.

Mais à l'époque, j'étais un lapin dans les feux d'une voiture.

Certains médias m'ont vilipendée et haïe sans raison valable (elle est nouvelle, elle est jeune, elle dit des choses cash, elle défend un féminisme nouvelle génération, c'est une proche de Macron). J'ai été passée au napalm. Puis ils m'ont adulée pour les mêmes raisons pour lesquelles ils m'insultaient quelques mois avant : j'étais nouvelle, j'étais jeune, je disais les choses cash, je défendais un féminisme nouvelle génération, j'étais une proche de Macron. J'ai fait des dizaines de couvertures (*Le Parisien*, *Le Journal du dimanche*, *M, le magazine du Monde*, *L'Hémicycle*, *FémininBio*, *Elle*...). On m'a finalement donné la parole à partir de #MeToo, et du lancement de la grande cause du quinquennat. En se disant que ah ! finalement, cette féministe a peut-être des choses intéressantes à dire.

Je dois reconnaître – et c'est important – que le titre de presse écrite qui n'est jamais tombé là-dedans est *Le Figaro*. Ils auraient pu à loisir moquer la gauchiste du gouvernement, ils ne l'ont jamais fait, ne parlant que – en positif ou en négatif – du politique et du factuel. C'est assez rare pour le souligner.

Aujourd'hui, je ne suis plus nouvelle (« La nouveauté, c'est vieux comme le monde », répétait Jean-Claude Boulard), je suis de moins en moins jeune (par définition), je suis toujours cash, mais cinq ans, quatre remaniements, douze lois après, peut-être ont-ils fini par comprendre qu'il y avait quelque chose sous les boucles et le maquillage. Heureuse d'avoir été la benjamine du gouvernement pendant près de trois ans, j'en céderai plus tard volontiers le titre à Gabriel Attal. Personne ne se soucie de savoir si ce qui est écrit est vrai ou non, ce qui est important c'est que ça « buzze », que ça « clique ».

Vous n'êtes plus une personne, vous êtes un ministre et, si vous êtes un ministre, vous êtes un personnage, un sujet tout au plus.

Certains ont imaginé que j'étais contente d'avoir un flot de caméras qui me suivaient partout. C'est faux. C'est juste que je pensais bien faire. Ce côté bonne élève ! Fière, je dis un jour à Stéphane Séjourné : « Ce soir, j'ai tel plateau, tel plateau... » Regard. « Tu pourrais peut-être en prendre un seul et basta. »

Personne n'a osé me dire que je pouvais dire non aux journalistes, car il y avait un malentendu : ils pensaient que j'en avais envie. Stéphane Séjourné me donna un bon conseil : « Arrête de répondre à la presse, mets quelqu'un entre eux et toi. Trouve-toi un bon conseiller presse. »

À l'époque, je travaille simplement avec Thomas Brisson, avec qui nous essayons de composer un cabinet. J'y reviendrai plus tard. Il me recommande Mathieu, avec qui il a travaillé au cabinet de Jean-Michel Baylet. Mathieu arrive avec un gobelet de Starbucks et des lunettes de soleil sur le front. Nous avons un désaccord sur sa tenue : je crois me rappeler qu'il portait un jogging ; il jure ne jamais en porter. Je lui ai demandé quand il pouvait commencer. Il répond : le temps d'aller mettre un costume et une cravate.

J'ai fait une erreur. Et je me suis juré de ne pas la refaire.

Je n'ai pas osé dire non aux journalistes.

Pour compenser ceux qui écrivaient n'importe quoi, j'en laissais entrer d'autres, qui écrivaient encore plus n'importe quoi.

« Marlène, ce journaliste tient absolument à faire ton portrait. Alors, cher monsieur, qu'est-ce qui vous amène ici ?

— Oh, dès qu'on écrit "Marlène Schiappa" dans un article ça clique. Je suis en stage pour l'été et, moi aussi, je veux un article qui fasse beaucoup de clics. Alors, qu'est-ce que je pourrais écrire de nouveau sur vous ? »

Mon conseiller se tourne vers moi et mime : « Dé-so-lé. »

Le premier soir de l'arrivée de Mathieu, nous étions, Thomas, lui et moi, dans mon bureau. Ils avaient passé la journée à téléphoner partout pour annuler des plateaux et réclamer des droits de réponse. Quand, vers une heure du matin, Mathieu me demande s'il reste des gens à appeler, je lui dis :

« Oui, tu as vu la une de *L'Humanité* de demain ?

— Non, c'est quoi ?

— Ça dit "Marlène Schiappa : 'Vive la Bretagne indépendante !'" »

Mathieu reste impassible.

« As-tu le nom du journaliste ? »

Éclats de rire de Thomas et moi. Je sais, beaucoup diront que l'on ne peut pas rire du régionalisme. Mais nerveusement, nous partons dans un fou rire. Et ce sera pendant trois ans notre manière de tenir : de l'humour grinçant et souvent politiquement très incorrect, des blagues inattendues sur les sujets les plus graves pour tenir sur les nerfs.

Quand en 2020 j'ai été nommée à l'Intérieur, j'ai verrouillé. « Non » à la matinale du jour J. « Non » à la caméra embarquée. Là encore, cela a généré des malentendus. Une chaîne de télévision nous expliquant vouloir filmer mon entretien de passation avec ma successeure, l'équipe arrive à l'entretien avec un micro-cravate. Mais je ne dispose que de quelques minutes ; le caractère sacré et confidentiel de cet entretien m'importe. Non, tout n'est pas ouvert aux caméras. Non, tout n'est pas un spectacle. Je prends de nouvelles fonctions importantes, j'ai un rendez-vous de travail dans la seconde, j'ai besoin de rester concentrée. Ils insistent. La chaîne de télévision est allée se plaindre à l'Élysée – qui n'en a eu cure, heureusement. Ils ont pensé que je boudais. Non. Je reprenais simplement mes droits sur ce qui m'arrivait, et je n'avais plus envie de vivre à ciel ouvert comme dans une émission de téléréalité. Un jour, nous devrons nous interroger collectivement sur le sort que nous réservons aux femmes politiques dans la société du spectacle.

Autre exemple, un matin où je suis confinée pour cause de Covid, j'allume la radio. France Inter, ma radio préférée jusqu'à ce jour. J'entends un humoriste faire une blague dans les termes suivants : « Quelqu'un à qui il manquerait quelque chose, ce serait comme, je ne sais pas, Marlène Schiappa qui aurait un cerveau, ah ! ah ! ah ! » Je ne sais pas ce qui est censé être drôle là-dedans et d'ailleurs, même les personnes qui animent l'émission ne rigolent pas. Une blague pas drôle, ça peut arriver. Dans l'après-midi, de nouveau, j'entends une plaisanterie disant : « Quelqu'un qui serait compétent sur un dossier, ah ! ah ! le jour où Marlène Schiappa sera compétente sur un dossier, ah ! ah ! ah ! », et là, ses collègues rigolent. Je ne comprends pas non plus ce qui est drôle. En un an, cette radio ne m'a conviée à aucune émission. Des collègues hommes ont été invités cinq fois dans l'année, mais mes travaux sur l'accueil des réfugiés d'Ukraine ou contre les violences conjugales ne les intéressent pas. Ironique, non ? Quand on se targue de diffuser des émissions sur le genre, comment peut-on faire du dénigrement d'une femme politique féministe son fonds de commerce ? Ces personnes ne me connaissent pas, ne suivent manifestement pas mon travail, et je pense qu'il y a, avec beaucoup d'immodestie, de très nombreux sujets sur lesquels j'ai au moins autant de compétences politiques que ces gens qui prennent un grand plaisir à ricaner quand ils ne savent pas quelle blague faire, en disant : « Marlène Schiappa » et, derrière, n'importe quelle expression du champ lexical de la frivolité. C'est tout simplement violent quand c'est répété, toute la journée, continuellement, quand des montages vidéo tendent à vous faire passer pour quelqu'un de stupide. C'est quelque chose que vivent de nombreuses femmes politiques parce qu'il y a toujours ce vieux fond de misogynie qui veut qu'une femme en politique soit une étrangère ou une *outsider*. Ce serait diffusé sur une chaîne de Bolloré, tout le monde crierait à la beauferie et à la misogynie ! Il est très étrange d'entendre ces personnes engagées contre le harcèlement des femmes trouver normal, et même sain, et même utile, et même nécessaire, et même important, et même que c'est un devoir sacré, d'insulter à l'antenne et de dénigrer sur les réseaux sociaux ou dans les médias les femmes. Pourquoi ? Parce qu'elles ont osé faire de la politique alors qu'elles auraient dû rester chez elles, inconnues, incapables d'agir. Si elles enfreignent ces interdits tacites pour les femmes, eh bien, on le leur fait payer au prix fort. C'est d'ailleurs ce qu'explique Michelle Perrot dans son dernier livre sur la place des femmes, dans lequel elle note que sur les réseaux sociaux, le traitement qui m'est réservé, comme à d'autres femmes politiques, est inepte, indigne, et susciterait l'ire de toutes les féministes de n'importe quelle autre démocratie. Une journaliste de *Slate* analyse ainsi :

> « Nous avons été les témoins et complices, avides d'images et de détails, d'une industrie [...]. L'idée était presque que la “princesse de la Pop”, en tant que “petite fiancée de l'Amérique”, remplissait un genre de mission de service public. Britney venait combler notre soif de paillettes et de drama, personnifiait l'exutoire parfait pour nos mauvais réflexes moralisateurs. C'était normal qu'elle nous appartienne et qu'on la juge, puisque, après tout, on avait fait son succès en tant que produit commercial...
>
> On faisait son succès, mais surtout son procès. Ce qui a été le feuilleton médiatique de la vie de Britney Spears manquait cruellement de compassion. Elle subissait de plein fouet toutes les injonctions contradictoires faites aux femmes : sois belle, sois naturelle, sois vierge, sois une bonne mère, sois une épouse fidèle, sois une femme libre, sois pure, sois sexy, mais pas vulgaire... On oubliait que derrière le personnage people, il y avait une jeune femme en détresse[1]. »

La société a commencé à comprendre que les pop stars sont des êtres humains. Et à ce titre qu'il est permis d'avoir un peu d'empathie pour elles. Peut-être un jour comprendra-t-elle que les ministres le sont

1. Maud Garmy, « Nous sommes aussi responsables de l'enfer vécu par Britney Spears », slate.fr, 25 juin 2021.

aussi. Je prends les paris : pas encore. En revanche, un site d'actualités en ligne osera sûrement un « Marlène Schiappa : elle se compare à Britney Spears dans un livre ! », avec une photo bien grimaçante. Je leur souhaite beaucoup de buzz. Je partage pour conclure ce chapitre une réflexion d'Anne Roumanoff, humoriste plus clairvoyante que bien des politologues sur la situation des femmes en politique :

> « C'est vrai que si on veut faire avancer la cause des femmes, il y a peut-être des combats plus essentiels que de râler une fois par an contre les Miss France.
>
> — Voilà ! Au hasard, les inégalités salariales, l'accès des femmes à des postes de dirigeant, l'accueil des victimes de violence dans les commissariats, la lutte contre le harcèlement sexuel en entreprise. Et puis il y a aussi toutes ces remarques sexistes que subissent les femmes politiques et dont personne ne parle. Le perpétuel procès en incompétence, les remarques sur le physique des candidates à la présidentielle, les éternels soupçons de promotion canapé, la méchanceté des médias dès qu'une femme fait preuve d'un peu de faiblesse, on en parle ? La violence de l'Hidalgo-bashing, les vidéos ironiques sur Valérie Pécresse, le mépris pour Marine Le Pen, les moqueries contre Ségolène Royal, la condescendance envers Marlène Schiappa… Il faudra un jour se pencher sur ce qu'ont enduré et qu'endurent encore les femmes politiques françaises en serrant courageusement les dents[1]. »

Un jour, peut-être…

1. « "Miss France, paillettes et controverses", la chronique d'Anne Roumanoff », *Le JDD*, 12 décembre 2021.

« *Oh, gardez vos nerfs !* »

Faut-il aller dans des émissions de divertissement ou de société quand on est un responsable politique ? La question est vieille comme l'ORTF, mais elle a pris un nouveau tournant au moment où Laurent Baffie et Thierry Ardisson ont interviewé l'ex-Premier ministre Michel Rocard sur un ton pour le moins familier[1]. Thierry Ardisson lui-même a souligné dans le *Journal du dimanche* que cet échange a mis quinze jours à atterrir dans *Le Monde* quand il lui faudrait aujourd'hui quinze secondes pour se retrouver sur les réseaux sociaux.

L'entretien fut jugé cruellement et fit couler beaucoup d'encre. Ainsi Maurice Audebert a-t-il écrit dans une revue disponible sur la plateforme Persée que cela « [a jeté] une lumière cruelle » sur un homme qu'il estimait prêt à tout pour promouvoir son livre. Dans « Je vote moi non plus », il estime que l'abstention s'explique par ce type d'échanges et blâme tout autant Michel Rocard d'avoir répondu à la fameuse question de Thierry Ardisson que Tony Blair d'avoir confié à la presse britannique « faire l'amour cinq fois par

1. Dans l'émission *Tout le monde en parle* du 31 mars 2001, sur France 2.

semaine » à son épouse. Dans *Une société de chiens*, Éric Dupin rappelle que ce bref échange fut suivi d'un « Viens ma couille, on va parler un peu » pour réconforter Michel Rocard. Appeler « ma couille » un ancien Premier ministre, voilà qui « dégrade la fonction ». Étonnamment, Michel Rocard ne fut pas blâmé sur le moment – on est en 2001, il n'y a pas Twitter et *Loft Story* débute à peine. C'est surtout Ardisson qui ramasse les critiques.

Quelques années plus tard, le Premier ministre Manuel Valls défraie la chronique en acceptant l'invitation de Laurent Ruquier. À l'époque, cela fait encore débat. « "Est-ce que Manuel Valls envisage une reconversion comme chroniqueur chez Ruquier ?", ironise Guillaume Larrivé, porte-parole des Républicains, contacté par *Metronews*. Qui prend bien soin de préciser : "C'est une émission vive, intelligente et intéressante. Mais je ne suis pas sûr que la place d'un Premier ministre soit dans un talk-show à mi-chemin de la politique et du spectacle." Même critique très mesurée du côté de Daniel Fasquelle. Le député LR du Nord avertit simplement : "Il ne faut pas que les politiques discréditent la fonction en acceptant de se prêter à des émissions qui dégraderaient leur fonction[1]." » Certes, on est loin de la première émission diffusée depuis le ministère des PTT en 1935.

Depuis, Jean-François Copé est passé dans *Le Divan* de Marc-Olivier Fogiel, et même sous ce gouvernement, Éric Dupond-Moretti dans *La Chanson secrète*, Barbara Pompili dans *Top Chef*, Brune Poirson dans *Cauet sur NRJ*, Roselyne Bachelot dans *Les Reines du*

1. Vincent Michelon, « "Pas du niveau d'un Premier ministre, c'est du people !" », tf1info.fr, 14 janvier 2016.

shopping… et moi-même dans *Tous en cuisine* avec Cyril Lignac.

Et puis : Marlène Schiappa chez Hanouna. Le gouvernement vient de lancer le « grand débat », réponse du président de la République aux Gilets jaunes qui doit nous permettre d'échanger et d'avancer en changeant de paradigme. Or, nous rencontrons un problème : il y a un risque que les participants qui organisent de « grands débats » soient des citoyens déjà engagés dans la vie publique. Lancer une émission spéciale avec Cyril Hanouna en diffusant le lien du site avait un but : montrer à chacun qu'il est facile d'organiser son propre « grand débat ». Le pari sera réussi avec la barre du million d'inscrits franchie ce soir-là et une audience record. Évidemment, comme à chaque moment important de ma vie, j'avais une angine. C'est donc gavée de paracétamol et de lait chaud au miel que j'arrive sur le plateau en ayant un but : pas d'extinction de voix tant que la caméra tourne. Le lendemain, les médias furent obligés de se rendre à l'évidence, et même l'opposition : nous avions fait une vraie bonne émission citoyenne. Nous avons parlé impôts, travail, budget, horaires de nuit des infirmières, discriminations au logement, et de nombreux autres grands sujets du quotidien. Il faut le dire, l'équipe de Cyril Hanouna est très professionnelle et sait dénicher des profils de citoyens originaux. Le débat s'est passé dans le respect, un paperboard sur le côté, un marqueur à la main comme lorsque j'animais des conférences-débats dans les entreprises.

Mais ce ne fut pas chose aisée d'en arriver là. En janvier, au Sénat, une sénatrice décide de marquer le coup. Avec une voix forte et un ton appuyé, elle crie au scandale : une secrétaire d'État va faire un débat chez

Cyril Hanouna ! À l'époque, il est d'usage qu'aucun membre du gouvernement ne s'y rende. La sénatrice s'adresse au Premier ministre : « Savez-vous que votre secrétaire d'État va se rendre chez Hanouna, le fait-elle avec votre accord ? » La quasi-totalité des sénateurs hurle avec les loups. Il faut imaginer ces centaines de personnes en costume, de l'âge de vos parents ou de vos grands-parents, huant, sifflant, tapant sur leur pupitre, vous traitant comme une délinquante juste parce que vous allez participer à une émission de télévision ! Imaginez la violence de la chose quand le président du Sénat, alors que la salle vous siffle outrageusement sans raison valable, vous adresse au micro du haut de son perchoir : « Faites dans la modération, pour une fois, hein ? », contrevenant à toute forme de réserve attendue de la personne qui préside la séance.

Voilà précisément tout ce que j'abhorre dans ces séances. Le phénomène de meute. La faiblesse de l'argumentation. Les sifflements en masse. Le Premier ministre indique qu'il ne va pas répondre, que je vais le faire. Je me lève, affligée par l'ambiance, plus que blessée, sur le moment. Ce n'est qu'en regardant les images après et en croulant sous les messages de soutien que je constaterai que j'étais vraiment Blandine dans la fosse aux lions.

Je n'ai aucune note, n'ayant pas prévu cette question. Rétrospectivement, je m'étonnerai qu'elle ne nous soit pas parvenue. Mais passons. J'attrape le micro et ouvre la bouche. Édouard Philippe me souffle : « N'entre pas en débat avec le président du Sénat… » Je réponds donc à la question qui m'est posée : « Je vais répondre, merci pour cette question tout en bienveillance et en nuances. [Nouveaux hurlements des sénateurs.] Pardonnez mon étonnement, mais je trouve assez surprenante la mise en abyme dans laquelle vous nous plongez, parce que vous regrettez que l'on parle à Cyril Hanouna et vous-même, vous consacrez votre temps de parole au Sénat à parler de Cyril Hanouna. Il n'y a pas de citoyens de seconde zone, madame la sénatrice. Le mépris de classe d'une intelligentsia et d'une forme d'élite politique qui voudrait s'arroger la seule responsabilité politique et la seule capacité à accéder au débat politique et au débat public – c'est ce mépris de classe qui a nourri en partie le mouvement des Gilets jaunes. Je crois qu'on ne répond pas à des problèmes politiques de 2019 avec des solutions de 1999, ne vous en déplaise. »

À cet instant, et en retournant à ma place sous les huées, je me dis que ces sénateurs vont le regretter. Qu'ils n'ont pas compris le pays. Je ne serai pas très soutenue par mes collègues, certains s'empressant d'aller critiquer ou de railler en « *off* anonyme » mon initiative. Face au succès d'estime et d'audience, étonnamment, certains qui ont hué à l'époque font aujourd'hui la queue pour venir sur le plateau de *TPMP*. Même Raquel Garrido le dira : « Ce fut un vrai moment de service public. »

Depuis, pas moins de dix-sept ministres dont certains faisaient la moue au moment de mon émission sont allés frapper à la porte chez Hanouna. De mon côté, j'ai plus été invitée de France Culture que de *Touche pas à mon poste*, mais les bonnes âmes critiques de télévision avaient peut-être perdu la fréquence radio du service public ces soirs-là. Il ne fait jamais bon avoir raison trop tôt… Quant au titre de ce chapitre, « Oh, gardez vos nerfs ! », c'est une phrase que j'ai lancée avec calme et sourire en direction de l'opposition lors d'une séance de QAG, et qui m'a valu plusieurs mèmes. Elle pourrait aussi trouver tout son sens ici.

Lorsque je déclare dans une enquête que Cyril Hanouna jouera un rôle dans les débats de l'élection présidentielle en animant des débats, on ricane, on m'insulte encore. Pourtant, en 2022, les émissions de débat entre candidats qui rassemblent la plus grande audience sont animées par… Cyril Hanouna. Avoir raison trop tôt est décidément toujours un malheur.

L'art du portrait

Au début, je suis naïve. Je pense que lorsque j'ai en face de moi une femme de mon âge, je peux lui parler normalement. Après tout, elle pourrait être une copine. Quelle candide… Il me faudra plusieurs années pour perdre cette naïveté dans les rapports aux autres et pour comprendre que je suis ministre, que cela signifie que la personne en face de moi dans mon bureau attend quelque chose de ma part et n'est pas là juste pour le plaisir de ma bonne compagnie.

En 2017, je réponds aux questions d'une journaliste d'un magazine d'actualité. Cinq ou six questions. Une demi-heure environ. Sur les droits des femmes. Pour une interview à paraître prochainement. Quelle n'est pas ma surprise de découvrir dans le magazine plusieurs semaines après que j'aurais donné une « interview croisée » avec Yvette Roudy. La contextualisation ne dit jamais que nous n'avons pas dialogué. Les mêmes questions ont été posées aux deux mêmes personnes. Mais l'article est présenté comme le compte rendu d'une rencontre.

En 2019, pour un magazine, une journaliste réalise un portrait. Je déteste les portraits. Les journalistes ne veulent jamais savoir qui vous êtes vraiment : ils veulent que ça rentre dans leur ligne éditoriale. Une journaliste est, à un moment, persuadée que j'ai une liaison avec un philosophe célèbre. Elle passe des appels, envoie des mails. Interroge des députés. Elle ne trouve aucune preuve, et pour cause : je n'ai pas de liaison avec lui. Une ministre peut parler avec un philosophe sans pour autant avoir « une liaison » avec lui ! La journaliste se trompe. Dans presque tout. Les dates, les lieux, les personnes. Invente des soirées qui n'ont jamais eu lieu. Rapporte l'analyse de gens que je n'ai pas vus depuis dix ans. Une personne que j'ai croisée deux fois dans ma vie explique qu'elle m'a vue grandir et est une amie de mes parents. Mes parents ne l'ont jamais rencontrée ! Elle raconte comment j'aurais été éduquée. Une pure fiction. La journaliste s'embrouille dans ma fratrie. Je lui explique qu'elle a oublié mon frère. Réponse implacable : j'ai vérifié. Votre frère n'a pas de page Wikipédia. (Donc il n'existe pas.) Elle ne fera pas de rectificatif.

Un journaliste d'un prestigieux journal dit faire un portrait, qui est une collection de ragots. Imaginez : « Je vais faire votre portrait. Mais je ne vais pas interroger votre sœur, vos meilleurs amis, les gens qui vos connaissent. Je vais contacter sur Internet vos ex, les personnes qui vous en veulent pour telle ou telle raison, vos pires ennemis, et leurs propos seront rapportés. Vous deviendrez la coalition de ce que ces gens pensent de vous, et c'est ce qui fera foi pour vous présenter. »

Je réussis à avoir des alliés, soit des amis, soit des alliés objectifs avec qui nous échangeons des informations. Mais certains écrivent absolument n'importe quoi. Comme lorsqu'un journaliste m'appelle pour me prévenir qu'un de ses collègues prétend avoir une info sur moi : « Tu as dit que des variants [du virus du Covid] allaient arriver par la mer ? » Je n'ai jamais dit cela. J'ai fait une métaphore en disant que nous traversions une vague et qu'au retrait de cette vague (l'épidémie), voire d'autres vagues (les variants), le sable (métaphorique toujours) serait jonché de nos problèmes.

Mon apparence est scrutée en permanence et commentée sans cesse, y compris par des personnes affirmant être féministes ou au-dessus de ce genre de chose. En 2018, j'ai un chignon. Une veste noire longue. Un chemisier noir. Un short en laine noire. Des collants épais en laine noire. Des bottines plates. « Je dois être vieux jeu, mais une ministre en short ça me choque », lance une sénatrice, Nathalie Goulet. S'ensuit un débat pour savoir si une ministre a le droit de porter un short et des collants en laine en hiver.

En 2021, je rends visite au Secours catholique et m'assure de la sécurisation des lieux de culte à Pâques. Je porte un pantalon gris foncé, un chemisier noir, une sorte de veste mi-saison gris clair avec une grosse ceinture noire, un col chemisier, et un béret noir. Aude Lancelin, journaliste de gauche, fait un montage vidéo, passe mes photos en noir et blanc et y adjoint des photos de nazis. Elle ne voit pas dans le béret un clin d'œil à la série *Emily à Paris* ou à Marlene Dietrich, à Beyoncé ou à Joséphine Baker, non : je porte un béret, voilà le signe que je suis d'extrême droite.

Je ne peux rien sur les regards posés sur mes tenues, somme toute banales ; ils en disent plus sur les observateurs que sur moi, comme ce jour d'été ou mon nom apparaît en top Twitter parce que je portais une robe légèrement décolletée. Mais je tente de rectifier au moins les fausses informations factuelles de la presse, et argumente en vain avec certaines journalistes. Les femmes seront les pires avec moi.

Un autre jour, j'explique avoir grandi dans un milieu populaire. Des journalistes de gauche ayant un peu trop lu Bourdieu en première année de sociologie se mettent à produire de pseudo-analyses sur le fait que mon père est historien et ma mère proviseure adjointe. Je serais donc en train de mentir et d'inventer une origine populaire ? J'ai pourtant bien grandi dans deux cités, à Porte de Vanves et à Belleville, avant de vivre avec mon père dans des appartements minuscules, dont certains auraient utilement pu bénéficier d'une inspection du logement insalubre de la Ville de Paris, rue de l'Eure ou rue Didot par exemple. Ces commentaires sont faits sans rien connaître de ma vie, et sans rien remettre dans son contexte. Mon père est bien historien, aujourd'hui, alors que j'ai 38 ans. Il était bel et bien employé du service courrier de la CAF lorsque j'étais petite. Il n'a passé son CAPES que des années après, touchant un salaire de prof stagiaire comme un jeune professeur de banlieue. Quant à ma mère, je ne vivais pas avec elle pendant mon adolescence, donc je n'ai pas profité matériellement de sa position. D'ailleurs, tout de même, depuis quand les enseignants sont-ils les privilégiés de notre société ? Peut-être faudrait-il songer à les prévenir que gagner 1 600 euros par mois quand vous avez des enfants adolescents est devenu un privilège aux yeux de certains, qui détestent les transfuges de classe et nient leur expérience de vie. Enfant d'employé du service courrier de la CAF, fût-il devenu historien, je n'ai pas le droit aux yeux de ces journalistes de gauche de devenir ministre de Macron. Depuis quand les femmes sont-elles autonomes et indépendantes, et depuis quand ont-elles le droit d'exercer des métiers de pouvoir ? Prière de ne pas s'élever. On connaît mieux votre vie que vous-même. Ou ce qui nous en arrange.

Prix de l'Humour politique

« On ne va pas s'interdire les plans à trois. »

J'ai reçu plusieurs prix qui m'ont honorée durant le quinquennat, celui par exemple de la Révélation politique de l'année en 2018 (« Ça a de la gueule », commentera mon père en privé), celui de la Laïcité du Grand Orient de France, mais aussi en 2021 le prix de l'Humour politique pour avoir dit « On ne va pas s'interdire les plans à trois. »

Lorsque j'ai prononcé cette phrase, nous faisions voter une loi – la loi confortant le respect des principes de la République – dont l'une des mesures s'attaquait à la polygamie. Pourquoi ? Parce que quand on contracte un mariage, on accède à un certain nombre de droits, en matière d'héritage, de fiscalité, de filiation. La polygamie – puisque aucun pays dans le monde ne pratique la polyandrie – dégrade terriblement ces droits pour les femmes. S'attaquer à la polygamie, c'est rendre illégal l'abus de crédulité des femmes que l'on fait venir en France en leur promettant un prince charmant et qui découvrent en arrivant que le prince a 40 ans de plus qu'elles et déjà quatre femmes. Ce n'est, et ce n'a jamais été, s'attaquer à la liberté sexuelle.

La France reste le pays du marivaudage et du libertinage. Je veux bien faire la distinction entre ce qui relève du Code civil, c'est-à-dire le mariage, et ce qui relève de la liberté, c'est-à-dire la sexualité. La sexualité est un espace dans lequel, en France, la liberté a progressé. Depuis 1975, l'adultère n'est plus pénalisé et ne constitue plus une cause péremptoire de divorce. Depuis 1982, l'homosexualité est dépénalisée. Depuis 1967, la contraception est légale, et dès 2022, elle sera gratuite pour les femmes jusqu'à leurs 25 ans. Dans une période et dans une société où les libertés sont un sujet fondamental et peuvent régresser, la sexualité, les relations sexuelles, les relations amoureuses, les relations sentimentales sont un des derniers grands espaces de liberté dans lesquels on peut être soi-même avec l'autre, en dehors de tout contrôle social.

La sexualité n'est plus seulement reproductive, elle est aussi récréative, pour les femmes comme pour les hommes : il n'y a pas de raison qu'il n'y ait que ces derniers qui s'amusent. Il est important de le rappeler parce que, dans le monde, de nombreux régimes lapident les femmes adultères, jettent les homosexuels du haut des toits, pratiquent le mariage des enfants. Donc, oui, je suis fière d'être en France, où une ministre peut rappeler qu'on a le droit d'être libertin, mélangiste, abstinent, bisexuel, marié et fidèle, divorcé trois fois, marié avec une personne du même sexe, sans attache, sapiosexuel, soliste, voire tout ça à la fois, en fonction des jours et en toute liberté. Je me battrai toujours pour qu'aucune Française ne soit contrainte par la force ou par les menaces.

La lutte contre les violences sexuelles et sexistes est fondamentale ; quatre lois l'ont renforcée sous ce quinquennat. Ce combat est le garant d'une sexualité libre, puisque cela nous permet d'avoir un consentement éclairé et une liberté d'agir entre adultes majeurs et, oserai-je dire, vaccinés. La sexualité ne peut pas être présentée que comme potentiellement violente ou dangereuse, y compris sous l'angle de l'hygiénisme. La sexualité est, avant tout, une source d'épanouissement, de plaisir. Je me battrai toujours pour qu'elle le reste.

Elle doit être surtout un espace de confiance entre des personnes, qui échappe aux normes. Bref, un des derniers refuges de l'intime. Voilà, c'est aussi simple que ça. Je sais que si un homme politique proclamait cela, il serait soupçonné d'être un don juan mais il serait acclamé. Alors qu'une femme qui parle de sexualité, elle est forcément une [mot commençant par la lettre *s*][1]. J'en profite pour raconter cette légende urbaine de l'époque du Mouvement de libération des femmes (MLF) : une féministe prend le micro sur scène lors d'un meeting et commence son discours quand elle est interrompue par un militant, qui lui crie : « mal baisée ! » ; elle fronce les sourcils, reconnaît le militant et lui dit : « Oui, mais la faute à qui, camarade ? »

Avoir le droit de rire des personnalités politiques, c'est une autre marque de démocratie et de liberté. C'est aussi pour ça que j'aime la France. On y proteste avec des hashtags. Rire, boire ou s'aimer est chez nous un acte politique revendiqué. Alors, comme disait Arletty : « Mon cœur est français... », vous connaissez la suite !

1. Je pense bien sûr à « subversive ».

6

It's a woman's world

La grande cause du quinquennat

Comme dirait le camarade Lénine, maintenant que vous êtes ministre, « que faire ? » On me dit qu'il n'y aura aucune nouvelle loi pour les droits des femmes dans ce quinquennat – il y en aura quatre – et que mon rôle consiste en gros à distiller de-ci de-là des avancées pour les femmes. Or, je ne suis pas du genre à rester assise dans un fauteuil sous un plafond sculpté en étant contente d'être ministre. Ce n'est pas mon tempérament. Parfois, je le déplore, j'aimerais être comme ces gens qui savent profiter, qui savent être heureux de ce qu'ils ont et de qui ils sont, j'aimerais me débarrasser de mon intranquillité. Pourtant, c'est cette intranquillité qui m'a permis d'être nommée ministre et d'agir. C'est cette intranquillité que je ressens quand je songe aux femmes qui ne peuvent pas marcher dans la rue sans être suivies ou harcelées, qui sont moins bien payées que les hommes, qui assurent la majorité des tâches ménagères, et dont certaines ne sont même pas en sécurité sous leur propre toit !

Les femmes, à notre époque, ne vivent pas de la même manière que les hommes, à égalité. C'est un fait. L'énoncer en 2016 fait assurément passer pour une féministe radicale ascendant hystérique.

Lors de la présentation de son programme en 2017, le président de la République a annoncé vouloir créer une grande cause pour son quinquennat : l'égalité femmes-hommes. Très peu de journaux le relèvent. À l'époque, ce n'est pas un fait politique, l'égalité femmes-hommes. C'est tout au plus un sujet de militantisme féministe. Pour preuve, seule la presse féminine le relaie[1]. C'était d'ailleurs le thème de mon intervention au meeting de Lyon, pendant la campagne de 2017, où j'ai mis en exergue des inégalités entre les femmes et les hommes au quotidien, comme des représentations, des noms de rue au harcèlement de rue ou aux violences sexuelles, en passant par la conciliation vie professionnelle-vie familiale.

« Il y a une cause nationale que je porterai, qui est l'égalité entre les hommes et les femmes. C'est une cause nationale parce que, au-delà des mesures techniques, je considère que c'est un sujet absolument fondamental de la vitalité de notre société, de notre économie et de notre démocratie. Donc l'égalité hommes-femmes sera une cause nationale. Les femmes sont aujourd'hui sous-représentées, elles sont aujourd'hui l'objet de violences, de harcèlement. Une forme de consentement tacite s'est trop longtemps installée dans la société, s'est trop longtemps installée dans la vie professionnelle, s'est même trop longtemps installée dans la vie politique. C'est à travers une politique assumée que je porterai moi-même dans les nominations, dans les pratiques, avec plusieurs mesures concrètes. »

Emmanuel Macron, 1er mars 2017

1. AFP, « Emmanuel Macron : "L'égalité hommes-femmes sera une cause nationale" », *Le Figaro*, 2 mars 2017.

Le président de la République a fait de l'égalité entre les femmes et les hommes la grande cause de son quinquennat et appelé à en faire une grande cause mondiale à l'Assemblée générale des Nations unies, en septembre 2018. Entre les deux, j'aurai l'honneur de préparer et de porter cette grande cause du quinquennat. C'est vrai que dans le dispositif, certains me regardent avec un air interrogatif, ne comprenant pas tout de suite pourquoi ce sujet des violences que vivent les femmes devrait être une priorité, une « grande cause », expression dont je dois souvent me prévaloir en interne pour remporter des arbitrages. C'est sans le savoir une actrice américaine qui va m'aider en cela. Le 15 octobre 2017, Alyssa Milano invite des femmes à partager ce qu'elles ont vécu dans le sillage de l'affaire Weinstein avec le hashtag #MeToo sur les réseaux sociaux. C'est un mouvement de prise de parole des femmes inédit depuis le MLF. Avec cette vague de revendication des femmes partout dans le monde, nous pouvons mieux expliciter la volonté du président de la République de porter ce sujet au plus haut niveau.

Le 25 novembre 2017, à l'occasion de la Journée internationale pour l'élimination de la violence à l'égard des femmes, le président a prononcé, à l'Élysée, un discours fort et ambitieux pour lancer cette grande cause nationale. Il a fait de la lutte contre les violences conjugales son premier pilier et a rendu un hommage appuyé, à travers une minute de silence, à toutes les femmes tuées par leur conjoint. Son discours commençait ainsi : « Ce ne sont pas des criminels comme les autres ; ce sont des pères, des frères, des patrons, des collègues, des maris ou des compagnons. Oui, la plupart d'entre eux appartiennent au cercle proche des victimes ; ce sont des citoyens ordinaires auxquels nous n'avons pas su inculquer les fondements mêmes de notre vie sociale, qu'aucune des règles, aucun des principes enseignés par l'école, par notre histoire, par nos lois, n'est venu éclairer ou simplement dissuader. Ce sont des citoyens que l'on croit honorables, qui ont une vie bien souvent normale, mais qui nous déshonorent et déshonorent notre conception de la France. »

Je propose à Ismaël Emelien quelque chose d'iconoclaste. Le président de la République pourrait faire une minute de silence. Ismaël est impassible. C'est quelqu'un de brillant, qui pense très vite, très loin. Mais il m'est parfois difficile de le lire. « Écoute, je vais lui en parler, s'il le sent il le fera. Mais c'est possible aussi qu'il ne le sente pas. » Jusqu'au dernier moment et alors que je suis sur scène, j'ignore si le Président va suivre cette proposition de minute de silence, quand j'entends résonner sa voix, alors que je suis debout à côté de lui...

« C'est pourquoi au silence vide de l'indifférence, je vous propose ce matin d'opposer le silence vibrant du respect, pour Sophie, Anna, Émilie, Fatima, Catherine – je ne les citerai pas toutes –, elles sont 123 à être décédées en 2016. Je vous prie d'observer une minute de silence en hommage à ces femmes battues, violées et tuées.

Que les criminels du quotidien qui harcèlent, injurient, touchent, agressent, ne soient plus jamais excusés, mais repérés, vilipendés, traduits en justice, condamnés avec toute la fermeté requise, sans aucune complaisance, sans aucune excuse, car il en va de notre pacte républicain et la France ne doit plus être un de ces pays où les femmes ont peur.

Pour cela, je me suis en effet engagé à ce que la cause du quinquennat soit celle de l'égalité entre les femmes et les hommes et le premier pilier de cette cause, c'est bien la lutte pour l'élimination complète des violences faites aux femmes. Pour cela, je souhaite que nous nous donnions les moyens de mener une action résolue à la hauteur des enjeux. Le budget alloué à la secrétaire d'État en charge de l'Égalité entre les femmes et les hommes sera donc augmenté en 2018 et atteindra son plus haut niveau jusqu'à présent. »

J'ai des frissons. Cette politique mobilise l'ensemble du gouvernement depuis près de quatre ans.

La loi du 3 août 2018 renforçant la lutte contre les violences sexistes et sexuelles, adoptée à l'unanimité par le Parlement, a permis de tenir les engagements de campagne du président de la République et de modifier ou de compléter certaines dispositions pénales existantes (prescription, infractions sexuelles sur mineurs, harcèlement sexiste et sexuel de groupe...), et de créer de nouvelles infractions (outrage sexiste, captation d'images intimes, administration de substances). La France est le premier pays au monde à verbaliser le harcèlement de rue.

La plateforme de signalement en ligne des violences sexistes et sexuelles (PVSS), arretonslesviolences.gouv.fr, permet aux victimes de dialoguer directement avec des policiers et des gendarmes spécialement formés pour les orienter et les accompagner vingt-quatre heures sur vingt-quatre, sept jours sur sept.

Nous avons lancé le plan de lutte contre les mutilations sexuelles féminines. Aujourd'hui, près de 125 000 femmes vivent excisées dans notre pays. J'ai présenté, le 21 juin 2019 à la Maison des femmes de Saint-Denis, un plan de lutte contre les mutilations sexuelles féminines. Aucune norme communautaire, religieuse ou coutumière n'est supérieure aux lois de la République. Le chapitre sur l'égalité femmes-hommes et la dignité humaine de la loi confortant le respect des valeurs de la République prévoit notamment de renforcer la lutte contre la polygamie, contre les mariages forcés, contre les certificats de virginité et contre les inégalités successorales.

La lutte contre les violences sexistes et sexuelles est la condition *sine qua non* de l'égalité entre les femmes et les hommes : œuvrer pour l'émancipation économique des femmes, c'est leur permettre de faire face aux violences ; protéger les femmes des violences, c'est leur permettre de mieux s'engager dans leur vie professionnelle. C'est pourquoi avec Bruno Le Maire nous avons lancé une grande mobilisation pour l'égalité femmes-hommes dans l'économie, qui a recueilli le plus de votes depuis le début des consultations. Nous demandions des quotas dans les comités exécutifs des entreprises, un engagement formel de Bpifrance, un congé paternité allongé…

Conformément à la promesse de campagne du président de la République, le gouvernement a créé un congé maternité unique pour protéger les femmes enceintes, quel que soit leur statut professionnel. La durée d'indemnisation du congé maternité pour les travailleuses indépendantes a été allongée ; les futures et jeunes mères indépendantes bénéficient désormais d'un congé maternité comme les femmes salariées.

La situation des mères isolées, confrontées à des difficultés spécifiques, a également été au cœur de l'action du gouvernement. Nombre d'entre elles en ont témoigné à Pessac lors du grand débat consacré aux femmes : elles font notamment face à des impayés de pensions alimentaires. La réforme des pensions alimentaires permet désormais une intermédiation entre les parents par la CAF, afin de faciliter le recouvrement, dès le premier mois.

Œuvrer pour que toutes les femmes bénéficient des mêmes opportunités, c'est aussi lutter contre la précarité menstruelle qui oblige encore trop souvent, par exemple, des jeunes filles à ne pas aller à l'école quand elles ont leurs règles. Grâce à la mission parlementaire confiée à la sénatrice Patricia Schillinger, le gouvernement a lancé, à titre expérimental, la distribution de protections hygiéniques gratuites à des femmes en situation de précarité et à des jeunes filles dans des collèges et lycées. Depuis la rentrée, les protections hygiéniques sont gratuites pour toutes les étudiantes dans les résidences universitaires des Crous et les services de santé universitaires.

Quarante-cinq ans après la loi pour l'égalité professionnelle, les femmes gagnent toujours 9 % de moins que les hommes à travail égal, et 25 % sur l'ensemble de leur carrière. Désormais, les entreprises ont l'obligation de mesurer les écarts de rémunération existants via l'index de l'égalité professionnelle entre les femmes et les hommes (Égapro) et ont trois ans pour se conformer à leurs obligations en matière d'égalité salariale. En outre, et c'était l'une des mesures les plus plébiscitées lors de la grande consultation citoyenne que nous avions lancée, la durée du congé paternité a doublé, passant de quatorze à vingt-huit jours. Dans le cadre de la présidence française du G7, et contrairement à l'usage, une rencontre des ministres dédiée à l'égalité entre les femmes et les hommes s'est tenue à Bondy et à Paris. Les membres du G7, rejoints par six autres pays, ont travaillé autour de trois priorités : lutter contre les violences sexistes et sexuelles, garantir et soutenir l'accès à l'éducation des femmes, œuvrer pour l'émancipation économique des femmes.

Le président de la République a nommé, dans le cadre de cette action ministérielle, un Conseil consultatif pour l'égalité entre les femmes et les hommes chargé de travailler au « Partenariat de Biarritz », bouquet législatif des meilleures lois dans le monde pour les femmes. Des engagements forts ont été pris par l'ensemble des pays, y compris par les États-Unis. Lors d'un échange avec un sondeur, je me suis étonnée que l'item « égalité entre les femmes et les hommes » ne figure pas dans les principales préoccupations des Français, après le mouvement #MeToo notamment. Travail, loisirs, logements, budget, sécurité, écologie ou même immigration s'y disputent les premières places. « L'égalité femmes-hommes est considérée comme un sujet évident, donc plus une préoccupation à mettre à l'agenda, les Français actent qu'elle y est et que c'est évident… »

Que de chemin parcouru ! Quand certains opposants estiment que l'on n'a rien fait, ou « que de la communication », je les invite à prendre connaissance de notre véritable bilan, qui nous démontre qu'en cinq ans, notre pays a pris plus de mesures et voté de lois pour l'égalité entre les femmes et les hommes qu'auparavant.

Les Monologues du vagin

« Le monde progresse grâce aux choses impossibles qui ont été réalisées », a dit André Maurois. PMA, congé paternité, violences gynécologiques, règles, fausses couches : ces sujets tabous touchent à l'intime des femmes, et parfois des hommes. Un jour où je me demandais si j'allais trop loin, mon mari m'a rassurée en me disant : « C'est ce que tu as toujours fait, depuis Maman travaille et même avant, mettre sur la table des sujets intimes que l'on refuse de voir. »

Comment mener de grands combats sociétaux entre activisme et scores, victoires obtenues ? Comment faire que des slogans deviennent réalité ? On aura souvent questionné le bilan social ou le bilan dit de gauche du gouvernement d'Emmanuel Macron. En réalité, de nombreux engagements de François Hollande auront été tenus par Emmanuel Macron. Il en va par exemple de la procréation médicalement assistée (PMA) pour toutes les femmes, que j'ai été une des premières membres du gouvernement à réclamer. Attention, je ne crois pas au progrès pour le progrès. La science permet de nombreux progrès scientifiques qui, pour autant, ne sont pas positifs humainement. Mais les progrès efficients scientifiquement et humainement doivent être soutenus sans frémir.

La PMA est désormais possible pour toutes les femmes (hétérosexuelles, homosexuelles ou monoparentales), grâce à la loi n° 2021-1017 du 2 août 2021 relative à la bioéthique. Le chemin fut long pour y parvenir ! Dès 2017, j'exigeai dans la matinale de Jean-Jacques Bourdin, sur RMC, sa mise en débat. De nombreux ministres, Frédérique Vidal, Agnès Buzyn, Olivier Véran, Nicole Belloubet, Éric Dupond-Moretti y ont planché avec des députés comme Thomas Mesnier ou Coralie Dubost. La mise en œuvre fut longue, rappelons-le, pour permettre à chacun de s'exprimer : du 24 juillet 2019, avec la présentation en Conseil des ministres, au 29 septembre avec la publication au *Journal officiel* d'un décret d'application de la loi sur la bioéthique et d'un arrêté précisant les conditions d'âge pour bénéficier d'une assistance médicale à la procréation (AMP) ou d'une conservation de ses gamètes sans motif médical.

Extrait de la présentation du projet de loi en Conseil des ministres

« Le projet de loi vise à élargir l'accès aux technologies déjà disponibles en matière de procréation, sans renoncer à leur encadrement : accès à la procréation médicalement assistée (PMA) pour les couples de femmes et les femmes non mariées, autoconservation des gamètes pour les femmes comme pour les hommes. [...] En revanche, le respect des principes fondateurs de notre droit bioéthique que sont le respect de la dignité humaine et la non-marchandisation du corps humain, conduit à maintenir l'interdiction de la gestation pour autrui. La filiation des enfants nés d'une PMA dans un couple de femmes sera sécurisée par un nouveau mode de filiation fondé sur une déclaration anticipée de volonté. Elle permettra aux deux membres du couple de devenir ensemble, dès la naissance, les parents de l'enfant né de l'assistance médicale à la procréation à laquelle elles auront consenti ensemble. La filiation ainsi établie aura la même portée et les mêmes effets que la filiation dite "charnelle" ou la filiation adoptive. »

Après avoir intronisé le congé maternité pour toutes les mères, agricultrices, indépendantes, entrepreneuses, nous avons pu permettre une grande avancée de la politique familiale grâce à l'allongement du congé paternité. Là aussi, je l'avais proposé de longue date puisqu'il faisait partie des dix propositions de mon association Maman travaille. C'est l'exemple typique d'une réforme qu'il faut savoir porter, même tôt, sans la lâcher.

Extrait de l'interview au *Parisien*

« La période de pandémie a aussi rebattu les cartes notamment sur notre rapport au travail et au temps. Je pense qu'il faut réfléchir aux questions d'harmonie entre la vie professionnelle et la vie familiale. […] En période de crise, la famille est une valeur refuge et le premier lieu des solidarités. Le confinement l'a exacerbé. Avec la crise, il sera nécessaire de produire et donc de travailler beaucoup. Cela doit s'accompagner d'un soutien au temps passé en famille, notamment pour les générations prises en sandwich, qui doivent s'occuper à la fois de leurs enfants et de leurs parents ! Comme on a commencé à le faire en créant le congé proche aidant, il faut repenser la question des congés familiaux. Cela n'a pas été fait depuis Ségolène Royal en 2002, il y a dix-huit ans. [...] En trois générations les femmes ont conquis le droit d'aller travailler sans demander l'autorisation. Et s'il restait à conquérir le droit pour les hommes de se consacrer à leur foyer ? Je propose que l'on inscrive dans la loi l'allongement du congé paternité à un mois, comme l'ont fait spontanément 300 entreprises françaises. [...] Les congés familiaux sont très centrés autour du moment où l'on devient parent. Or, la responsabilité familiale court tout au long de la vie. Le sociologue Jean Viard note que la famille compte aujourd'hui une génération de plus. Aujourd'hui, une femme devient grand-mère en moyenne autour de 54 ans. Beaucoup de grands-parents sont encore actifs ! On a vu pendant le confinement à quel point leur rôle est crucial. Par ailleurs les familles aujourd'hui sont choisies et plurielles[1]. »

Réaction du président de la République à l'occasion de la mise en œuvre de l'allongement du congé paternité – 1er juillet 2021

« L'automne dernier, je vous annonçais que le congé paternité allait être réformé pour passer de quatorze jours à un mois. C'est chose faite ! Le nouveau congé paternité entre en vigueur aujourd'hui. Tous les pères pourront en bénéficier et passer non plus deux semaines, mais un mois entier auprès de leur enfant. Je sais que c'était une évolution très attendue par les jeunes parents. Elle va leur permettre de concrétiser cette aspiration bien naturelle d'être présent auprès de sa famille au moment où celle-ci se constitue ou

1. « Marlène Schiappa : "Il faut repenser la question des congés familiaux" », *Le Parisien*, 6 juin 2020.

s'agrandit. Ce nouveau congé paternité d'un mois permettra aux pères de s'occuper pleinement de leur bébé, et de développer avec lui des liens plus forts. Ce n'est plus une petite pause de quelques jours, c'est un vrai temps pour accueillir au monde son enfant. [...] Ce nouveau congé paternité est aussi un tournant en faveur de l'égalité entre les femmes et les hommes au quotidien. »

Épisiotomie, épisiotomie... Est-ce que j'ai une gueule d'épisiotomie ?

La question de la maternité m'a occupée pendant plus de dix ans à la tête de Maman travaille. J'ai publié de nombreux livres et animé des échanges, conférences et débats autour de sujets tabous liés à la maternité. Parmi eux, les violences obstétricales. J'avais réalisé une enquête sur le sujet pour un éditeur médical suisso-belge qui a finalement annulé le livre, parce que le « sujet n'était pas assez porteur ». Lorsque en audition auprès du Parlement j'évoque les violences obstétricales inacceptables vécues par tant de femmes, la profession me tombe dessus publiquement, appelant à ma démission. « Je suis le gynécologue de Brigitte Macron, j'ai le bras long, je ne vous laisserai pas faire ! » ose même l'un d'eux. J'hallucine.

J'alerte. Je le transforme en mission. Cette fois, la conseillère est un appui inattendu et me soutient. Je suis à Ajaccio et je sors acheter la presse, quand je découvre la une de *Libération* : un sexe féminin caché par la main d'une femme. Et des centaines de témoignages de femmes, sur leur accouchement. Le soir, le *20 heures* de France 2 diffuse un reportage fait de témoignages sur le sujet.

Quelques années plus tard, comptes Instagram et livres fleurissent sur le sujet... C'est ça, la situation de ministre. En quinze secondes j'ai fait exploser le plafond sur un sujet que je peinais jusqu'alors à mettre sur le devant de la scène. Un label maternité sans violences gynécologiques se monte, des plaintes se déposent et une révolution dans l'approche s'amorce grâce aux témoignages et aux exigences de milliers de femmes. J'ai pu permettre à la cause de faire un immense bon en termes de visibilité en peu de temps. Les violences gynécologiques et obstétricales ne seront plus jamais un tabou.

Finalement, en mars 2018, lorsque nous avons joué au théâtre *Les Monologues du vagin* avec Roselyne Bachelot et Myriam El Khomri pour le festival Paroles citoyennes de Jean-Marc Dumontet, nous avons mimé des orgasmes, parlé excision, accouchement, violences sexuelles, fertilité... On y dit à un moment que « le vagin est politique. » Il l'est, assurément !

Est-ce que c'est toi, Marie ?

Depuis quelques semaines circule dans les rédactions une information : la nouvelle secrétaire d'État aux droits des femmes serait certes une présidente d'association et une élue respectable, mais elle aurait aussi publié des livres érotiques...

C'était un secret de polichinelle. La Musardine, maison d'édition érotique leader sur la place de Paris, reçoit journalistes et écrivains dans ses célèbres soirées de lancement. Là-bas, certains m'appelaient « la prude » ou « la maman » car, comme le dit un ami, « toi, dans les partouzes, tu es du genre à partir avant le début ». En effet, je publie certes des livres érotiques, mais des livres érotiques « gentils », en comparaison à ceux de ma camarade Octavie Delvaux, qui s'est fait une spécialité de raconter les délices sado-maso et la manière dont ses héroïnes attachent et torturent des hommes, et aux titres les plus plébiscités de la maison comme ceux du célèbre Esparbec – *Le Pornographe et ses modèles*, *La Foire aux cochons*, *La Pharmacienne*... –, et je réalise en écrivant ces mots que ce sera probablement la première fois que l'institution Esparbec, star des éditions Media 1000, sera mentionné dans un livre politique. Pour ma part, j'ai publié un guide pour faire l'amour la première fois en toute sérénité, un guide juridique sur le divorce, un manuel de savoir-vivre entre *sexfriends*, et quelques livres humoristiques tels *Comment transformer votre mec en Brad Pitt en 30 jours*, qui n'est évidemment pas à prendre au premier degré : c'est une parodie des guides de développement personnel, où le best-seller *Les filles bien n'avalent pas*, recherché et bien vendu de nouveau depuis mon arrivée au gouvernement – merci aux trolls qui m'insultent, mais le commandent en cachette... mystères du rapport des misogynes avec la sexualité.

Contrairement à ce que ces titres laissent à penser, la littérature érotique est un milieu respectueux, qui a fait son #MeToo avant l'heure, qui repose beaucoup sur les codes du libertinage ou du mélangisme et se fonde donc exclusivement sur le consentement. Je ne me suis jamais sentie mal à l'aise, je n'ai jamais eu à déplorer un comportement déplacé à La Musardine ou ailleurs.

Mais j'y ai souvent croisé des gens. Donc, lorsque le journaliste de *L'Express* publie cette information, je ne suis pas si surprise. Surprise que cela vienne de *L'Express*, oui. Surprise aussi parce que ce n'est pas une information politique.

Je veux remercier Corinne Lhaïk, qui avait l'information, mais ne l'a pas publiée. Quelqu'un a dit un jour qu'on reconnaît les bons journalistes à ce qu'ils ne publient pas.

Un jour, j'interroge une rédactrice en chef du magazine :

« Je ne comprends pas ce qui fait que dans une même rédaction, l'un publie l'information alors que l'autre pas.

— Dans une rédaction tu as des hiérarchies et, quand on est en bas de la hiérarchie, sortir des scoops, aussi *cheezy* soient-ils, c'est une manière d'être repéré par tes chefs, d'avoir ton nom cité comme source.

— Mais pourquoi l'un le fait et pas l'autre ?

— Corinne Lhaïk écrit des livres politiques, elle n'a sans doute pas besoin de se faire remarquer avec ce type de bruits de couloir. L'autre est plus novice, c'est un fait d'armes pour lui. Et il n'avait pas de raison de ne pas le publier. »

Me voici en réunion dans le bureau d'une « haute personnalité de l'Élysée » qui, après passage en revue de nos dossiers, indique : « Et après, je vais rester avec Marie. »

On s'interroge du regard. Il y a une Marie dans la réunion, Marie Fontanel, la conseillère santé, mais c'est vers moi que ses yeux se tournent.

« Avec Marlène, je veux dire. »

Mon pseudonyme est Marie Minelli. Je comprends immédiatement de quoi il sera question. Je reste.

Cette « haute personnalité de l'Élysée » est directe et pressée. Elle va droit au but.

« Bon. Est-ce que tu as écrit ces livres ?

— Une grande partie, oui.

— OK. En soi ça n'a aucune gravité, mais au mieux, bon… c'est rigolo, quand même.

— Désormais je réponds alors [aux attaques], on est d'accord ?

— Toi, tu veux faire quoi ?

— Je veux répondre. Je veux dire que la sexualité n'est pas un sujet réservé aux hommes.

— Très bien. Mais tourne-le positivement, dis : les femmes ont le droit de s'emparer de tous les sujets sans exception. »

C'est la fin de l'entretien. Cela a duré moins de cinq minutes. Je n'ai pas été réprimandée, encore moins licenciée. On a beaucoup parlé dans la presse du fait qu'il y aurait peu de femmes à l'Élysée et de la manière dont elles seraient (peu) considérées. En réalité, chaque fois que j'ai eu besoin du soutien de l'Élysée face à des actes misogynes, je l'ai eu. À toutes mes amies qui se cachent pour écrire sur ou parler de sexualité, je leur souhaite d'avoir un employeur aussi compréhensif que l'Élysée.

Grenelle des violences conjugales

« Féminicide, c'est quoi ce mot ? Encore un truc de féministe inventé par Schiappa ! Personne ne l'utilisera ! », lance avec une clairvoyance remarquable un chroniqueur des *Grandes Gueules*, sur RMC. De nombreux acteurs de terrain travaillent déjà beaucoup contre les violences conjugales. Ayant été présidente d'association et élue locale chargée de ces questions, mais aussi experte pour la Fondation Jean-Jaurès, je les connaissais bien. Or il me semblait manquer quelque chose : la fin du travail en sillon. La mobilisation collective. Une décharge électrique qui ferait sortir les féminicides des colonnes « faits divers » des journaux. J'avais demandé au président de la République d'être rattachée à Matignon dans un but simple : pouvoir bénéficier de la mobilisation de tout le gouvernement. C'était le moment de la réclamer. J'avais pour cela prévu tout un argumentaire me permettant de convaincre le Premier ministre Édouard Philippe. J'avais procédé avec méthode, constituant une note d'argumentation, un dossier, une revue de presse et rappelant que les associations portaient cette demande depuis 2007 ! Sans qu'aucun gouvernement décide jusqu'alors d'en faire un sujet prioritaire. Je n'ai pas eu besoin d'utiliser tout cela : le Premier ministre, avec son conseiller Charles

Hufnagel, a tout de suite été convaincu. Il restait à trouver une date. Notre problématique était la suivante : l'État finance un numéro d'écoute qui, selon les sondages, est très peu connu par la population, le 3919. En fait, moins de 10 % de la population globale connaît ce numéro, et même moins encore chez les hommes ou les jeunes.

Nous avons une opportunité de jouer sur la date et décidons d'organiser le 3 septembre 2019 (3/9/19, en référence au numéro du 3919[1]), à Matignon, un Grenelle des violences conjugales. C'est une première ! Il sera introduit par le Premier ministre et réunira les acteurs de terrain, services publics, associations, familles de victimes, afin de construire ensemble de mesures efficaces pour enrayer ce phénomène. Nous lançons autour du Grenelle une mobilisation nationale avec une grande consultation citoyenne, et une campagne pour interpeller toute la société. Plusieurs groupes de médias sont déjà partenaires (TF1, France Télévisions, BFM…) et diffuseront des spots. L'objectif pour moi est que, ce jour-là, tout le monde se pose une question : est-ce qu'il y a autour de moi une femme à qui je peux conseiller d'appeler le 3919 ? Parce que nous espérons et anticipons un surcroît d'appels, nous ajouterons des moyens et formerons de nouvelles écoutantes.

Ce Grenelle s'adresse d'abord aux femmes, pour leur dire qu'elles ne sont pas seules. Ensuite à ceux qui les frappent, pour leur rappeler la loi et la gravité des faits. Enfin, nous voulons nous adresser aux témoins, pour qu'ils interviennent. Nous avons fait appel à des influenceurs – la romancière Tatiana de Rosnay, l'animateur

1. Avant le Grenelle des violences conjugales, 8 % de la population connaissait le 3919 ; près de 60 % des Français le connaissent désormais.

Christophe Beaugrand, le président du Festival de Cannes Pierre Lescure, la comédienne Vanessa Demouy, la journaliste Daphné Bürki, Aurélie Saada du groupe Brigitte, des youtubeurs – qui participeront à des clips d'alerte. Il faut que tous – collègues de bureau, voisins – ouvrent les yeux. Quand on sait que quelqu'un subit des violences conjugales, appeler la police est un devoir citoyen. Aucun pays n'atteint zéro féminicide, mais je crois que si tout le monde s'y met, on peut collectivement faire mieux sur la durée. J'entends dire aussi souvent : « Il faut plus de moyens. » C'est vrai, il en faut toujours plus. 530 millions d'euros sont mobilisés l'année du Grenelle des violences conjugales, un record. Toutes les associations sur les violences sexistes ont déjà bénéficié d'un maintien ou d'une forte augmentation de leurs subventions – certaines sont multipliées par quatre. Oserais-je même confier ici que parfois j'ai eu davantage de budget à distribuer que de réponses aux appels d'offres ?

Mais, hélas, il ne suffit pas de signer un chèque pour qu'il n'y ait plus de féminicides. Prenons le dispositif « Téléphone grave danger ». Il a fait ses preuves. Or, 880 appareils sont financés par l'État, mais à l'heure où j'écris ces lignes seuls 302 sont actifs ! Les autres dorment dans un placard quelque part, faute de décisions de justice. Pourtant, la volonté politique est là, les moyens aussi ! Après la demande d'Éric Dupond-Moretti, nous avons réussi à augmenter considérablement l'attribution de téléphones grave danger. D'ailleurs, j'ai décidé d'attribuer 100 000 euros en plus à une application, App-Elles : quand vous appuyez dessus, le téléphone prend automatiquement des vidéos et envoie des messages d'appel à l'aide à trois personnes de votre entourage. Il fallait une mobilisation inédite et une sensibilisation de toute la société pour ne rien laisser passer.

C'est exactement pour cela que j'ai voulu organiser une cérémonie pour récompenser les forces de l'ordre, très engagées : des policiers et gendarmes qui ont pris des initiatives de terrain pour mieux protéger les femmes, comme celle de diffuser les dispositifs d'aide des victimes de violences conjugales sur des emballages de baguettes de pain. Dans le même ordre d'idées, j'ai organisé une conférence inversée, c'est-à-dire un événement au cours duquel les plus hauts dirigeants des forces de l'ordre, dans la salle, ont écouté des femmes et des familles. Ce fut un moment unique, et une grande fierté que de pouvoir leur donner la parole et organiser cette rencontre avec les plus hauts gradés.

Le 3 septembre 2019 donc, le Premier ministre Édouard Philippe a lancé, à Matignon, le Grenelle des violences conjugales, annoncé en juillet. Avant sa prise de parole officielle, deux proches de victimes ont été invités à s'exprimer à la tribune : Lucien Douib, le père de Julie Douib, et Sandrine Bouchait, présidente de l'Union nationale des familles de féminicide (UNFF).

Extrait du discours d'ouverture du Grenelle des violences conjugales par le Premier ministre Édouard Philippe

« Le président de la République a choisi comme grande cause du quinquennat l'égalité entre les femmes et les hommes. Elle est notamment portée par l'engagement remarquable de la secrétaire d'État chargée de l'Égalité entre les femmes et les hommes, Marlène Schiappa, qui m'a proposé de tenir ce Grenelle de lutte contre les violences conjugales. La secrétaire d'État nous a proposé de l'ouvrir le 3 septembre 2019, en écho au 3919, le numéro que la Fédération nationale

Solidarités Femmes a créé pour répondre aux victimes de violences conjugales. Je souhaite qu'un audit de grande ampleur et coordonné soit mené d'ici la fin de l'année. Toute la chaîne des acteurs doit être mobilisée, afin que nous disposions d'une vision à 360° des dysfonctionnements. [...] Il ne s'agit pas de pointer la faute de tel ou tel acteur, mais de regarder nos défaillances en face. »

Les associations, expertes et experts, professionnels et professionnelles, victimes de violences conjugales et proches de victimes de féminicides, élus, membres de la société civile présents se sont, pour la première fois, engagés ensemble et répartis dans onze groupes de travail, chargés de trouver des solutions concrètes pour lutter contre les violences conjugales.

Les groupes de travail m'ont remis leurs propositions le 28 octobre. Après un mois d'expertise, les conclusions de ce travail de concertation inédit ont été présentées le 25 novembre, à l'occasion de la Journée internationale pour l'élimination de la violence à l'égard des femmes. Au total, le Grenelle des violences conjugales a mobilisé 4 550 participants et donné lieu à 182 événements, à Paris et en région. Une vraie mobilisation collective, comme je le souhaitais ! Ce qui me touche le plus, c'est d'entendre des présidentes d'associations ou des victimes de violences conjugales clamer : « Il y a un avant et un après le Grenelle des violences conjugales ! », comme la présidente du Centre d'information sur les droits des femmes et des familles (CIDFF) à Nice en janvier avec le président de la République, ou comme Florence Torrolion, survivante d'une tentative de féminicide, lors de l'émission *C ce soir* du 6 janvier 2022, sur France 5, animée par Thomas Snégaroff.

Extrait du discours de clôture du Grenelle des violences conjugales par le Premier ministre Édouard Philippe

« Je voudrais également saluer le processus du Grenelle. Saluer les membres des onze groupes de travail. Les participants des 51 comités locaux d'aide aux victimes qui, à l'invitation des préfets et des procureurs, ont réuni dans toute la France des élus, des professionnels du droit, de la santé, du logement ainsi que des associations pour proposer des réponses qui s'adaptent à la réalité du terrain.

Je voudrais aussi rendre un hommage appuyé à Marlène Schiappa sans qui ce Grenelle n'aurait pas eu lieu. La politique, c'est du verbe, mais c'est aussi de l'incarnation et de l'action. Marlène Schiappa a incarné cette action avec conviction, résolution et une maîtrise exceptionnelle. Je veux donc la remercier très sincèrement. Je voudrais aussi remercier tous les membres du gouvernement parce que la détermination d'un seul peut compter, mais que l'efficacité résulte d'une mobilisation collective. En sachant trouver les mots, en sachant incarner cette politique, je crois que Madame la secrétaire d'État a inspiré tous les membres du gouvernement, lesquels se sont tous engagés. Ce qui est probablement un des éléments du succès de la mobilisation du Grenelle. En tout cas, c'est un élément qui tranche singulièrement avec la façon dont ces sujets ont été abordés jusqu'à présent. Ils sont aujourd'hui une politique gouvernementale d'ensemble.

Les discussions ont été riches ; elles ont été vives. Elles ont surtout été précises, pragmatiques, loin des postures idéologiques. Elles ont permis d'effectuer une radiographie en profondeur, un examen de conscience de notre société, sans complaisance. Le principal défi reste cependant devant nous. Ce défi, c'est celui de la constance. Une constance qui doit s'exercer à deux niveaux :

– au niveau de la mobilisation citoyenne et intellectuelle : je souhaite que les groupes de travail qui se sont réunis continuent de le faire autant que de besoin. C'est déjà le cas d'un certain nombre d'entre eux, en particulier du groupe que pilote le ministère de la Justice ;

– le second niveau de constance, c'est celui de l'exécution et du suivi des mesures. Les bonnes intentions ne suffisent plus. »

En concluant, le 25 novembre 2019, le Grenelle des violences conjugales, le Premier ministre Édouard Philippe a annoncé quarante-six nouvelles mesures mobilisant l'ensemble des ministères. Parmi elles, la création de centres de prise en charge des auteurs de violences conjugales, le recrutement de 80 postes d'intervenant social en commissariat et gendarmerie (ISCG), un parcours renforcé en formation initiale et continue à l'accueil des femmes victimes de violences conjugales pour les policiers et les gendarmes, l'interdiction de la médiation pénale et de la médiation familiale devant le juge aux affaires familiales en cas de violences conjugales…

Les mesures d'ordre législatif ont trouvé leur traduction dans deux lois :

- la loi du 28 décembre 2019 visant à agir contre les violences au sein de la famille, instituant : la garantie locative gratuite Visale pour les femmes victimes de violences conjugales souhaitant quitter leur conjoint et leur domicile, une procédure accélérée de l'obtention de l'ordonnance de protection passée à six jours, le bracelet

anti-rapprochement, la suspension systématique de l'autorité parentale quand le parent est l'auteur du féminicide ;
- la loi du 3 juillet 2020 visant à protéger les victimes de violences conjugales, instituant : la levée du secret médical, la reconnaissance du suicide forcé, la saisie des armes blanches et des armes à feu dès le dépôt de plainte, l'encadrement du permis de visite, l'organisation de l'accompagnement des enfants par un tiers de confiance pour l'exercice du droit de visite et d'hébergement.

Par la suite, la mobilisation n'a pas faibli. Le Premier ministre Jean Castex a réuni à plusieurs reprises un comité de suivi du Grenelle des violences conjugales afin de s'assurer de la bonne mise en œuvre des mesures et de leur appropriation par l'ensemble des acteurs. De nouvelles mesures ont été annoncées en lien avec les ministères régaliens en juillet 2021, suite aux féminicides de Mérignac et d'Hayange :
- renforcement du recours aux bracelets anti-rapprochement,
- déploiement de 3 000 téléphones grave danger,
- contrôle des acquisitions et détentions d'armes,
- création d'un fichier des auteurs de violences conjugales,
- coordination de la gouvernance locale de la politique de lutte contre les violences conjugales.

Les médias ont souvent dénoncé les piètres relations entre les femmes victimes de violences conjugales et les forces de l'ordre. Je suis au contraire persuadée que forces de l'ordre et victimes de violences conjugales sont dans le même camp. Contre ces violences. J'en veux pour preuve les 400 interventions hebdomadaires accomplies par des policiers et des gendarmes au péril de leur vie. Et évidemment, je souhaite dans ce livre adresser une pensée aux trois gendarmes d'Ambert décédés en intervention, le 23 décembre 2020, alors qu'ils venaient sauver une femme menacée de féminicide par un mari surarmé. Mieux former les policiers et gendarmes est essentiel, je m'y suis employée sans cesse, créant une vraie révolution de la formation des forces de l'ordre au ministère de l'Intérieur. Persuadée que ce n'est pas en blâmant les forces de l'ordre que l'on soutient leur engagement, j'ai souhaité également valoriser leurs actions de terrain. Car la vérité, c'est que de nombreux gendarmes et policiers de terrain déploient des trésors d'innovation pour toujours mieux protéger les femmes. À mon arrivée à Beauvau, comme ministre déléguée auprès du ministre de l'Intérieur chargée de la Citoyenneté, j'ai voulu rendre hommage au travail de ces policiers et gendarmes. Lors de la cérémonie « Les forces de l'ordre s'engagent » du 3 septembre 2020, une dizaine de projets innovants ont été récompensés, et leur généralisation encouragée par la remise de prix officiels place Beauvau.

Le 3 septembre 2021, à l'occasion du deuxième anniversaire du lancement du Grenelle des violences conjugales, comme je l'évoquais plus haut, les victimes ont été invitées à prendre la parole lors d'une conférence inversée : pour la première fois au ministère de l'Intérieur, ce ne sont pas des institutionnels qui ont parlé à des victimes, mais des institutionnels sont venus écouter les victimes. Tatiana-Laurence Delarue, Isabelle et Jean-Pierre Fouillot, les parents d'Alexia Daval, Laura Rapp et Valérie Bacot ont donc témoigné, sur scène, devant les ministres, les directeurs généraux, les forces de sécurité intérieure, mais aussi des associations et collectifs de victimes.

Le mot de féminicide est entré dans le dictionnaire alors que j'ai été tellement blâmée pour l'avoir prononcé au moment du meurtre d'Alexia Daval. J'avoue avoir senti les larmes monter en lisant le livre de ses parents : « Quelques mots nous redonnent de l'espoir et la force de nous battre. Alors que nous sommes tous les deux devant notre tasse de café, hébétés par les épreuves de la veille, le journalise de RTL annonce l'interview politique du jour, dont l'invitée est Marlène Schiappa, la secrétaire d'État à l'Égalité entre les femmes et les hommes. L'information principale du matin est bien sûr les aveux de Jonathan, mais aussi son axe de défense et les accusations portées contre Alexia par son avocat. De son ton assuré, la secrétaire d'État prend notre défense : l'idée c'est de dire que chaque fois qu'une femme est victime de violences sexistes et sexuelles, d'un féminicide, il y a toujours quelqu'un pour trouver des raisons qui justifieraient le fait que cette femme ait été victime [... En] disant cela on légitime les féminicides, le fait que tous les trois jours, une femme soit tuée par son conjoint. Elle avait une personnalité écrasante, elle était trop aguicheuse, il y a toujours une bonne excuse ! Ça suffit ! Je regarde Jean-Pierre comme pour lui dire que nous ne sommes plus seuls. Ces mots sont d'une force extraordinaire et représentent pour moi un réconfort que je n'attendais plus. Par ses propos, Marlène Schiappa rappelle l'évidence et rétablit la vérité d'Alexia. Non, Alexia n'était pas une jeune femme violente, non elle ne "méritait" pas d'être tuée. Voilà la stricte vérité. Sans le savoir, Marlène Schiappa nous a donné la force de nous battre pour défendre Alexia [...]. Nous étions tellement heureux de sentir son soutien, tellement fiers pour notre fille d'avoir une telle porte-parole. Nous nous sommes sentis tellement forts. Pour tout cela, nous ne la remercierons jamais assez[1]. »

Si je devais garder un témoignage, un sens, un souvenir de mon quinquennat, ce serait celui-là. Ministre, c'est une situation qui vous permet de donner force et réconfort à des parents qui ont perdu leur fille. Moi non plus, je n'oublierai jamais Alexia, ni toutes les Alexia de France.

1. Isabelle et Jean-Pierre Fouillot, avec Thomas Chagnaud, *Alexia, notre fille*, Robert Laffont, 2021.

Une diplomatie féministe pour la France

La grande cause du quinquennat, c'est aussi à l'extérieur de nos frontières que nous devons la défendre. La question des droits des femmes, le mouvement #MeToo le montre en 2017, devient une question planétaire. Et parce que la voix de la France est écoutée sur la scène internationale, je suis persuadée que notre pays peut être une force d'entraînement en Europe et dans le monde.

Dans les démocraties développées, l'affaire Weinstein a créé une onde de choc et libéré la parole. On croyait que le combat féministe avait été gagné. Il n'en est rien. On découvre que la violence dont les femmes sont victimes a les dimensions d'une pandémie : une femme sur trois dans le monde est victime de violence physique ou sexuelle, le plus souvent par un partenaire intime.

L'affaire réactive aussi la demande d'égalité effective. L'écart salarial se réduit, certes, mais à un rythme si lent qu'il faudrait attendre un siècle pour parvenir à la parité dans les pays développés. Et que dire de la quasi-absence des femmes aux postes de commande de nos sociétés ? Seulement 10 % des leaders politiques dans le monde sont des femmes.

Une nouvelle étape s'ouvre. Nous prenons conscience que nous devons accélérer le changement. Le temps presse, car, dans le même temps, une partie de l'Occident bascule dans le populisme et, avec lui, dans un conservatisme moral qui remet en cause – aux États-Unis, en Hongrie, en Pologne… – certains droits acquis de haute lutte par le mouvement féministe, comme l'avortement.

Dans les pays en développement, la situation est encore plus insupportable. Là, c'est une vision du monde traditionnelle, hiérarchique et inégalitaire qui continue de dominer. Les femmes y sont privées, souvent par des législations patriarcales, de nombre des libertés et opportunités accordées aux hommes. Mariages forcés. Polygamie. Inégalité dans l'héritage ou tutelle sur les enfants. Excisions. Lapidations. Accès interdit à certains métiers et relégation dans la sphère privée. Violences sexuelles comme arme de guerre dans les conflits.

La situation n'est pas nouvelle, mais la nouveauté est que l'émancipation des femmes y apparaît de plus en plus comme une clé du changement vers une société de liberté. Elle devient, pour cette raison même, le point de fixation de tous les mouvements qui combattent la modernité. C'est particulièrement le cas au Moyen-Orient où l'islamisme radical s'en prend aux femmes avec une violence inouïe. Je suis révoltée par la tragédie des femmes yézidies que Daech a réduites en esclavage sexuel ou par celui des petites filles que Boko Haram assassine parce qu'elles veulent seulement aller à l'école. Désormais, c'est certain, dans le Sud global, le combat pour le progrès passe par la liberté des femmes.

Dans ce contexte où au nord comme au sud la question des droits des femmes est revenue au premier plan, je persuade le président de la République d'en faire une composante majeure, un marqueur de notre politique étrangère. Il s'agit de bâtir une « diplomatie féministe ». Au début, le mot surprend, comme le mot « féminicide ». Mais le président est immédiatement convaincu. Cinq ans après, c'est une réalité dont nous pouvons être fiers.

Le 13 mars 2018, je vais à New York. À la tribune des Nations unies, je prononce ces mots de « diplomatie féministe » et annonce que la France est de retour dans le grand combat pour l'élimination des violences et des discriminations contre les femmes. Je dis à la société civile qu'elle n'est plus seule dans sa lutte contre le patriarcat et l'obscurantisme. Je dénonce le populisme, ce spectre nouveau qui hante l'Europe et menace l'Occident. Je présente la politique que nous menons sur notre territoire et les initiatives que nous allons prendre sur la scène internationale. Et s'il y a bien quelque chose de grisant dans le rôle de ministre, c'est le volet diplomatique. Lorsque vous êtes à l'ONU et que vous parlez au nom de la France aux chefs d'État du monde entier, vous êtes évidemment saisi d'un petit vertige.

Quelques mois plus tard, le président Macron, dans son discours à l'Assemblée générale de l'ONU, inscrit cette priorité dans notre diplomatie. Il lance un appel à faire de l'égalité entre les femmes et les hommes une « grande cause mondiale » et détaille les grands axes de notre ambition. Il s'engage à ce que, d'ici 2022, 50 % de notre aide au développement soit affectée à des projets ayant pour objectif l'égalité de genre. C'est un des moments les plus importants, pour moi. Petite, quand je regardais *Les Aventures de Bernard et Bianca*, ce dessin animé Disney mettant en scène l'ONU au service des enfants en danger, je n'aurais pas osé rêver plaider un jour dans l'immense salle où se tiennent les représentants des États du monde entier. L'ONU, c'est la paix dans le monde, c'est Kofi Annan, c'est la France qui dit non à la guerre en Irak, c'est l'alliance de toutes les femmes pour se défendre, c'est la garantie de la mise en œuvre de la convention de Genève sur le droit d'asile pour les personnes persécutées… Bref, c'est un espace chargé de symboles forts.

La présidence française du G7 l'année suivante permet de concrétiser notre ambition. Les droits des femmes sont au centre de notre agenda. Avec le président et le ministre des Affaires étrangères, j'organise le Conseil consultatif du G7 pour l'égalité entre les femmes et les hommes, composé de personnalités engagées issues de tous les continents. Parmi elles, les Prix Nobel Nadia Murad et Denis Mukwege, la directrice exécutive d'ONU Femmes, Phumzile Mlambo-Ngcuka, des militantes venues de Tunisie, de France, de Mauritanie, d'Inde, de Colombie, des États-Unis, des Philippines, du Proche-Orient ou encore d'Europe de l'Est comme la Femen Inna Chevtchenko… Mais aussi des stars comme Emma Watson ou Angélique Kidjo. Et puis, symboliquement : Nasrin Sotoudeh, icône du mouvement féministe iranien emprisonnée dans son pays, pour laquelle le Président a tenu à garder une chaise vide lors de nos réunions. La mission de ce conseil : identifier dans l'ensemble du monde les lois et les normes les plus favorables aux femmes, pour les protéger des violences, leur assurer une pleine égalité avec les hommes, leur permettre un véritable accès à l'éducation et à l'autonomie économique.

Ce « bouquet législatif », nous le soumettons aux pays du G7 et à d'autres États invités au sommet de Biarritz en août 2019. Nous obtenons que chacun s'engage à incorporer dans sa législation au moins une des 77 « bonnes lois » identifiées par le Conseil consultatif. C'est un immense succès. Un processus politique est lancé, qui a vocation à s'ouvrir au plus grand nombre possible de pays et pour objectif de tirer vers le haut les législations. Nous avons créé un effet d'entraînement. Une dynamique vertueuse.

En parallèle, la France s'engage sur trois fronts.

Celui des violences d'abord. En cette année 2019, elle lance le Fonds international pour les survivant·es de violences sexuelles en période de conflit, que portent Denis Mukwege et Nadia Murad. Il s'agit de permettre aux survivant·es de violences sexuelles liées à des conflits d'avoir accès à une indemnisation, à des réparations, de les aider à se réinsérer socialement.

Le deuxième front est celui de l'autonomisation économique. À Biarritz toujours, la France crée avec la Banque africaine de développement l'Initiative pour favoriser l'accès des femmes au financement en Afrique, baptisée Afawa (acronyme anglais pour Affirmative Finance Action for Women in Africa), un fonds de 1,5 milliard de dollars pour garantir les prêts accordés à des femmes entrepreneuses en Afrique. L'objectif est que les femmes créent leur entreprise et participent tout à la fois à l'émancipation de leurs sœurs et au développement du continent.

Le troisième front est celui du soutien aux organisations féministes de la société civile. Elles sont nombreuses, depuis des années, à se mobiliser. Elles font un travail formidable, irremplaçable, mais elles manquent de moyens. Pour renforcer l'aide qu'elles apportent aux femmes, nous créons un fonds de soutien, piloté par le Quai d'Orsay et doté de 120 millions d'euros pour

2020, 2021 et 2022. C'est sans précédent dans notre histoire diplomatique.

En 2019 toujours, nous créons le prix Simone-Veil de la République française. Il récompense des personnalités qui font concrètement avancer la cause des femmes dans le monde, comme l'a fait inlassablement cette immense Française. Lors de sa première édition, le prix est remis à Aissa Doumara, qui se bat contre les mariages précoces et forcés des filles au Cameroun, et en particulier contre Boko Haram. Le rabbin Delphine Horvilleur est chargée, au nom du jury, d'évoquer le souvenir de Simone Veil et de justifier le choix d'Aissa Doumara. Elle appelle à rendre la parole aux femmes et convoque magnifiquement la figure de Shéhérazade, celle qui par sa parole suspend la violence des hommes.

Pour marquer le leadership de la France sur cette question désormais au centre de notre diplomatie, je propose la même année au chef de l'État que la France accueille la conférence de l'ONU qui, en 2020, devait faire le bilan des avancées pour les femmes depuis la conférence historique de Pékin vingt-cinq ans plus tôt et, surtout, relancer la mobilisation internationale pour l'égalité.

Le Forum Génération Égalité aura finalement lieu, crise du Covid oblige, en 2021. C'est un moment historique, un point d'inflexion majeur pour la cause des femmes dans le monde, qui intervient à un moment clé, la pandémie ayant exacerbé les inégalités. Les acteurs réunis à Paris s'engagent dans un plan de cinq ans pour améliorer la condition des femmes, pour un montant de 40 milliards de dollars.

De nombreuses coalitions d'actions sont mises en place. Devenue entre-temps ministre déléguée auprès du ministre de l'Intérieur, chargée de la Citoyenneté, je lance, avec la directrice exécutive d'ONU Femmes, coorganisatrice de la conférence, un réseau de forces de l'ordre mobilisées contre les violences faites aux femmes. Ce réseau, que j'avais d'abord lancé au niveau de l'Union européenne dès ma prise de fonction à l'automne 2020, a dorénavant une ambition mondiale.

Le visage de ce combat planétaire pour les femmes reste pour moi Nadia Murad, dont je soutiens tous les engagements. J'admire sa dignité, son courage face à la plus grande des adversités. Elle est une de ces femmes qui changent le monde auxquelles j'ai consacré un livre en 2020[1]. Quand je l'ai rencontrée pour la première fois, peu de temps après son prix Nobel, j'ai été frappée par sa fragilité. Ce qui me surprend lorsque je la retrouve en 2021 en marge du Forum Génération Égalité, c'est la force qui se dégage désormais de ce corps si frêle de jeune femme. C'est le regard assuré. La voix posée. Un air d'opiniâtreté. Je comprends que rien, même le pire, ne peut arrêter le combat des femmes pour la dignité. C'est aussi en pensant à ce que le Président a porté pour elle que je lance : « *France is back, and so is feminism!* » à la tribune de l'ONU.

---

1. Marlène Schiappa, *Entre toutes les femmes. Onze rencontres exceptionnelles*, Grasset, 2020.

Six minutes de retard

En douze mois, j'aurai représenté le gouvernement au banc pour une trentaine de lois et de résolutions. Ce qui implique un temps de présence jour ou nuit au Parlement assez important, comme ce vendredi à minuit où nous débattons du vote blanc pour l'élection présidentielle, ou ces propositions de lois de députés et de sénateurs.

« C'est une marque de confiance, madame la ministre », répète mon directeur de cabinet qui s'évertue à vouloir tout positiver.

Cette nuit, j'ai terminé vers une heure ou deux heures du matin. En rentrant du Sénat, les enfants dormaient, je n'ai pas dîné. Je ne me suis pas démaquillée. Je me suis allongée directement. Le lendemain matin, alors que je sors de ma douche, une de mes filles se tord sur son lit, elle a mal au ventre et du mal à respirer. Elle me souffle qu'elle se sent mal depuis la veille au soir.

J'étais absente pour le voir. Culpabilité de la mère qui travaille trop. Épuisement de la ministre sursollicitée.

Je regarde ma montre et décide de prendre sa température et de m'assurer que son père pourra la garder de nouveau aujourd'hui et appeler SOS Médecins. Quand vous êtes ministre, il existe un genre de pacte tacite dans votre couple qui veut que lorsqu'un enfant est malade, ce n'est pas à vous de le garder. J'ai pris grand soin de mes filles petites, les ai beaucoup gardées et ai télétravaillé avant l'heure pour pouvoir passer du temps avec elles. Je me suis occupée des rendez-vous chez le pédiatre et des sorties scolaires. Mais en cinq ans, je dois avouer que leur père a assuré environ 90 % des rendez-vous médicaux, sorties scolaires *et tutti quanti*. Ce matin, j'ai le cœur brisé de la laisser dans son lit avec de la fièvre en pleine période de pandémie sans même rester pour savoir ce qu'elle a. Je pars en courant vers l'Assemblée nationale. J'arrive à 9 h 03 devant l'entrée, je suis au banc à 9 h 06, pas coiffée, cheveux relevés pour gagner du temps, chemisier pas repassé. Je sors mes dossiers quand j'aperçois la présidente de séance qui me fusille du regard et ne répond pas à mon bonjour.

Un député LR y voit le moment de sa vie, la prise de parole qui lui permettra de poster une petite capsule de lui-même sur les réseaux sociaux. Pendant plusieurs minutes, il m'agonit de reproches. Je respire doucement. Loris, mon conseiller parlementaire, me souffle sous son masque : « Ne pars pas. Quoi qu'il arrive, tu ne quittes pas ce banc. Si tu sors maintenant tu ne pourras plus jamais revenir. Reste calme. »

Je respire quand la présidente de séance, pourtant de mon propre parti politique, se croit obligée de me donner une petite leçon de morale.

Je serai toujours épatée par le fait que les pires remarques sexistes ou misogynes ou anti-mère émanent de femmes politiques et non d'hommes. C'est un tabou qu'il faudra un jour lever. Je pense à ce moment-là à toutes les membres de Maman travaille.

Mon père m'envoie un texto : « *Tu as été remarquable. N'oublie jamais que n'importe quel petit bourgeois de*

Besançon assis sur un banc se croit devenu un juge. Ce n'est pas notre monde. »

Ce n'est hélas pas la première fois que « le système » me fait comprendre que je n'ai pas à m'occuper de mes enfants. Se croyant sans doute à la cour d'Autriche, quand on disait à l'impératrice Élisabeth de Bavière, alias Sissi, qu'elle ne pouvait pas à la fois élever sa fille et diriger les affaires de l'Empire. Nous sommes en période de pandémie. Chaque élu se gargarise de solidarité, d'entraide. Mais une ministre n'est pas une personne : c'est un concept. Elle a des enfants conceptuels et des amis conceptuels, et la maladie autour d'elle est conceptuelle, elle aussi.

La maman d'une amie de l'une de mes filles souffre d'un Covid sévère. Elle a été hospitalisée et s'apprête enfin à sortir. Les collèges sont fermés. Je garde ma fille avec son amie dont la maman est à l'hôpital et dont le papa travaille, il est convenu que je la ramène pour 18 heures afin qu'elle puisse retrouver sa mère quand celle-ci rentrera à la maison. C'est un moment important pour cette petite fille et pour ses parents. Je les emmène dans mon ministère et elles jouent à cache-cache dans les bureaux, surfent sur TikTok et téléphonent à d'autres amies, bref ce sont des adolescentes un jour de pandémie.

J'ai demandé la veille à mon directeur de cabinet d'informer une sénatrice que notre entrevue durerait environ une heure, pas plus. Habituellement, elles durent entre une heure et deux heures. Elle a lieu en visioconférence, personne n'a à se déplacer. Cela ne les impacte en aucun cas que les deux jeunes filles soient présentes ! J'aurais même pu ne pas le dire et prétendre être convoquée à Matignon pour écouter l'audition. « Elle ne peut pas se payer une nounou, la maman ? », lui demande la sénatrice. « Pourquoi c'est à une ministre de garder sa fille ? » Il est sidéré, n'en croit pas ses oreilles. Il se fait engueuler parce que je garde des enfants.

Le rendez-vous se passe. Je présente ce que fait le gouvernement, car nous faisons énormément. Mais la sénatrice en question se fait houspiller elle-même par d'autres, qui saisissent opportunément cette occasion de la déstabiliser en jouant au billard à trois bandes. Pensez-vous qu'il s'agit d'une délégation aux droits des femmes qui verra d'un bon œil que j'aie moi-même proposé cet échange d'une heure et quart au final ? Qu'elles seront en soutien face aux difficultés vécues par la petite fille que je garde ? Que nenni !

Le lendemain, tenez-vous bien ! elle rédigera une lettre au président de la République et au Premier ministre pour s'indigner que j'aie accordé une entrevue aussi courte et en présence d'enfants. Oui, oui. L'audition que j'ai moi-même proposée et dont elle ne voulait pas.

« Il ne faut pas dire du mal de quelqu'un qui est parlementaire », me souffle un conseiller à la relecture de ces lignes.

Je ne dis pas du mal.

Je dis la vérité.

Et je me moque comme d'une guigne des prochains courriers me dénonçant parce que j'ai gardé des enfants dont les parents étaient malades.

Je le referai.

Jamais je ne m'excuserai de prendre soin d'enfants, les miens, ceux des autres.

Jamais je ne tolérerai que l'on reproche à des parents, fussent-ils ministres, de s'occuper d'enfants.

Imaginez-vous, si l'on agit comme cela vis-à-vis d'une ministre, que fait-on à la secrétaire qui doit garder des enfants malades sur son lieu de travail, exceptionnellement ? C'est comme cela qu'on bloque les avancées sociétales visant la conciliation des vies professionnelle et familiale !

Avec 250 mères qui travaillent et exercent des responsabilités, nous avons alors écrit ce texte en protestation :

> « Nous ne nous excuserons pas de nous occuper de nos enfants en travaillant.
>
> Nous avons des enfants. Nous travaillons. Donc nous jonglons. Déjà en temps habituel. Mais avec la pandémie due au coronavirus, le confinement, la crise, nous jonglons sur un pied les yeux fermés. Beaucoup d'écoles ont rouvert leurs portes. Pas toutes. Pas partout. Il reste des zones rouges, où les collèges sont fermés. Des écoles qui n'accueillent que les enfants de soignants. Même quand les écoles sont ouvertes, il n'est pas possible pour tous les parents de payer une nounou si la cantine ou l'étude ne sont pas assurées. Les grands-parents restent à préserver. Alors nous nous organisons. Nous gardons nos enfants et parfois aussi les enfants des autres, de nos amis ou voisins, des parents en première ligne qui n'ont pas le choix, des parents malades, en déplacement, en difficulté.
>
> Et nous vous demandons, employeurs, interlocuteurs, clients, partenaires des parents qui travaillent : compréhension, empathie et bienveillance. Oui, beaucoup d'entre vous sont compréhensifs ! Des initiatives merveilleuses sont lancées pour soutenir la parentalité au travail et la conciliation vie professionnelle/vie familiale depuis une quinzaine d'années. Mais manifestement, cela n'a pas encore touché tout le monde.
>
> Nous vous demandons de comprendre que nous ne pouvons pas toujours vous dire “la maman de Chloé est

dans le coma, mais elle ne le sait pas, donc Chloé dort à la maison en ce moment" en sa présence. Nous vous demandons de ne pas nous dire que nos enfants sont bruyants : nous le savons. Nous vivons avec eux. De ne pas nous demander de mettre nos enfants seuls quelque part quand nous devons les emmener au travail. De nous épargner les "Moi quand j'avais des enfants en bas âge je n'ai jamais eu aucun problème" condescendants et dénués d'empathie, les "Ils n'ont pas une mère qui peut les garder ?" adressés aux pères comme si les hommes ne pouvaient pas s'occuper de leurs enfants, ou "Ils n'ont pas un père pour les garder ?" quand vous parlez à une mère isolée qui peine déjà suffisamment. Plusieurs d'entre nous (qui exercent pourtant des fonctions de pouvoir) ont entendu des choses comme : "Si elle ne sait pas s'organiser, elle n'a qu'à démissionner." Parce qu'elles ont gardé leurs enfants. Une fois. Comme si garder ses enfants était une faute, un tort, une tare !

Cette intolérance, nous la déplorons de longue date. Les haussements de sourcils quand nous devons quitter le travail pour aller chercher un enfant malade, le stress quand nous ouvrons la boîte aux lettres dix fois par jour dans l'attente d'une place en crèche, la gêne quand le collège nous convoque là, maintenant. Nous nous inventons parfois des angines pour éviter de dire que c'est notre enfant qui est malade, pas nous, car s'absenter pour garder son enfant nous sera peut-être reproché insidieusement, aussi bien par des hommes que des femmes.

Cette intolérance face aux parents qui travaillent, nous la combattons. Nous avons la possibilité de crier au monde notre indignation face à ces comportements réels déplorables. Mais nous la crions aussi pour toutes celles et ceux qui ne peuvent pas le faire.

Employeurs, collègues, clients, partenaires : vous allez entendre des pleurs de bébé derrière un téléphone en pleine conf-call. Vous allez croiser un enfant dans un couloir ou derrière un bureau. Un parent devra parfois partir plus tôt. Un emballage de Pom'Potes vide traînera peut-être. Et vous savez quoi ? Vous allez survivre. Et nous allons continuer à travailler. Comme d'habitude. Parce que la seule différence entre avant et maintenant, c'est que maintenant, vous les voyez, nos enfants. C'est nous qui jonglons, pas vous. Et cela ne fait pas de nous de mauvais professionnels : cela fait de nous des professionnels avec des enfants.

Nous vous demandons pour nous, mais surtout pour les intérimaires, les CDD, les agents de ménage, celui qui a peur de se faire renvoyer s'il emmène ses enfants au bureau, celle qui télétravaille en criant "chut" et culpabilise d'avoir crié "chut" trop de fois depuis deux mois, pour tous les parents, ceux qui n'osent pas dire que leurs enfants sont là, nous vous demandons de la bienveillance, de l'empathie, de la compréhension. En vrai, dans les faits. Parce que l'empathie théorique, ça n'existe pas. Parce que nous faire culpabiliser de nous occuper de nos enfants pendant une pandémie, c'est méprisable. Et parce que nos enfants s'en souviendront. Discourir sur le monde d'après, c'est bien. Accepter que le monde d'après soit en train de grandir sous vos yeux, c'est mieux. »

On a toujours raison de faire ce que l'on croit juste.

Un problème passager

Je suis fatiguée. J'ai mal. Pour différentes raisons, j'ai pris l'habitude dans ma vie de me dissocier, je suis donc extraordinairement résistante à la douleur. Ce n'est ni une qualité ni un défaut. C'est ainsi. Je pense que c'est un trait de caractère commun à de nombreux responsables politiques. « Vous êtes une combattante », me dira plus tard un médecin. Ça me fait une belle jambe.

Aussi, quand j'ai mal au point de me plier en deux dans le salon d'attente de l'Élysée, j'écris à mon mari : « J'ai si mal au ventre… C'est ridicule de stresser à ce point à 38 ans pour un simple rendez-vous… » Mon mari s'étonne et m'envoie des exercices de respiration. J'ai mal toute la soirée. Je me dis que j'irai chez le médecin si ça dure trop.

Le lendemain, nous devons prendre l'hélicoptère. À un moment, lors d'un virage, j'ai mal comme si j'étais électrisée, je me concentre pour ne rien laisser paraître, mais je souffre le martyre. Mon corps se tord sur lui-même. Arrivés sur place, mon officier de sécurité me fait remarquer que j'ai des taches de sang jusqu'en bas de ma robe longue. Quelque chose ne va pas. C'est évident. La tête me tourne. Je le mets sur le compte de l'hélicoptère. Je tente de m'éclipser le temps de m'apercevoir que je perds une quantité bien trop importante de sang pour que ce soit anodin. Je tente de nettoyer ma robe avec du savon liquide et un petit torchon dans les toilettes du centre d'hébergement de femmes violentées. J'étouffe, il fait chaud dans la salle. Il n'y a pas de fenêtre, ici ?

Je serre les dents le temps de présenter le fichier des armes. La conférence de presse est un long supplice, je me concentre juste pour ne pas tomber dans les pommes, je suis debout, et je me répète : « J'ai mal comme pendant une fausse couche… J'ai mal comme pendant une fausse couche… » Comme de nombreuses femmes, cette douleur ne m'est pas inconnue, mais c'était il y a si longtemps… Est-ce que c'est bien ce type de douleur ? Je prie pour tenir jusqu'au retour à Paris sans perdre connaissance, sans perdre trop de sang. Mon mari me dit : « Signale-toi, sors du cortège ! » Je lui réponds : « Je suis dans la Manche, on ne sort pas du cortège du Premier ministre, je ne suis pas toute seule. » Des participants au déplacement me parlent, me parlent, me parlent, personne ne me demande comment je vais, personne ne se demande comment je vais : je suis ministre, je vais forcément bien.

En rentrant, j'ai perdu tellement de sang que je m'écroule, j'ai de la fièvre. Je fais partie de ces gens agaçants qui prêchent le *mind over matter* et qui pensent que se lever et bouger est un moyen efficace de guérir d'une grippe. Oui, c'est absurde, mais j'ai été élevée comme ça, c'est culturel. Donc le lendemain, je ne reste pas dans mon lit, je fais un passage à la Fnac en famille pour acheter les fournitures scolaires, je rentre fissa, épuisée, et je m'allonge. En pleine journée. Ce qui ne m'arrive absolument jamais. La nuit qui suit est une horreur.

Le dimanche, j'ai de la fièvre, une grosseur sur le ventre, l'hémorragie se poursuit. Je dois aller faire *Le Grand Rendez-vous* Europe 1/CNews. Mon mari m'implore d'annuler, mais je ne peux pas me décommander deux heures avant, je suis déjà annoncée. Pendant l'émission, je demande sans cesse plus de climatisation, plus de ventilation, j'ai des bouffées de chaleur horribles. Je ne sais pas comment je garde assez de discernement pour répondre aux questions sur le terrorisme, les violences conjugales, la sécurité, les présidentielles… Je remonte chez moi presque à quatre pattes. J'ai le sentiment qu'on m'enfonce un poignard dans le ventre. J'écris à ma cheffe de cabinet, Harmonie, pour la prévenir, elle me propose d'aller aux urgences.

« Si je vais aux urgences, dans cet état, ils me garderont pour des examens et je ne serai pas là demain matin. C'est hors de question. Même en fauteuil, je serai là demain. »

Le lendemain matin, c'est ma conférence inversée. J'ai passé des mois à la préparer et, surtout, des victimes de violences graves viennent : Valérie Bacot, les parents d'Alexia Daval, Laura Rapp, Tatiana. Ainsi que le directeur général de la police nationale, le directeur général de la gendarmerie nationale, etc.

Je m'ordonne à moi-même : « Tiens encore cinq heures… » Je prends deux cachets de paracétamol, deux antispasmodiques, un thé, de l'eau fraîche, je mets un débardeur pour ne pas avoir trop chaud malgré la fièvre, une veste ample pour dissimuler l'hémorragie qui continue.

À la fin, je pars à l'hôpital, épuisée, comprenant bien que quelque chose d'anormal est en train de se passer. Je dois me faire excuser pour le séminaire gouvernemental du lendemain. Comme beaucoup de femmes sur leur lieu de travail, à ce moment-là, je n'ose pas dire que j'ai fait une fausse couche. Si j'ai voulu parler publiquement de cet événement intime, c'est que j'ai reçu énormément de soutien. Comme l'Élysée et Matignon, comme le ministère de l'Interieur, tous les employeurs de France devraient comprendre qu'une femme qui fait « une fausse couche » a besoin d'un temps pour s'en remettre. Brisons enfin ce tabou. Non, les femmes n'ont pas à souffrir en silence ou à subir dans la douleur ! Si en parler publiquement peut permettre aux autres femmes qui traversent cette épreuve de se sentir plus à l'aise pour aborder le sujet, alors mon témoignage sera utile. Je ne peux pas m'empêcher en l'écrivant de penser à cette phrase de Madame de Staël : « Pour les femmes, la gloire est le deuil éclatant du bonheur. »

De minimis non curat praetor

C'est la rentrée scolaire. Ma fille cadette, qui a 9 ans alors, adore l'école. Pour différentes raisons personnelles, elle aime être une bonne élève, c'est une fierté chez elle. Elle a rempli sa fiche de rentrée en indiquant qu'elle aimait tout à l'école, ne détestait rien, et a répondu « politicienne » (comme maman, quoi) dans la case : « Ce que je veux faire plus tard. » J'ai trouvé ça adorable, je l'ai pris en photo et mis sur Instagram avec un de ses petits mots d'enfants qui nous attendrissent et nous impressionnent toujours, comme tous les parents, par leur lucidité ou leur pertinence.

Trois heures plus tard, une pauvre fille, trentenaire apprentie journaliste pour *Madmoizelle*, fait une capture d'écran et la partage sur Twitter. Des milliers de « j'aime ». De nouveaux partages. Parmi eux, ceux de l'ancien sénateur Yves Pozzo di Borgo entre deux manifestations antivax ou du sombre imbécile simili-chroniqueur de *Causeur* « Gabirob », dont ce sera probablement la première et dernière fois que son sinistre pseudonyme sera écrit dans un livre. Dans leurs tweets, des moqueries, des photomontages, des insultes. Ils se moquent de l'écriture de ma fille « trop parfaite » pour être normale. Commentent sa vie qu'ils ne connaissent en rien. Extrême gauche et extrême droite se liguent.

Contre une petite fille. De 9 ans et demi. Parce que sa maman était contente de partager que la rentrée à laquelle elle n'a pas pu assister pour cause de responsabilités ministérielles s'était bien passée.

Ces mêmes personnes qui sans doute se draperont au prochain scandale dans leurs grands principes anti-cyberharcèlement trouvent normal de s'acharner tout un dimanche sur une petite fille. Des insultes d'une violence sans nom fusent contre ma fille cadette, mon bébé, qui n'a absolument rien demandé. Des pseudo-politologues postent des tweets pour analyser son écriture : « Elle écrit trop bien, ça doit être Schiappa qui a rempli elle-même. » Quel niveau de perversité faut-il avoir en soi pour imaginer des choses pareilles ? Quel degré d'irrespect pour les enfants faut-il porter pour aller dénicher sur un compte Instagram personnel des posts d'une maman pour injurier les enfants ?

J'ai bien raison de ne jamais montrer leurs photos !

Juste avant la rentrée, j'ai appris une locution latine à ma fille pour lui permettre de ne pas s'énerver, de ne pas réagir à tout : *De minimis non curat praetor*. « Le préteur de Rome ne s'occupe pas des petites choses. » Je me répète cette phrase en me mordant la joue, priant qu'elle ne devine rien de mon énervement.

Qui sont ces gens qui n'ont aucune autre activité le dimanche que de se montrer cruels envers une petite fille de 9 ans dans le but d'atteindre sa mère ?

Comment ces gens peuvent-ils se prétendre de gauche ? féministes ? solidaires ? Quelle honte. Quelle petitesse. Aucun d'eux ne possède un dixième du talent et de la gentillesse de ma fille. Je les méprise.

Je l'avais déjà remarqué lorsque je dirigeais une agence de presse et que je modérais la communauté des internautes pour Yahoo. Il existe des pics de nervosité chez les internautes français. J'ignore s'ils sont les mêmes ailleurs. Le dimanche – toute la journée du dimanche, et spécialement le dimanche soir. Le mercredi chez les femmes. Le mois d'août et les vacances de Noël. J'ai une petite théorie qui n'engage que moi : cela correspond aux temps familiaux. Peut-être que les obligations qui en découlent mettent une partie des Français sous tension, peut-être est-ce l'obligation de bonheur programmé, les photos de Noël des uns, les brunchs du dimanche des autres, les vacances idylliques sur Instagram des derniers. Toujours est-il que le nombre de comptes Twitter de personnes prétendant « contrer la haine avec du love » ou encore « lutter contre la haine en ligne », voire « s'engager contre le cyberharcèlement », mais qui décident de consacrer leurs dimanches à inonder de notifications une femme sous prétexte qu'elle est ministre, m'épate. Considérer que le cyberharcèlement des femmes est condamnable sauf si la femme en question fait de la politique, c'est acter la fin du droit commun. Il y aurait des professions « harcelables » et d'autres non.

Comme le dit la Femen Inna Chevtchenko, « plus les profils expliquent lutter contre la haine, plus ils se sentent le droit de cyberharceler des femmes ». Ainsi, après m'avoir insultée et moquée pendant des années, un militant s'offusque, telle une vierge effarouchée, que je l'aie bloqué. « Un *hater* avec une carte de presse », comme le lance une collègue. Selon eux, certaines femmes mériteraient d'être cyberharcelées. C'est exactement la base de tout problème de violences sexistes et sexuelles ; ne pas le comprendre, c'est faire partie de ce problème, quelle que soit la jolie citation de votre profil Twitter.

Quand mes filles font part de leur insatisfaction sur un pan de leur vie, leur père et moi leur répondons systématiquement qu'elles doivent se réjouir d'avoir des parents qui peuvent leur offrir des conditions matérielles de vie confortables, leur permettre d'avoir une scolarité épanouie et de bénéficier de quelque chose d'exceptionnel comme le fait d'avoir une mère ministre alors que nous-mêmes nous avons grandi dans des conditions modestes, mon mari étant un fils de militaire qui a suivi, dans son enfance, son père avec sa famille dans les quartiers nord de Marseille ; moi ayant beaucoup vécu dans une cité HLM. Ce à quoi un jour ma fille aînée m'a répondu : « Tu ne sais pas ce que c'est d'être fille de ministre, tu ne sais pas qu'il y a des aspects difficiles dans cela. » J'ai été interloquée. Pour moi, il n'y a aucun aspect difficile dans le fait d'être fille de ministre, je n'y vois que des avantages. Mais mes filles ont partagé avec moi ce jour-là des choses qu'elles avaient pu vivre en tant qu'enfants, en étant stigmatisées ou prises à partie du fait des engagements de leur mère, des choses qu'elles n'osaient pas vraiment me dire jusqu'à présent. C'est notamment pour cela que je leur interdis de rechercher toute information me concernant sur Internet ou sur les réseaux sociaux. Mais ma fille aînée me fait remarquer à juste titre que les informations viennent à elles et qu'on leur en parle. Parfois (c'est rare mais c'est arrivé) des enseignants, parfois des élèves ou des parents d'élève se permettent de leur faire soit des réflexions anodines qui ne sont pas méchantes mais qui sont déplacées (« Comment va ta mère depuis son clash avec telle personne ? »), ou des mots gentils (« Bon courage à ta mère pour son débat face à Marine Le Pen »), ou inappropriés (« ce n'est pas parce que ta mère est ministre que tu dois te présenter comme déléguée de classe »), mais qui sont durs à porter pour des enfants ; ce peut être parfois des prises à partie plus importantes ou plus graves. Donc oui, j'ai pensé qu'être fille de ministre était une condition privilégiée que j'étais heureuse d'offrir à mes enfants. Mais aujourd'hui, j'ai une réflexion plus nuancée : le confort matériel et la facilité dans les relations sociales qu'offre le fait d'avoir une mère ministre ne compensent pas toujours les prises à partie démesurées qui peuvent vous tomber dessus alors que vous êtes un enfant et que vous n'êtes pas responsable du métier de vos parents.

Un grand pouvoir implique de grandes responsabilités

On me demande souvent si je suis victime de sexisme en politique. Le sexisme en politique est aujourd'hui moins ostensible, plus pernicieux. On vous sifflera moins pour une robe à fleurs dans l'Hémicycle de l'Assemblée nationale. Mais on vous traitera toujours différemment des hommes.

Les hommes politiques bénéficient d'une présomption de compétence pour peu qu'ils rentrent un peu dans le moule et correspondent à l'image d'Épinal de l'homme politique.

Les femmes politiques pâtissent d'une présomption d'incompétence. On tente parfois même de nier leur responsabilité.

Je vous ai déjà parlé de ces blagues à mon propos entendues à la radio… « Comme quelqu'un qui n'aurait pas de cerveau.

— Tu veux dire Marlène Schiappa ?

— Ha, ha ! »

En quoi est-ce drôle ? Qu'est-ce que cette blague est censée dénoncer ? Dirait-on cela de n'importe quel ministre homme, même pour rire ? Non. Sur la même radio, une allusion est lancée plus tard au fait que je serais « passée sous la table » (l'humoriste est élégant) pour devenir ministre. Une fois encore, dirait-on cela d'un ministre masculin ? Non. Jamais. « T'imagines si les politiques ne parlaient que des dossiers qu'ils maîtrisent ?

— Ha, ha, ha ! Ben Marlène Schiappa ne parlerait jamais de rien alors. »

J'ai supprimé mon application France Inter. Rire est nécessaire et critiquer le pouvoir est sain. Mais on n'est pas là dans la critique. On est là face à une idéologie misogyne. Une amie humoriste m'écrit : « Je suis désolée de ce qu'ils font, l'humour ne devrait jamais servir à maquiller une agression ou une attaque personnelle. » Si ces trois vannes avaient été proférées sur l'antenne de CNews contre n'importe quelle élue Europe Écologie-Les Verts, il y aurait déjà une pétition en ligne pour les dénoncer. Mais la vérité, c'est qu'il existe un sexisme bon teint, acceptable, un relativisme en fonction de l'émetteur.

Ce sexisme s'exprime au quotidien. Tel sénateur s'adresse à Olivia Grégoire, présente pour répondre au nom de Bercy, avec un « monsieur le ministre » obstiné, souligné. Tel député donne du « madame le ministre » à Barbara Pompili. Mais c'est aussi une manière de traiter différemment un même fait selon qu'il vienne d'un homme ou d'une femme.

Un exemple. Au sujet de Twitter et de sa responsabilité dans le phénomène du harcèlement, je cite dans une émission de télévision une phrase très courante dans le milieu de la tech : « Un grand pouvoir induit de grandes responsabilités. » C'est une référence à l'univers de *Spiderman*. Aussitôt, un lynchage est organisé sur les réseaux sociaux. On m'accuse de tout confondre, de dévoyer cette citation. On estime que des mots issus d'une bande dessinée ou d'un film n'ont rien à faire dans la politique et un procès en incompétence est ouvert. La femme politique qui a dit cela serait inculte, lancent des adolescents ayant probablement lu environ un millième des livres que j'ai lus. Cela me fait toujours sourire. Je reçois bien des reproches avec humilité mais, moi qui lis un livre par jour depuis l'enfance et qui en ai publié trente, je ris jaune devant ce type de reproches souvent adressés avec des fautes d'orthographe.

Le mal est fait, des milliers de messages, bientôt suivis d'articles en ligne relaient cela. CNews en fait un sujet[1], et le site de programme télé pose même sérieusement la question ; « Une ministre peut-elle citer *Spiderman* ? » et même le sérieux *Philosophie Magazine* en fait un thème de débat[2] !

Que se passe-t-il quand des hommes politiques citent exactement le même propos ?

Le 28 mars 2018, à l'Assemblée nationale, dans un discours contre les multinationales, François Ruffin prononce ces mots. Très exactement : « Comme on dit dans *Spiderman*, un grand pouvoir implique de grandes responsabilités. » J'ai cherché : aucun article sur lui n'est paru à cette occasion. Zéro. Pas d'insurrection, pas d'accusation, personne ne sous-entend qu'il a un piètre référentiel culturel.

Dans le documentaire qui lui a été consacré sur France 5, *Édouard, mon pote de droite*, Édouard Philippe dit également en parlant des élus : « Un grand pouvoir implique de grandes responsabilités, pour citer *Spiderman*. » Aucun article. Aucun reproche. On loue son sens de l'humour. Sur France Inter, un éditorialiste

---

1. « Insolite – Marlène Schiappa cite *Spiderman* pour commenter l'affaire Mila, les internautes réagissent », CNews, 16 mars 2021.

2. Octave Larmagnac-Matheron, « Un grand pouvoir implique de grandes responsabilités », *Philosophie Magazine*, le 23 mars 2021.

(homme) évoque lui aussi la citation et en fait un thème de chronique[1]. Pas de réaction. De personne. Ni au moment de la diffusion ni après.

Dans une tribune du *Journal du dimanche*, en 2019, le ministre du Numérique, Mounir Mahjoubi, évoque la société Amazon : « Un grand pouvoir implique de grandes responsabilités, c'est la leçon de *Spiderman* et Amazon ne l'a pas comprise », écrit-il. Aucune insulte, aucun lynchage, aucun tollé. La Cour suprême des États-Unis cite cette réplique dans un de ses jugements. La Cour suprême[2] !

C'est cela, le sexisme pernicieux de la vie politique. C'est prendre n'importe quel fait et le traiter différemment selon qu'il s'agit d'une femme ou d'un homme. Un homme politique qui cite *Spiderman* envoie un clin d'œil à ses congénères, ils ont le même référentiel, il a de l'humour, il est caustique. Une femme politique qui cite *Spiderman* sort de son champ de compétences, sort de son référentiel, elle est sûrement simplette, et il faut donc d'urgence l'insulter sur les réseaux sociaux et publier des articles pour la mettre en cause suite à ce scandale.

Voilà comment, de façon sournoise, les femmes politiques sont lynchées quand les hommes politiques disposent d'une immunité totale quand ils s'expriment. Voilà comment on crée de l'autocensure chez les femmes politiques. Voilà comment on dégoûte des jeunes femmes de l'engagement politique. C'est une forme de sexisme plus difficile à contrer car moins évidente. Dans un premier temps, les détracteurs se

1. « Un grand pouvoir implique de grandes responsabilités », chronique de Thomas Croisière du 5 février 2020.

2. Dans une décision n° 13-720, *Kimble et al. v. Marvel Entertainement, LLC*, du 22 juin 2015.

défendront d'attaquer la femme politique en raison de son genre. Mais cette démonstration nous montre bien que de nombreux hommes peuvent tenir les mêmes propos qu'une femme et, qu'ils soient députés, éditorialistes, ministres ou même Premiers ministres, qu'ils seront épargnés par la vindicte populaire. Tandis que l'on ne veut jamais passer à côté d'une belle occasion d'envoyer une femme au bûcher. C'est ce que disait Françoise Sagan : « Ils ne peuvent pas dire ouvertement qu'une jeune femme qui réussit, ça les dégoûte, alors ils feignent la morale, ils feignent d'être dégoûtés par ce que je fais de ma réussite ou par ce que je dis ou écris. Comme c'est commode[1]. »

1. Conversation entre Jacques Chancel et Françoise Sagan, *Radioscopie*, 17 juin 1977.

De la sororité en politique

Les femmes réussiront en politique quand la sororité deviendra la norme. Aujourd'hui, ce n'est pas assez le cas. Les hommes politiques savent nouer des alliances et se coopter les uns les autres. Les femmes politiques s'enferment dans le piège concurrentiel. On les envoie s'affronter les unes les autres ; certaines, qui disent pourfendre le sexisme, ne se tiennent pas à cette hygiène de vie.

Pour ma part la sororité est un principe auquel j'essaye de me tenir. Indifféremment du parti politique. J'ai soutenu publiquement la conseillère d'Éric Zemmour quand elle était sexualisée ou critiquée sur son physique. J'ai soutenu publiquement Sandrine Rousseau quand un journaliste a évoqué sa ménopause. J'ai publié un message sur Marine Le Pen quand elle a reçu des tombereaux de remarques sexistes pour la condamner. Je refuse de relayer les attaques *ad hominem* contre Anne Hidalgo qui mettent en cause ses compétences, car on ne met jamais en cause celles d'un homme ; et si je pense que Paris pourrait être mieux administré, je ne crois pas que chaque papier jeté par terre le soit par la maire. Et je ne pense pas qu'on reprocherait ça à un homme.

Membre de la commission d'investiture d'En Marche, j'ai œuvré avec d'autres pour investir 50 % de femmes dans des circonscriptions gagnables. J'ai recruté dans mon cabinet des jeunes femmes de moins de 30 ans qui n'avaient encore jamais été en cabinet ministériel, pour leur donner leur chance et je ne l'ai jamais regretté. Quand j'écris des textes, je propose souvent à d'autres femmes politiques de les cosigner, car la visibilité ne se divise pas, elle se multiplie. Dans mon parti, je suis à l'origine de la création d'une cellule de signalement des faits de harcèlement sexuel pour protéger les femmes militantes.

Mais la politique est un monde violent et dur où l'on monte souvent les femmes les unes contre les autres.

Les pires remarques sexistes, je les ai reçues de femmes journalistes, comme celle qui a écrit dans un journal sérieux que j'étais ministre grâce à des « coucheries sur le haut du panier ». Elle s'est ensuite excusée. Injures publiques, excuses privées : ça ne marche pas. Les pires attaques politiques à mon endroit, ce sont des femmes politiques qui les ont déclenchées. Comme s'il était impossible pour certaines de déconstruire cet esprit de concurrence des femmes entre elles.

C'est triste, parce que même cela ne nous est pas pardonné. Deux hommes qui s'écharpent sont deux hommes politiques de caractère ; nous, nous sommes des harpies hystériques. Pendant que nous nous « crêpons le chignon », la domination masculine de la vie politique peut dormir tranquille.

Alors, faisons un petit effort. Demandons-nous si tacler telle ou telle femme politique apporte vraiment quelque chose au débat de fond. Demandons-nous si nous avons d'autres femmes à recommander et à faire progresser dans nos mouvements politiques. Demandons-nous si nous dirions cela d'un homme.

Critique-t-on sa voix, sa tenue, sa coiffure, sa vie personnelle ? Dit-on qu'il est trop émotif ou trop centré sur sa vie de famille pour réussir ? Soupçonne-t-on les hommes ministres ou élus d'avoir couché pour être nommés ou investis ? Se demande-t-on s'ils ont le niveau ? Se permet-on de leur faire des réflexions sur leur vie personnelle ? Ne nous y trompons pas. En réunion, dans un événement, sur un plateau de télévision… lorsque l'on voit arriver un homme avec un costume, une cravate, et de surcroît s'il a un certain âge, on se dit que c'est sûrement un expert de quelque chose. Si l'on voit arriver une femme et si, de surcroît, elle porte des bijoux, du maquillage, les cheveux longs ou des signes de féminité, on se dit, par réflexe, qu'elle n'a pas sa place ici et qu'elle n'est probablement pas experte.

La sororité est un devoir. C'est le nôtre. C'est un combat entre soi et soi pour ne pas se laisser aller à la facilité. Alors non, je ne répondrai pas à l'injure par l'injure. Jamais je ne me servirai des arguments des misogynes pour taper sur une autre femme politique. Si je le fais, rappelez-moi à l'ordre.

Organisons un contrôle social de la sororité. Soutenons-nous les unes les autres face au sexisme. Si nous ne le faisons pas, pendant ce temps, les hommes noueront des alliances et nous resterons une minorité dans la vie politique, des étrangères, des outsiders, des quotas, des anecdotes. Alors que nous sommes des femmes politiques et que l'avenir de ce pays dépend de nous.

Dès lors que j'en ai eu la possibilité, j'ai promu des femmes : conseillères, cheffes de cabinet, directrices ou directrices adjointes de cabinet, et au-delà. Membre de la commission d'investiture d'En Marche en 2016-2017, j'ai ressorti de multiples fois un CV qui était mis de côté. Cette jeune femme, certains membres de la commission la trouvaient trop technique, pas assez militante, trop ceci et trop cela. Ce CV, je l'ai sans cesse remis sur la pile jusqu'à faire investir la jeune candidate. C'était celui d'Amélie de Montchalin, députée et excellente ministre de la Transformation publique, dont l'avenir politique est aujourd'hui assuré. De la même manière, j'ai poussé la candidature d'une médecin gynécologue, spécialiste de l'endométriose, auprès du président de la République pour les élections européennes. Chrysoula Zacharopoulou est aujourd'hui députée européenne ! C'est aujourd'hui Rachel Kahn ou Salomé Berlioux que je soutiens pour qu'elles exercent des responsabilités, et j'ai lancé un programme de formation et de repérage des jeunes talents féminins afin de proposer davantage de femmes dans les cabinets ministériels.

C'est une bonne situation, ça, ministre auprès de Gérald Darmanin ?

« Avec Darmanin ?! » Ce SMS plein de questions implicites de vagues copines féministes, je l'ai reçu en plusieurs versions au moment de ma nomination. Je trouve assez cocasse que des personnes qui ont passé les trois premières années du quinquennat à pourrir mon action dans les médias se permettent d'émettre un jugement faussement compassionnel sur mon sort. « Oh ! la pauvre. » Je ne suis pas à plaindre, merci. Je dis les choses assez clairement d'ailleurs à ce moment-là : je n'appartiens à personne. Je ne suis pas la ministre des associations féministes. Et je suis libre de mes choix.

Ce binôme a commencé bien plus tôt qu'elles ne l'imaginent.

Un jour, un conseiller de l'Élysée évoque une possibilité pour le prochain remaniement : il élargit mon portefeuille et me rattache comme ministre déléguée auprès de telle ministre. Il dit que c'est à ce stade sa propre proposition, il en a pas parlé au Président, il veut avoir mon avis. Je refuse. Je demande qu'on ne me fasse pas ça. Elle ne comprend rien à la politique, elle aura peur de moi, elle m'interdira de faire des matinales, elle ne me laissera rien porter, je devrai lui faire les sous-titres de la moindre déclaration… Non, vraiment, je ne veux pas être sa ministre déléguée.

Et puis enfin, pardon, mais elle n'est pas meilleure que moi donc je n'ai aucune raison d'être rattachée à elle, juste parce qu'elle est plus âgée. C'est de l'anti-jeunisme, ça. Et je suis rattachée au Premier ministre, je ne veux pas aller ailleurs. Sauf auprès de quelqu'un de meilleur que moi, qui est assez sûr de lui pour ne pas trembler dès que je prends la parole. Évidemment, je pense à quelqu'un comme Darmanin. C'est un maire, donc un chef d'équipe. C'est quelqu'un qui sait animer un collectif. Je pense qu'il sait faire grandir ses équipes, confier des responsabilités.

En plus de deux ans à ce stade, je n'ai jamais eu à déplorer de discordes ou de clash avec Gérald. Il a toujours été exactement comme je le pensais : quelqu'un de solidaire. Une personne véritablement tournée vers les autres, qui s'est engagée en politique pour améliorer la vie des Français, tout simplement. Et cerise sur le gâteau, un excellent stratège politique, qui voit loin comme un joueur d'échecs. C'est lui qui, ministre du Budget, a permis aux droits des femmes de bénéficier de plus de financements, puis qui, ministre de l'Intérieur, a fait écarter les policiers et gendarmes condamnés pour violences conjugales de la déposition des plaintes. Sous son impulsion, nous avons rendu plus facile la présence des avocats auprès des femmes qui déposent plainte dans les commissariats et les gendarmeries. Jamais il n'a rechigné contre une rallonge budgétaire, un dispositif en plus, des nominations, afin de toujours mieux protéger les femmes face aux violences. La voilà, la réalité de son action publique comme ministre de l'Intérieur. Gérald a considérablement amélioré cette situation. Nous sommes à près de 100 000 policiers et gendarmes formés aux violences conjugales, à la possibilité de déposer plainte hors les murs…

Et il a toujours écouté mes demandes, comme cette fois où je me suis insurgée : « Gérald, cette petite fille disparue en mer, qui est à l'Aide sociale à l'enfance, les recherches sont arrêtées, il faut les reprendre ! » Réponse immédiate de Gérald Darmanin : « On les reprend. »

En fait, peu de responsables politiques ont autant d'empathie, de gentillesse, de volonté et de force de travail que Gérald Darmanin. J'ai appris énormément à ses côtés et ça a été une véritable chance pour moi de pouvoir travailler avec quelqu'un qui tâche de comprendre mon mode de fonctionnement, qui me soutient sans cesse et me fait progresser. N'en déplaise à quiconque. Être une femme libre, c'est ne pas avoir à faire valider ses amitiés.

Même à la fin du quinquennat, Gérald Darmanin a été un véritable soutien, me lançant : « Tu es quand même la seule ministre qui, avec deux bouts de ficelle, arrive à monter des politiques publiques qui font la une du *Parisien* ! », et me laissant ouvertes les portes du ministère de l'Intérieur pour y défendre mon bilan. Je sais qu'il poursuivra ce que nous avons mis en place ensemble contre les violences intrafamiliales, car, comme il l'avait dit lors de notre passation de pouvoir, « l'Interieur est le premier des ministères sociaux ».

C'est une bonne situation, ça, mari de ministre ?

Mon mari ne l'a pas vu venir. Il n'a pas suivi mon engagement avec Emmanuel Macron car nous ne vivions pas ensemble à cette période. Quand je lui racontais mes péripéties avec le candidat, il semblait dubitatif. Faute d'avoir partagé avec moi ce cheminement, il ne s'attendait pas à voir sa femme nommée au gouvernement. De tout mon entourage, c'est le seul que j'avais prévenu et c'est celui qui en a été le plus choqué. Les autres l'ont appris à la télé et aujourd'hui encore je m'en veux de n'avoir rien dit d'autre à mes parents et à mes amis que « allume la télé au moment de l'annonce du gouvernement ». Probablement imaginaient-ils que je passerai faire un coucou dans le champ de la caméra ! Mon mari ne vient pas de ce milieu et ne s'imaginait sûrement pas ce que cela impliquait pour lui. Responsable RH d'un grand groupe français, il a démissionné pour devenir consultant indépendant et « gérer la famille », comme il le dit.

« J'ai été appelé par telle entreprise qui me propose un contrat.

— Telle entreprise ? Ah non, tu ne peux pas. Refuse le contrat. Je vais avoir un conflit d'intérêts, on travaille avec eux.

— Mais ce sont eux qui m'ont appelé, enfin ! »

Cette conversation, nous l'avons souvent eue. Ceux qui imaginent qu'épouser une ministre accélère votre carrière nous connaissent mal.

Si vous n'avez aucun scrupule, ça peut fonctionner. Mais pour l'immense majorité des cas, cela n'apporte rien. Vous devenez un genre d'assistant non rémunéré. Vous êtes épié. Interrogé. Les journalistes veulent votre témoignage, vous êtes un genre d'attaché de presse permanent. Et bien évidemment, si vous avez des enfants en bas âge, tout engagement professionnel un peu poussé s'avère difficile. Votre moitié peut être appelée en déplacement, en réunion urgente, au banc pour une loi, sans aucune possibilité de s'organiser.

Lors des événements festifs, les maris de ministres échangent, ils sont contents, ils sont fiers. Il faut attendre les portes fermées pour comprendre que la réalité est plus nuancée. Plusieurs divorcent au cours du mandat. Surtout pour les femmes ministres. Y aurait-il un lien ? Il y a le fameux « syndrome de l'Oscar » à Hollywood : toute femme nommée ou récompensée aux Oscars risque de mettre son couple en péril – pour un homme, supporter une réussite plus visible de sa femme est toujours une remise en question du schéma traditionnel de virilité de l'époux assumeur des besoins de la famille, son épouse étant cantonnée à la cuisine.

Mais « l'amour est un oiseau rebelle qui n'a jamais, jamais connu de loi... » Si la situation d'époux peut parfois être difficile – mais parfois confortable –, celle de ministre célibataire qui tente de trouver l'amour l'est au moins autant. Un de mes collègues m'expliquait ne pas oser s'inscrire sur un site de rencontres de crainte d'être reconnu et que cela sorte dans la presse ; un autre dit être méfiant et faire des captures d'écran de tous les SMS échangés, car « une accusation peut détruire une carrière politique ». Une de mes collègues me dit que, mère célibataire et ministre, elle a peu de chances de pouvoir rencontrer quelqu'un et que, de toute façon, elle n'en a pas le temps.

Certains hommes tentent de séduire des femmes ministres pour le pouvoir supposé que cela conférerait. On sent dans les yeux du prédateur la volonté d'ajouter « ministre » à son tableau de chasse. Pour d'autres à l'inverse, le dégoût de la possibilité d'une fiancée plus exposée et plus puissante qu'eux-mêmes transparaît. Ministre, votre vie amoureuse ne sera pas au beau fixe. Pendant cinq ans, mon mari a subi mon agenda et mes urgences. Il ne savait jamais, quand j'arrivais le soir, si j'avais vécu des événements dramatiques ou légers. Chaque matin, mon premier réflexe aura été d'attraper mon téléphone pour lire les « SMS d'alertes police », la liste de tout ce qui s'est passé dans le pays dans la nuit et qui a nécessité l'intervention des forces de l'ordre. Un recensement des drames humains à l'aube. Mon mari aura assuré la présence rassurante pour les enfants tandis que je courais de l'ONU à Beauvau, du Parlement aux déplacements. Et supporté les inconnus critiquant sa femme avec violence parce qu'elle a osé exprimer une opinion politique sans pouvoir leur répondre. Ce n'est pas une si bonne situation, ça, mari de ministre.

7

Les dossiers

Jamais sans son gilet

Le 17 novembre, la veille de mon anniversaire.

Avoir un père historien trotskiste est utile. « C'est un embryon de mouvement insurrectionnel. Cela va durer. Les gens en ont marre. Tu ne mesures pas la détestation des gens partout en France, de Macron et de ton gouvernement. » Dans la famille de mon mari, plusieurs syndicalistes de la CGT sont Gilets jaunes. Ils lui téléphonent souvent pour lui faire des sortes de points d'étape des avancées du mouvement. Un ami poste des messages de soutien et partage leurs pages Facebook. Une amie au RSA m'explique pourquoi elle relaie leurs messages. Laurent, un marcheur du Mans, m'envoie un reportage sur Ingrid Levavasseur : « On dirait toi avec Maman travaille. » J'ai une espèce de panel autour de moi qui me permet d'appréhender directement cette mobilisation, sûrement davantage que des ministres dont toute la famille est composée de hauts fonctionnaires ou de grands patrons. Pour moi, ce n'est pas « rendez-vous en terre inconnue avec des gens précaires », c'est un repas de famille.

Des gens revêtent des gilets jaunes. Jaunes fluo. Pour être vus. Ces vêtements que Karl Lagerfeld qualifiait de « moches ». Comment le mouvement a-t-il pris ? En tant que passionnée des réseaux sociaux et ancienne productrice de contenus en ligne, j'ai tenté de nombreuses fois de remonter la piste. Des pages autour des termes « colères » ou « ras-le-bol » se sont peu à peu créées et fédérées. Y a-t-il eu une intervention extérieure pour cela ? Je crois sincèrement qu'on ne le sait toujours pas. Mais le documentaire *Derrière nos écrans de fumée*, de Jeff Orlowski, donne de premiers éléments d'analyse sur la manière dont des groupes aux intérêts proches voire similaires peuvent être confortés dans un combat via certains mots-clés. La question se pose rapidement pour moi : dois-je recevoir une délégation de Gilets jaunes ? Après tout, je m'occupe de l'égalité entre les femmes et les hommes, et les femmes sont nombreuses à réclamer des droits concrets. Oh, pas des droits sociétaux ni des droits progressistes. Une meilleure vie pour leurs enfants, un meilleur budget – après tout n'est-ce pas progressiste comme aspiration ?

Jean-Claude Boulard recevait tous les manifestants. Il procédait en deux temps : 1/ demander à la délégation de désigner un responsable à la délégation ; 2/ les recevoir, comme il le faisait chaque année pour les forains, par exemple. Alors j'ai reçu plusieurs délégations de Gilets jaunes. Certaines rencontres se sont bien passées et furent instructives. J'ai raconté dans mon livre *Une et indivisible*[1] les malentendus qui pouvaient exister entre des Gilets jaunes et le gouvernement. À commencer par ce slogan : « On est là, on est là, même si Macron ne veut pas, nous on est là. » Un jour, à un manifestant qui criait près de moi, j'ai dit : « Comment ça, si Macron ne veut pas ? Mais Macron, ça

1. Marlène Schiappa, *Une et indivisible. L'urgence de défendre la République*, Éditions de l'Aube, 2019.

ne le dérange pas que vous soyez là. Pourquoi partir de ce postulat ? » De la même manière, quand je me suis infiltrée dans une manifestation de Gilets jaunes pour emmener mes enfants au cinéma. Ou encore ce soir d'émission…

« Marlène, peux-tu aller sur une émission de France 3 ? Elle est tournée dans la Sarthe dans un hangar, c'est plus de trois heures de direct pour un face-à-face avec des Gilets jaunes, vous serez trois ministres. Il y en aura un sur les aspects économie, finance, pouvoir d'achat, impôts, un du pôle social, et toi. Toi, les gens comprennent quand tu parles, c'est bien que tu y sois, en plus il y a beaucoup de femmes », me demande un conseiller (vous voyez, moi aussi, je peux faire des *off* en désignant des interlocuteurs mystérieux).

Évidemment, je réponds que je suis partante. Mais à mesure que les jours passent, je ne saisis pas exactement qui sont les deux autres ministres présents. France 3 ne m'en donne pas les noms. Matignon me dit être en train de finaliser. Aux questions au gouvernement, sur les bancs de l'Assemblée nationale, j'interroge chacun. « Non, risque de manifestation… Je suis retenu au banc pour une loi… Pas possible, déjà quelque chose de prévu… »

On me rassure : ils vont ordonner aux autres ministres d'y aller.

Je suis en voiture, direction le studio, quand mon téléphone sonne. C'est un conseiller du Président. Il m'apprend que, finalement, aucun autre ministre ne fera le déplacement. Il est désolé. Mais je dois faire seule trois heures sur tous les sujets, fiscalité, éducation, santé…

« Je pense que nous devons donner des signaux d'écoute. Sur l'ISF par exemple, nous avons la mission d'évaluation en cours. Ne pourrions-nous pas dire que si cette mission est mauvaise, nous reviendrons sur notre décision et rétablirons l'ISF ? »

Le conseiller du Président me dit qu'étant donné que je suis seule en plateau, je dis ce que je veux, et m'encourage à donner des signaux sociaux. Sur le plateau, je dis ce que je pense : pour assurer un consentement à l'impôt, il faut que les plus pauvres aient le sentiment que les plus riches contribuent davantage. L'ISF avait cette fonction sociale au-delà de l'économique. Le sentiment d'injustice fiscale est fort. Nous devons l'entendre. Je ne parle pas d'économie, mais de politique et de symbole. J'assure les trois heures de face-à-face, dans ce hangar non chauffé, et prends sur moi l'ensemble des reproches adressés au gouvernement. À la sortie, des Gilets jaunes me remercient : « Vous, au moins, vous nous écoutez. »

Je reçois un SMS de félicitations de l'Élysée. Je m'empresse, vers 1 heure du matin, d'écrire à Benjamin Griveaux, le porte-parole du gouvernement, pour lui expliquer ce que j'ai dit afin qu'il puisse répondre s'il est interrogé en matinale. Vers 5 heures du matin, il me répond : il a eu le Président et il va évoquer la mission d'évaluation. Benjamin donne l'impression d'aller dans mon sens à l'antenne et je valorise cela en faisant un tweet me réjouissant que nous envisagions de revenir sur l'ISF et d'étudier réellement l'impact de sa suppression.

« Marlène, c'est Charles. Je vous appelle pour vous le dire de vive voix : arrêtez de parler de l'ISF. Ce n'est pas une menace ou un ordre, c'est un conseil. » Le soir, j'ai un appel en absence. « Emmanuel Macron ». On n'est jamais vraiment serein quand on vient de prendre une position publique que l'on sait parfaitement hors de la ligne de la position gouvernementale et que le président de la République vous téléphone. Je rappelle en me disant que, bon, je suis sûrement virée. Je ne peux pas lui en vouloir, je le savais en le disant que ce n'était pas dans la ligne.

Nous sommes encore au début du quinquennat. Je m'isole.

Le président ne me vire pas. Il ne hurle pas. En fait, il m'explique. Il veut me convaincre. Nous avons un véritable échange sur les sujets économiques et sociaux. « Marlène, je t'assure qu'il n'y a pas un seul Gilet jaune qui va vivre mieux parce que nous aurons remis l'ISF – qui n'est d'ailleurs pas supprimé, mais transformé sous un autre nom. Économiquement, c'est faux de leur dire qu'ils vont gagner plus d'argent si on fait payer l'ISF à la mamie qui a un appartement à Paris. Fais-moi des propositions sur le pouvoir d'achat et les conditions de vie des Gilets jaunes et je les regarderai. Mais ne tombons pas dans les pièges démagogiques de l'opposition à propos de totems inefficaces. »

Dans une des nombreuses notes que j'adresse au Président ou à l'Élysée, je relaie une demande des femmes Gilets jaunes sur les pensions alimentaires. Le dispositif, qui est supposé exister, créé sous le quinquennat Hollande, ne fonctionne pas – d'ailleurs pourquoi autant de femmes demandent-elles un dispositif de paiement s'il existait déjà ? Nous devons le reprendre de zéro. J'en fais la proposition au président de la République et j'apprendrai dans un livre politique que Bernard Tapie lui a fait la même ! Lors de son discours de fin du grand débat, le président annonce la création d'un dispositif de versement des pensions alimentaires pour les mères célibataires. Ça, c'est un dispositif utile et concret ! Cela valait la peine de se donner tout ce mal et de prendre tous ces risques.

Moi aussi, j'ai une fée chez moi

« Moi aussi j'ai une fée chez moi
Et sa traîne est brûlée
Elle doit bien savoir qu'elle ne peut pas,
Ne pourra jamais plus voler
D'autres ont essayé avant elle.
Avant toi, une autre était là,
Je l'ai trouvée repliée sous ses ailes
Et j'ai cru qu'elle avait froid.
Moi aussi j'ai une fée chez moi. »

Zaz, « La Fée »

J'aime cette chanson de Zaz. Mes filles aussi. Il était pour moi limpide que cette chanson parlait du deuil périnatal. Mes filles y voient une métaphore du harcèlement scolaire.

En janvier 2020, mon téléphone vibre. De nombreuses anciennes membres de Maman travaille m'écrivent en me faisait part de leur désaccord ou de leur émoi, voire de leur colère. Je ne comprends pas tout de suite de quoi il s'agit. Un regard sur les comptes rendus de débats à l'Assemblée nationale me renseigne vite. La majorité présidentielle vient de rejeter une proposition de loi sur les congés pour les parents endeuillés. Cette proposition de loi, portée par les députés UDI et Agir, ne comportait qu'un seul et unique article.

Exposé de motifs

Mesdames, Messieurs,

Le Code du travail prévoit que les salariés de droit privé ont droit, sur justification, à des congés en cas de survenue d'événements familiaux (article L. 3142-1) dont la durée est définie par convention ou accord collectif ou, à défaut, convention ou accord de branche (article L. 3142-4), ne pouvant être inférieure à cinq jours pour le décès d'un enfant (mineur ou majeur).

Ce congé n'entraîne pas de réduction de la rémunération et est assimilé à un temps de travail effectif pour la détermination de la durée du congé payé annuel.

Sa durée ne peut être imputée sur celle du congé payé annuel.

Par ailleurs, la loi permet d'accorder un congé de paternité et d'accueil de l'enfant d'une durée de onze jours.

En cas de deuil d'un enfant, les faits montrent que ce droit à cinq jours de congés est généralement insuffisant pour permettre aux parents salariés de surmonter ce terrible moment, de prendre toutes les dispositions nécessaires en vue des funérailles et, *a fortiori*, pour régler toutes les formalités pratiques et administratives.

Heureusement, les salariés peuvent généralement compter sur la totale compréhension de leur employeur et de leurs collègues. Néanmoins, de nombreux salariés sont obligés, pour régler ces formalités, de prendre des jours de congés supplémentaires qui sont déduits de leur nombre total de jours de vacances annuels.

Dans ces conditions, permettre aux travailleurs de prendre des jours de congés supplémentaires est une nécessité, non seulement pour le salarié lui-même, mais aussi pour l'entreprise confrontée à ces périodes durant lesquelles le salarié concerné – fatigué et perturbé – n'est légitimement plus motivé par son travail et donc dans l'incapacité de prendre des initiatives.

Qui plus est, l'adoption de cette proposition permettrait d'éviter que la personne endeuillée ne recoure à des solutions telles que le congé de maladie.

Cette proposition de loi propose ainsi d'instaurer un congé de deuil de douze jours consécutifs pour le décès d'un enfant mineur ou à charge.

Ce congé n'entraînera pas de réduction de rémunération et sera assimilé à un temps de travail effectif pour la détermination du congé payé annuel.

Aucune contrainte n'est fixée quant à l'ancienneté du salarié.

En ce qui concerne les modalités, il convient qu'elles soient réduites au plus strict minimum, la production d'un certificat de décès étant la seule obligation.

Proposition de loi

Article unique

Le 4° de l'article L. 3142-4 du Code du travail est complété par les mots : « porté à douze jours pour le décès d'un enfant mineur ou à charge au sens de l'article L. 513-1 du Code de la sécurité sociale ».

Or, la position portée par le gouvernement, à ma grande surprise, fut extraordinairement fermée. Dans la vivacité des échanges sur les bancs de l'Hémicycle, des phrases ont été prononcées qui me piquent. Je n'ai été associée à aucune discussion pour déterminer cette position du gouvernement. Habituellement, je suis solidaire, je soutiens les positions de chacun, défends tous mes collègues lorsqu'ils sont en difficulté, porte les arbitrages même lorsque je suis en désaccord politique. Mais là, c'en est trop. J'adresse un SMS à Brigitte Macron pour attirer son attention sur ce vote. Dire qu'un congé pour faire le deuil de son enfant coûte trop cher aux entreprises me révolte. En outre, que personne ne se soit demandé ce que ressentiraient les parents concernés, ou même les députés qui ont vécu cela et défendent cette loi, me heurte. Je décide d'intervenir, en connaissant les risques : faire preuve de divergence à la fois avec le gouvernement et le groupe parlementaire, c'est se faire des ennemis partout. On me le fera payer cher et longtemps, à coups de petits *off* mesquins auprès de la presse pour se venger de ma position. Il me semble que sur le principe c'est simplement honteux. Aucune entreprise n'exige cela ! Financièrement, cela concerne d'ailleurs, Dieu merci, très peu de salariés. J'interroge mon mari, consultant en stratégie de développement RH : « Que conseillerais-tu à un manager dont le salarié vient de perdre son enfant et qui se pose la question de la durée du congé pour deuil d'enfant ? » Mon mari me répond : « Je lui dirais que la seule réponse acceptable, c'est : prenez le temps dont vous avez besoin. » À défaut d'être alignée avec mon propre gouvernement, je suis alignée avec la personne qui partage ma vie, c'est une maigre consolation, mais je suis rassurée.

Politiquement, la position annoncée par le gouvernement me semble rien de moins que stupide. Nous sommes en train de justifier tous les reproches qui nous sont adressés : nous sommes sans cœur, nous avons le porte-monnaie à la place du cœur, la start-up nation est déconnectée, etc. « Vous avez retiré 5 euros aux pauvres pour leur allocation logement et désormais vous ne voulez même pas donner douze jours aux parents endeuillés ? » Les députés avec lesquels j'échange me disent qu'ils ont voté pour plaire à la ministre au banc ce jour-là, ou parce qu'on leur a dit que c'était la position « de l'Élysée ». « Mais vous, leur demandé-je, quelle est votre position à vous ? » Je demande à mon cabinet de prévenir Matignon et de prévenir le cabinet de la ministre concernée que je vais prendre la parole publiquement sur ce sujet. Je préviens toujours avant mes prises de parole publique, pour qu'on ne les découvre pas dans la presse.

Je me rends sur BFM TV et dis ceci :

« Je suis maman, j'ai présidé pendant plus de dix ans un réseau qui s'appelait Maman travaille, ma vraie légitimité vient de la défense des mères actives. Je souhaite, à titre personnel, que le gouvernement reconsidère sa position, qu'il y ait un nouveau vote qui soit plus digne. Je crois que la seule réponse possible c'est de dire à une personne qui vient de perdre son enfant : "Prenez le temps dont vous avez besoin."

Le Medef et les syndicats ont dit que c'était quelque chose de faisable et d'entendable. Je crois qu'on doit pouvoir reconsidérer cette position.

Je ne sais pas si ça passe par un nouveau vote ou une nouvelle discussion, mais je souhaite que la discussion soit ouverte de nouveau. Je suis persuadée que la ministre du Travail comme le secrétaire d'État chargé de la Protection de l'enfance et la ministre des Solidarités y seront ouverts car personne ne s'y oppose. Mettons du cœur là-dedans, car je crois que pour toutes les personnes qui savent ce que c'est que d'avoir perdu un enfant, et je ne le souhaite à personne, je crois qu'on peut considérer que douze jours, c'est un petit minimum. »

Quelques heures plus tard, le président de la République en personne se prononce. J'ignore s'il le fait suite à ma prise de position, suite à une alerte de son épouse, ou pour une tout autre raison. Il est permis de penser qu'il a reçu des alertes par d'autres canaux également. Peu importe finalement comment et pourquoi, le président de la République lui-même fait savoir à BFM qu'il souhaite que le gouvernement fasse preuve de « plus d'humanité » dans ses décisions et revoie sa position sur cette question délicate du deuil d'enfants[1].

Dans le gouvernement, les ministres censés être en charge de ce dossier m'en voudront beaucoup. Si j'avais su ravaler mon désaccord politique, j'aurais sûrement conservé de meilleures relations avec plusieurs d'entre eux. Ils m'en ont énormément voulu d'abord de dire ce que je pensais : le gouvernement a été nul. On n'aime pas la personne qui de l'intérieur crie : « Le roi est nu ! », quand les courtisans crient : « vive le roi ! » en chœur. Ils m'en ont encore voulu davantage lorsque le Président a arbitré en faveur de ma position.

J'ai téléphoné à chacun des députés qui avaient voté contre cette proposition. Ils m'ont expliqué leurs motivations : la loyauté, le manque de temps pour étudier les sujets, la volonté de ne pas endosser une proposition de loi venant de l'opposition… Nous échangeons, je leur explique mon point de vue. Il s'avère que j'ai vécu de très près cette situation. Sans raconter ma vie ni celle de mes proches, la question de la perte des enfants me touche particulièrement. Elle touche n'importe qui

1. « Congé de deuil d'un enfant : "Je suis très heureuse que le président prenne ce dossier en main", explique Marlène Schiappa. La ministre du Travail, Muriel Pénicaud, doit annoncer des mesures sur le congé de deuil d'un enfant dans la soirée de samedi, selon l'Élysée », France Info, 1er février 2020.

ayant deux sous d'empathie. Une conseillère de Matignon m'ordonna de cesser d'appeler les députés. Ceux qui avaient été désavoués publiquement par le Président ne pouvant pas lui en vouloir pour des raisons évidentes se mirent à m'en vouloir. Une des ministres concernées exigea que je cesse de parler de ce sujet, sans quoi elle me ferait renvoyer du gouvernement. Elle jura en avoir la capacité. Ses propos me furent rapportés par un journaliste à qui je précisai : « S'ils veulent me virer pour ça, qu'ils me virent pour ça ! » Et m'apprêtai à quitter le gouvernement. « Marlène, si tu es virée pour ça, on sera juste très fiers de toi », me souffle mon directeur de cabinet. « Mais bordel ! je ne comprends même pas comment on peut être là à débattre d'une permission d'absence ? Parce qu'en combien de temps il faut faire le deuil de son gosse, quarante-huit heures ? Comment on peut juste débattre de ça ? Barre-toi d'ici », m'écrit une copine.

À la fin de tous ces débats, je me suis enquis de savoir comment le député porteur de cette loi, forcément très personnelle, relative au deuil parental, se portait. Je l'imaginais secoué par la teneur des discussions vives et par les arguments financiers qui avaient été avancés. Dans un article revenant sur cette affaire, il confia ceci à une journaliste : « Une seule personne de la majorité a pris de mes nouvelles pour savoir comment personnellement je vivais ce moment, cette personne c'est Marlène Schiappa. »

À ce moment-là je me suis dit : eh bien ! tant pis si je suis virée.

Mais personne ne m'a virée.

L'Élysée m'a félicitée pour mon sens politique.

J'ai juste essayé de me comporter comme un être humain.

De l'intérieur

Au mois de mai 2020, la question de la lutte contre les discriminations est prégnante dans le débat public. Il y a un problème au ministère de l'Intérieur. Les policiers lancent leurs menottes par terre devant la grille de Beauvau en signe de protestation. Les débats autour du mouvement Black Lives Matter prennent de l'ampleur dans le pays… Le ministre Christophe Castaner, sincèrement engagé contre les discriminations, agit en permanence pour tenter de trouver des solutions. Le président de la République échange au téléphone avec Omar Sy durant cette période et prend le pouls du pays auprès de plusieurs des personnalités préférées des Français très écoutées, pas uniquement l'acteur, mais aussi des leaders associatifs. Il semble urgent de recoller les morceaux et de traiter à la fois la question fondamentale de la lutte contre les discriminations et celle de la dignité des conditions de travail des policiers qui, non, ne sont pas tous racistes misogynes et violents, mais mènent au contraire un travail difficile pour protéger les plus faibles !

J'adresse une note au président de la République comportant seize propositions, parmi lesquelles :

- La création d'un secrétariat d'État à la Lutte contre le racisme et les discriminations rattaché au ministère de l'Intérieur.

– Diagnostic : le Défenseur des droits est une autorité administrative indépendante. Un ministère délégué ou un secrétariat d'État bénéficiant d'une administration propre et travaillant par exemple aussi sur l'intégration des étrangers ou la naturalisation pourrait conduire et mettre en œuvre les politiques publiques en la matière.
– Modalités : fusion de l'Agence nationale de la cohésion des territoires (ANCT) et de la DILCRAH ; création d'une direction spécifique à la lutte contre les discriminations en plus des haines (antisémitisme, racisme, homophobie). Historiquement, la DILCRAH était rattachée au ministre de l'Intérieur. Manuel Valls l'a emmenée à Matignon avec lui, cela aurait du sens de la rapatrier et de la lier aux politiques d'intégration, et de faire un travail commun avec la direction générale des étrangers en France (DGEF).
– Pilote : ANCT, DICLRAH.
– Objectifs : intégrer la lutte contre les discriminations au plus près des politiques du territoire et faire de Beauvau un ministère citoyen et sociétal engagé au service de toute la société, valorisant aussi le « non-sécuritaire ».

[Je précise en gros et en gras que je ne suis pas candidate à un tel portefeuille ministériel, je mentionne même auprès d'Alexis des noms de personnes que j'identifie comme de potentiels titulaires. À ce stade, pour moi, il est acquis que je reste à l'Égalité femmes-hommes – d'ailleurs je rédige aussi une note sur les politiques culturelles en période de confinement.]

• La naturalisation pour les aidants et les soignants ou travailleurs de la première ligne de nationalité étrangère pendant la crise sanitaire.

- Modalités : naturaliser celles et ceux qui ont travaillé pendant la crise sanitaire à des postes dits de première et deuxième ligne.
- Pilote : ministère de l'Intérieur.
- Objectif : affirmer la reconnaissance de la nation à ces personnes, en faire des citoyens français.

Je partage quelques éléments de cette note, car c'est clairement elle qui m'a amenée au ministère de l'Intérieur, à l'occasion la création de ce nouveau secrétariat d'État délégué à la Citoyenneté, où l'on retrouve des actions de promotion de la citoyenneté, de lutte contre les violences conjugales, de formation des policiers et gendarmes en ce domaine, d'intégration des étrangers et de réduction des délais d'octroi de l'asile, de lutte contre les dérives sectaires et de combat contre le séparatisme.

Le contexte politique engendre la création de ce ministère délégué, qui m'est proposé par téléphone. J'en suis assez surprise, car deux jours avant, je quittais l'Élysée avec une quasi-assurance de rester chargée des droits des femmes et d'élargir mon portefeuille aux politiques familiales. « Il y a eu pléthore de versions de gouvernements, mais je tiens à te dire que tu étais dans absolument toutes ces versions ! », m'affirme avec beaucoup de bienveillance Brigitte Macron au téléphone le lendemain de la passation. « Je tenais à ce que tu exerces dans un ministère régalien qui va t'apporter beaucoup pour la suite, à l'avenir », me souffle aussi le Président. De nombreuses versions circulent un peu partout sur la manière dont j'ai été nommée et je sais pertinemment que les personnes qui les font circuler ne cherchent pas à me soutenir, ni même à relater la vérité. Il arrive parfois que, lorsque l'on est congédié, on négocie la possibilité de faire croire qu'on aurait refusé tel ou tel poste, pour partir la tête haute. Il arrive parfois aussi qu'on ne supporte pas qu'une femme trentenaire soit nommée à un poste régalien pour ses mérites. Il nous faut une explication. On est alors prompt à tout inventer. La vérité, c'est que ma petite note, conjuguée à la conjoncture, conjuguée à la volonté du Président et du Premier ministre d'avoir un équilibre politique à Beauvau, m'ont amenée auprès de Gérald Darmanin – auprès de qui, m'a-t-on dit en hauts lieux, j'aurais été rattachée aux Affaires sociales si cette option avait été retenue ! La vérité de la physique quantique et des vies parallèles, nous ne la connaîtrons jamais. « Le ministère de l'Intérieur est le premier des ministères sociaux », dit souvent Gérald Darmanin. Mais dans la réalité, voilà comment je me suis trouvée ici ministre déléguée pour la seconde partie du quinquennat sous le gouvernement de Jean Castex.

La lutte contre l'islamisme

On m'aurait demandé en 2017 quel était le thème prioritaire pour le pays, je n'aurais jamais répondu : l'islamisme. Jamais. Aujourd'hui, c'est clairement pour moi l'une des plus importantes menaces qui pèsent sur la France. C'est ce sur quoi avec Gérald nous avons travaillé à Beauvau sans relâche. Beaucoup de territoires sont touchés par un phénomène de repli communautaire, voire de séparatisme, qui, dans certains quartiers, a servi de terreau au terrorisme. C'est pourquoi doit y répondre une politique offensive visant à faire entrave à ceux qui cherchent à instaurer un contrôle de la société, avec une restriction des libertés, et à installer des prescriptions religieuses au-dessus des lois de la République.

Dès le début de l'année 2018, le gouvernement a expérimenté une politique de lutte contre l'islam radical dans quinze quartiers : ce furent les plans de lutte contre la radicalisation dans les quartiers (PLRQ). Les résultats encourageants ont poussé le Président à généraliser ce dispositif dès la fin de l'année 2019 à travers la création des cellules départementales de lutte contre l'islamisme et le repli communautaire (CLIR) : au total, depuis 2018, cette politique s'est traduite par plus de 23 000 contrôles, donnant lieu à près de

650 fermetures d'établissements et plus de 45 millions d'euros de redressement.

La loi confortant le respect des principes de la République s'organise autour de deux axes principaux :

- garantir le respect des lois et principes de la République dans tous les domaines exposés à des risques d'emprise séparatiste ;
- actualiser le régime d'organisation des cultes issu de la loi du 9 décembre 1905.

« L'objectif [de ce] texte est clair : défendre nos valeurs ; défendre la laïcité, la promesse de liberté, d'émancipation et de progrès ; donner à la République tous les moyens de lutter plus efficacement contre ce qui fait le terreau du terrorisme. Nous rappelons ainsi la primauté absolue des principes et des lois de la République sur tout autre système », ai-je l'occasion de dire à l'Assemblée nationale le 1er février 2021.

La loi renforce l'arsenal juridique pour lutter contre le séparatisme : le service public est conforté avec la garantie du respect des principes d'égalité, de neutralité et de laïcité dans les organismes privés ou publics chargés d'une mission de service public, la création d'un « déféré laïcité » lorsqu'un manquement grave à la neutralité du service public est constaté dans une collectivité, le principe de formation des agents publics à la laïcité, la protection des agents publics contre les pressions communautaires avec la création d'un « délit de séparatisme » ; le secteur associatif est protégé des dérives séparatistes (contrôle de l'usage des subventions avec la création d'un contrat d'engagement républicain : « Pas 1 euro d'argent public ne doit être donné aux ennemis de la République »).

La modernisation du régime de dissolution des associations permettra de combattre les associations prônant la haine, la violence ou la discrimination. Les droits des personnes et l'égalité entre femmes et hommes sont mieux protégés : mise en place d'une réserve héréditaire en matière de succession, destinée à préserver les droits égaux de tous les héritiers ; interdiction des pratiques dégradantes comme les « certificats de virginité ».

« Le respect des principes de la République implique celui des droits des personnes, et notamment de l'égalité entre les femmes et les hommes. Les idéologies séparatistes attaquent en premier lieu les femmes en décidant de ce qu'elles doivent faire ou non. Toutes les femmes qui vivent en France doivent être respectées dans leur intégrité. Toutes les femmes qui vivent en France doivent être protégées dans leur dignité », ai-je dit également.

Les moyens de lutter contre la haine en ligne sont renforcés : pénalisation des diffusions d'informations relatives à la vie privée, familiale ou professionnelle d'une personne en vue de la mettre en danger, responsabilisation des prestataires de service dans la lutte contre les contenus haineux.

Le régime d'organisation des cultes issu de la loi du 9 décembre 1905 est actualisé : confortation des associations cultuelles (gouvernance, patrimoine, financements) ; lutte contre les ingérences étrangères grâce à la déclaration obligatoire des financements étrangers au-delà d'un certain seuil ; mise à jour de la police des cultes pour assurer que les lieux de culte ne soient pas détournés de leur vocation, par exemple en devenant des lieux d'activité électorale ou de relais de propos incitant à la violence ou la haine.

Le 2 octobre 2020 aux Mureaux (78), le Président a présenté les grandes lignes de la stratégie de lutte contre le séparatisme

« Ce à quoi nous devons nous attaquer, c'est le séparatisme islamiste. C'est un projet conscient, théorisé, politico-religieux, qui se concrétise par des écarts répétés avec les valeurs de la République, qui se traduit souvent par la constitution d'une contre-société et dont les manifestations sont la déscolarisation des enfants, le développement de pratiques sportives, culturelles communautarisées qui sont le prétexte pour l'enseignement de principes qui ne sont pas conformes aux lois de la République. C'est l'endoctrinement et par celui-ci, la négation de nos principes, l'égalité entre les femmes et les hommes, la dignité humaine. »

Ce combat, nous sommes trop peu nombreux à le mener. La lâcheté et l'aveuglement font parfois bon ménage. Mais ministre, c'est une situation dans laquelle on ne peut pas échapper à ses devoirs. La lutte contre l'islamisme en est un.

N'Djaména-Calais

La situation de ministre vous permet de vivre des choses exceptionnelles. On s'imagine parfois que, le plus marquant, ce sont les dorures ou les palais de la République, rien n'est plus faux. Je pense à deux déplacements en particulier qui m'ont marquée profondément. En apparence, rien ne les rapproche. Fin 2018, le président de la République m'a invitée à passer les fêtes de Noël avec lui. Compte tenu du chapitre consacré au sujet, le lecteur sait ici que ce n'est pas une invitation amicale ou familiale. Chaque année, le président de la République partage un repas de Noël, amélioré par rapport à l'ordinaire, avec les soldats. À cette occasion, j'ai, en tant que chargée de l'Égalité femmes-hommes, visité une maternité et des associations de protection des femmes face aux mariages forcés. Le soir, accompagnée de plusieurs membres du Conseil présidentiel pour l'Afrique, nous avons pu échanger avec des militaires engagés dans l'opération *Barkhane*. Loin de chez eux, partis défendre les valeurs de la République pour lutter contre les groupes terroristes au péril de leur vie, ils ont pourtant joyeusement chanté des chants militaires et « La Madelon » avec la ministre des Armées, Florence Parly. Je garde dans mon cœur le souvenir de ces militaires, souvent jeunes, et pense souvent à celles et ceux qui ont péri là-bas pour protéger la France des groupes terroristes islamistes. Faire un réveillon de Noël avec les militaires français sur la base du Tchad avec le président de la République, c'est une expérience forte, exceptionnelle, que l'on ne peut vivre que de quelques points d'observation. Ministre en est un.

Un autre déplacement m'a profondément marquée, très différent, et pourtant ! Il m'a aussi laissé en tête ces quelques vers d'Aragon que j'aime tant, chantés par Jean Ferrat :

« *Rien n'est précaire comme vivre, rien comme être n'est passager*
C'est un peu fondre pour le givre et pour le vent être léger
J'arrive où je suis étranger
Un jour tu passes la frontière, d'où viens-tu, mais où vas-tu donc ?
Demain qu'importe et qu'importe hier
Le cœur change avec le chardon, tout est sans rime ni pardon. »

J'ai décidé de me rendre à Calais. Depuis Paris, on entend tout et rien sur la façon dont les personnes exilées sont traitées là-bas. Le nouveau naufrage de vingt-sept personnes, dont des bébés, des enfants et une femme enceinte, me retourne le ventre. Ces personnes pensent trouver une vie meilleure, fuient des guerres, la misère, des persécutions politiques. Et périssent noyées dans une eau gelée, au large d'un pays qu'ils ne connaissent pas. Je suis déjà venue rencontrer la maire de Calais, Natacha Bouchart, qui mène un travail important pour préserver sa ville. Lorsque j'arrive à Calais, des associations engagées sur place me montrent ce qu'elles accomplissent. Quelques jours avant, avec le ministre de l'Intérieur Gérald Darmanin, nous avons tenu une réunion auprès des services et il a exigé clairement qu'aucune tente ne soit lacérée. Cette pratique nous hérisse, elle est inhumaine et inefficace à la fois. Lacérer le seul bien dont disposent des personnes qui ont tout laissé derrière elles est une violence symbolique et matérielle insupportable. On nous assure que c'est un prestataire qui l'a fait de sa propre initiative, mais ne le fait plus. Nous formalisons la consigne tout de même.

À Calais, nous sommes les pieds dans la glaise, sous la bruine, lors d'une distribution de repas. L'État paye des repas et des logements pour les personnes qui se retrouvent à Calais, contrairement à ce qui est souvent dit. La situation est inextricable dans la mesure où les personnes présentes n'ont pas envie d'être prises en charge ou relogées. Elles veulent aller en Angleterre. Décrochant du programme prévu, je pars dans ce que l'on a appelé la jungle de Calais, derrière les camps, dans la boue, à la rencontre de ces personnes exilées. L'un d'eux me tend une chaise en plastique pour que je m'asseye, j'accepte la proposition généreuse – il n'y a que trois chaises, abîmées, autour d'un brasero de fortune. Je m'installe et entreprends de parler avec ces personnes exilées pour les décourager de traverser la Manche. Je leur dis, en anglais puis grâce à un traducteur en tigrigna, qu'ils risquent leur vie. Hélas, cela leur est égal. Un monsieur venant du Kosovo me montre ses cicatrices sur le ventre et dit avoir renoncé à traverser pour que sa femme ne périsse pas en mer. Il me montre les photos de ses enfants tués au pays. Je lui indique qu'il aura sûrement droit à l'asile en France s'il dépose un dossier à l'OFPRA. Il refuse. C'est à Londres qu'il veut aller. Les associations France terre d'asile, Audasse et La Vie active échangent avec eux, réussissent par leur présence quotidienne à leur apporter du soutien et à tisser des liens de confiance.

Un groupe d'hommes érythréens explique grâce au traducteur qu'ils vont prendre la mer ; ils ont risqué mille fois leur vie, ils ne souhaitent pas rester en France, c'est l'Angleterre qui semble un eldorado pour eux, où l'on peut travailler. Je leur dis que les passeurs, sur place, s'ils survivent, prendront leurs papiers et les réduiront à l'esclavage administratif. Ils haussent les épaules. C'est ça ou rien. Un homme plus âgé qui semble être le chef fait mine de donner des coups de bâton dans l'air en hurlant. Il veut qu'on parte. Les associations soupirent, épuisées à la fois par le soin apporté aux personnes, mais aussi par les critiques d'associations qui sont moins sur le terrain et plus véhémentes. Les services de l'État resservent les assiettes à distribuer. En partant, je m'arrête visiter les forces de l'ordre. Les sauveteurs regardent, au loin, la côte anglaise. « Il n'y a pas de brouillard. Ce soir certains prendront la mer. Il y aura d'autres morts. »

Deux visites ministérielles, deux groupes de personnes loin de chez elles, deux groupes d'hommes essentiellement, pour qui la mort est une option quotidienne. Rien ne rapproche les militaires de *Barkhane* et les exilés de Calais. Si ce n'est les regards et les mains serrées au moment de partir et de quitter ces hommes loin de chez eux. Et leurs « merci » soupirés. La présence d'un ministre, parfois, signifie quelque chose.

Samuel Paty

« *The sound of silence.* »

Mon téléphone vibre.

« Tu es à Beauvau ? Gérald »

Quelques semaines avant, un vendredi, la veille du 14 Juillet, on m'avait demandé si j'étais à Beauvau : c'était pour aller voir la *rave party* dans la Nièvre et demander aux fêtards de porter des masques. Pas vraiment le moment de ma vie où je me sois sentie la plus utile au monde, si je peux me permettre. Ce jour-là, mon premier réflexe est donc de me demander s'il y a une *rave party* quelque part. Je ne sors jamais sans mes téléphones et, même en vacances dans la montagne corse, on me demande d'apporter un combiné satellite qui permettrait de me joindre en urgence.

« Oui. Pourquoi ? »

« Va ouvrir la CIC stp. PDB et FXL t'envoient les infos. »

Je me précipite vers la CIC (la Cellule interministérielle de crise), au sous-sol du ministère de l'Intérieur. C'est le lieu où se réunissent les directeurs et ministres en cas d'attaque terroriste. La mention de ce lieu ne présage donc rien qui vaille. Rapidement, l'information circule, un attentat islamiste aurait été commis. L'on me colle sous les yeux des photos cauchemardesques de la scène et des corps, que j'aurais souhaité ne jamais avoir vues et qui me hantent encore. Je descends les quelques marches et atteins cette salle sans fenêtre. Tous les hauts gradés sont là. Bouleversés par ce qui vient de se produire. Je lance un regard autour de la table, impressionnée par ces militaires, ces hauts directeurs de services de renseignement, ces policiers d'élite qui ont des faits d'armes impressionnants et qui savent probablement exactement quoi faire. Jamais je n'ai eu le sentiment d'être un imposteur pendant ce quinquennat, parce que j'ai la prétention de penser être une vraie politique et maîtriser quelques grands sujets. Mais à ce moment précis, j'ai le cœur qui bat très fort.

Souvent, on me demande si j'ai eu à subir du sexisme au cours de ce quinquennat. Cela m'est arrivé, mais jamais au ministère de l'Intérieur. Au contraire, j'ai ressenti une véritable « fraternité d'armes » et une solidarité. Les regards et les petits mots d'encouragement m'ont touchée et permis d'avancer.

Plus tard, le président de la République nous rejoint. Je briefe alors les autorités sur les éléments apportés par le préfet sur place. Se retrouver en Cellule interministérielle de crise avec le président de la République dans une atmosphère grave pour prendre des décisions lourdes sur la sécurité de notre pays, c'est une expérience que peu de personnes, peu de ministres même, ont vécue. On ne l'oublie jamais. Cette gravité, cette lourdeur se déposent en nous, reviennent parfois dans les moments les plus joyeux de notre vie. Le ministère de l'Intérieur est décidément particulier.

Le déplacement sur place avec Gérald Darmanin. Le corps. Le regard du jeune policier municipal qui a tiré pour arrêter la course folle du terroriste islamiste. La nuit. La porte de la voiture se ferme, je ne peux pas m'empêcher de pleurer, nerveusement, d'écœurement, de rage, de tristesse.

C'est cela, l'islamisme.

J'enrage de ce qui s'est produit, j'enrage de ce dont l'humanité est capable.

« Même Bernard Cazeneuve a pleuré, me dit un conseiller.

— Tu n'en sais rien, tu dis n'importe quoi pour me réconforter.

— Si, je t'assure. »

On rentre à Beauvau toutes sirènes hurlantes pour poursuivre le travail.

Ministre, c'est une situation où chaque jour qui passe, on perd un peu plus de son innocence.

Laïcité, point !

Lors de sa première interview de Premier ministre, Jean Castex alors à peine nommé et sans avoir encore de gouvernement formé, répond à la question : « Quelles sont vos valeurs, monsieur le Premier ministre ? » Jean Castex répond alors : « Mes valeurs, pour commencer, c'est la laïcité. »

J'apprécie ce Premier ministre qui partage avec moi l'attachement à ce principe fort de la République et twitte aussitôt cette citation. À l'époque sans aucune arrière-pensée puisque je rappelle qu'il est toujours question à ce moment que je sois chargée de l'Égalité femmes-hommes et des Familles ! Je n'imagine pas que je serai ministre de la Citoyenneté et que la première phrase de mon décret d'attribution sera la défense du principe de laïcité. Or, une fois nommée, je réalise qu'il n'existe aucune administration chargée de la laïcité. Un bureau des cultes, un bureau des associations, mais rien pour la laïcité. Je propose alors au Premier ministre et au président de la République de dissoudre l'Observatoire de la laïcité, controversé et jugé peu efficace par une grande partie des acteurs qui le trouvent même complaisant, et de créer un comité interministériel de la laïcité (CIL), accompagné d'un bureau. L'affaire n'est pas simple, car il s'agit ni plus ni moins que de créer *ex nihilo* une administration dans un ministère pluriséculaire comme l'Intérieur ! Mais j'obtiens gain de cause.

Parmi les premiers engagements du CIL mis en œuvre, je voudrais citer la diffusion rapide des fiches techniques à destination des acheteurs publics, pour la mise en œuvre des dispositions de la loi du 24 août 2021 étendant la laïcité, à l'ensemble des délégataires de service public ; la circulaire relative au « déféré laïcité » sera adressée aux préfets dans les mêmes délais : ma collègue Nadia Hai la présentera ; la charte de la laïcité dans les services publics a été rénovée pour correspondre aux nouvelles exigences de la loi confortant le respect des principes de la République. Enfin, pour veiller à la bonne application du principe de laïcité dans tous les territoires, le ministère de l'Intérieur met en place un réseau des correspondants cultes et laïcité dans les préfectures : un membre du corps préfectoral sera chargé de cette mission et assisté d'un agent de la préfecture afin de veiller à la continuité de la mission. Une circulaire en ce sens sera adressée aux préfets au début de l'année suivante.

D'autre part, la formation des agents publics fait partie des enjeux les plus concrets. Nous nous sommes fixé l'objectif ambitieux d'avoir formé la totalité des agents publics à la laïcité d'ici 2025, et je veux saluer l'important travail de concertation interministérielle qui a été engagé.

Cette formation sera complétée par des modules spécifiques pour certains métiers comme ceux de l'enseignement.

Le 30 septembre dernier, une sous-direction des cultes et de la laïcité a été créée au sein du secrétariat général du ministère de l'Intérieur et de sa direction des Libertés publiques et des Affaires juridiques (DLPAJ). Cette sous-direction, qui réunit le bureau central des cultes et celui des cultes du Bas-Rhin, du Haut-Rhin et de la Moselle, comprend un nouveau bureau de la Laïcité pour assurer le secrétariat du Comité interministériel et veiller à la bonne mise en œuvre de ses décisions.

En outre, nous mettons à disposition de tout citoyen des ressources en ligne facilement accessibles. Le bureau de la Laïcité est en effet chargé d'administrer le site laicite.gouv.fr qui met à la disposition de tous – collectivités locales, acheteurs publics, associations ou particuliers – des ressources sur le principe de laïcité et répond aux demandes d'expertise sur le sujet.

On y trouve aussi bien des fiches pratiques que les chiffres clés du paysage religieux, mais aussi les outils de formation à la laïcité et aux valeurs de la République. Ce site est donc le portail de référence sur le principe de laïcité pour le grand public.

Surtout, parce que la promotion de la laïcité doit se faire avec la société civile, et conformément à la loi du 24 août 2021, une journée nationale de la laïcité est désormais instituée, chaque année, le 9 décembre, qui doit être un moment de cohésion nationale autour de ce principe. Afin que cette première journée de la laïcité mobilise l'ensemble des services de l'État dans tous les territoires, j'ai adressé aux préfets une circulaire leur demandant, d'une part, de s'associer à une initiative dans leur département, en lien avec des collectivités, des acteurs institutionnels ou associatifs, et, d'autre part, d'assurer, auprès de nos concitoyens, la promotion de cette journée.

Ainsi, à titre d'illustration, la préfecture des Alpes-Maritimes organise en 2022 un grand événement ouvert non seulement aux agents de la préfecture et des directions départementales interministérielles, mais aussi à de nouveaux Français qui, à l'issue de leur cérémonie d'accueil dans la citoyenneté, participeront à l'inauguration d'une exposition sur la laïcité au sein du palais préfectoral, en présence de public scolaire. Cette journée de la laïcité est également l'occasion de remettre le prix de la laïcité de la République française. Doté d'une enveloppe de 50 000 euros, soit dix fois le montant qui y était consacré les années précédentes, il distinguera cette année onze projets parmi les 72 qui ont été reçus et instruits par le bureau de la Laïcité, en lien avec les ministères membres du comité et notre marraine, Rachel Khan. Une majorité de ces projets (trente-huit) sont portés par des associations. D'autres le sont par des établissements scolaires, des collectivités locales, des services publics et même des entreprises, ce qui témoigne de l'attachement des Françaises et des Français au principe de laïcité. À partir de 2023, un prix sera également décerné afin de distinguer des travaux universitaires contribuant à une meilleure connaissance de la laïcité.

C'est tout de même une énorme satisfaction pour moi ! La laïcité n'est pas qu'un sujet de débat et de controverse, mais bel et bien désormais un thème structurant, une politique publique en action. C'est le genre de différence que l'on peut faire, quand on est ministre : défendre une vision et proposer des actions, puis les mettre en œuvre. En ce sens, c'est une bonne situation, ça, ministre !

Kaboul-sur-Seine

Nous sommes au mois d'août 2021 quand la nouvelle tombe : les talibans ont repris Kaboul. Nous l'attendions, nous le craignions, et la France avait déjà pris des dispositions : 623 agents de droit local ont été rapatriés en toute discrétion depuis mai-juin 2021, avant même la chute de Kaboul. Souvent, j'ai été frappée par le caractère confidentiel des actions diplomatiques menées par la France, accusée de tergiverser ou de rester inerte face aux drames alors qu'elle se mobilise via son réseau diplomatique dans la plus grande discrétion. Les services du ministère de l'Intérieur ont vite été en première ligne pour organiser l'arrivée de 2 635 « Afghans d'intérêt » ou particulièrement menacés, arrivés via Abou Dhabi dans la seconde quinzaine d'août 2021 (pour un tiers d'hommes, un tiers de femmes, un tiers d'enfants) tandis que 634 autres Afghanes et Afghans sont arrivés via Doha ou par vol commercial depuis la mi-septembre.

Chargé des demandes d'asile, mais aussi de la sécurité sur place et à leur arrivée, puis de l'intégration de ces personnes, le ministère de l'Intérieur se trouve alors en première ligne. Au 17 décembre 2021, 2 134 demandes d'asile ont été enregistrées à l'OFPRA. Sur ces 2 134 demandes, 1 367 décisions de protection ont été prises par l'OFPRA (mineurs inclus), dont 1 362 octroyant une protection internationale. Au 23 décembre 2021, 1 988 demandeurs d'asile sont hébergés dans le cadre du dispositif national d'accueil (DNA).

Commence alors un délicat travail d'intégration. Avec Alain Régnier, le délégué interministériel à l'accueil et à l'intégration des réfugiés (DIAIR), le directeur de l'Office français de l'immigration et de l'intégration (OFFII) et le préfet Didier Leschi, nous avons mené de nombreux déplacements à la rencontre des personnes venues d'Afghanistan. Je me souviens de cette dame qui a perdu son fils à l'aéroport. Je me souviens de cette jeune femme qui m'a raconté avoir entendu depuis son bureau : « Les talibans arrivent, les talibans arrivent ! » Sans réfléchir, elle a couru vers l'aéroport, son petit sac à main pour seul bien, laissant tout derrière elle. Ces rencontres sont fortes et puissantes. Alors que les talibans promettent un « gouvernement inclusif », le Président lance en aparté, après une réunion sur ce sujet : « Rien ne ressemble plus à un taliban qu'un autre taliban. Ne soyez pas dupes. Il n'y aura pas de fille tatouée aux cheveux rouges dans leur gouvernement soi-disant inclusif ! Non, les talibans n'ont pas changé ! »

Pour la plupart, les personnes que nous accueillons sont francophiles, ou même francophones. Un ingénieur, un cardiologue, une professeure de français… Mais l'accueil des Afghans en France pose de nombreuses questions. Une fois encore, la réalité du travail mené ne transparaît pas pour le grand public. Des actrices pensent bien faire, signent des pétitions pour que l'on accorde des visas aux Afghanes. Mais le problème n'est pas là, le problème est à ce moment-là que les talibans contrôlent l'accès aux avions et, même avec un visa, il faut une chance incroyable pour pénétrer l'aéroport et monter à bord. Pendant plusieurs nuits, par SMS, nous donnons individuellement des autorisations à des personnes qui ont travaillé avec la France d'entrée dans la zone aéroportuaire. David Martinon, notre ambassadeur sur place, nous donne des informations que nous transmettons aux familles quand elles sont en France. Les attentats ne sont pas rares. Contrairement à Daech, les talibans sont des sortes de nationalistes afghans qui ne cherchent pas à convaincre ou à s'étendre dans les pays frontaliers ou occidentaux. C'est ce qui les rend dangereux. C'est aussi ce qui permet, soyons lucides, de faire revenir nos ressortissants. Auprès de Chékéba Hachemi qui a fondé Afghanistan Libre et était la première femme diplomate du gouvernement Karzai, nous continuons cette mobilisation pour que les femmes afghanes s'émancipent malgré les lois ignobles des talibans. Cette séance d'apprentissage du code par visioconférence le lendemain de la chute de Kaboul, qu'elle a voulu maintenir, dit tout de la force et de la résilience de ces femmes courageuses que nous ne devons jamais abandonner. L'asile est une obligation internationale en vertu de la convention de Genève. C'est aussi un principe qui pose question. Devons-nous considérer qu'une partie du monde est dispensée de respecter les droits humains, les femmes, la pluralité politique et la liberté de conscience, au nom d'un droit d'asile qui serait accordé ailleurs à ceux qui sont persécutés ?

Être ministre chargée de l'asile, ce n'est pas seulement répondre aux courriers des VIP demandant un statut de réfugié pour leur nounou philippine sans-papiers (« Une perle, il faudrait la régulariser »). C'est aussi – surtout – soutenir ces personnes qui fuient un pays en guerre et leur offrir l'asile au pays des droits de l'homme.

Naturalisation de 20 000 travailleurs étrangers

Alors que j'étais encore secrétaire d'État chargée de l'Égalité femmes-hommes, j'ai donc proposé dans une note au président de la République de naturaliser les travailleurs du Covid. Celles et ceux, nounous, aides-soignantes, infirmières, caissières, vendeuses, agents de sécurité, livreurs… qui ont permis au pays de fonctionner pendant les confinements. Car, non, tout le monde ne s'est pas essayé à la pâtisserie pendant cette période !

À peine nommée dans mes nouvelles fonctions, j'ai demandé la possibilité de prendre cette mesure et de la concrétiser conformément à la proposition que j'ai faite au Président. Par l'instruction du 14 septembre 2020, j'ai souhaité reconnaître l'implication des ressortissants étrangers qui se sont exposés en première ligne (soignants) ou en deuxième ligne (métiers de service à la population : grande distribution, transport, garde d'enfants, etc.) pour permettre la continuité de la vie de la nation, en mettant en place un dispositif visant à prioriser et à accélérer leur demande d'accès à la nationalité française.

Ce dispositif exceptionnel, entré en application le 15 septembre 2020, implique une approche empathique des dossiers avec un traitement prioritaire pour les procédures de naturalisation du ressort du ministère de l'Intérieur, ainsi qu'une certaine bienveillance dans l'instruction des demandes par décret avec la réduction du « stage » à deux ans de séjour régulier (au lieu de cinq dans le droit commun – article 21-17 du Code civil) et une appréciation souple des conditions de ressources dans l'approche globale du parcours d'insertion du postulant. Une analyse normale et rigoureuse est ensuite effectuée sur tous les autres points du dossier, des critères d'éligibilité, dont le premier est d'avoir exercé une activité professionnelle référencée sur une liste indicative de métiers de première ou deuxième ligne ouvrant droit à reconnaissance. Le second critère concerne la durée majoritaire d'activité justifiée par une attestation de l'employeur pendant les périodes strictes de confinement jusqu'à la fin de l'état d'urgence sanitaire du 1er juin 2021.

Il y a quelques mois à peine, ces personnes avaient des cartes d'identité étrangères. Aujourd'hui, ils et elles sont nos compatriotes français, grâce à ce soutien qu'ils ont apporté à notre pays quand il traversait une période tendue.

Je ne sais pas vous dire si c'est une bonne situation, ça, ministre, mais je ne connais pas d'autre activité dans laquelle vous pouvez faire naturaliser 20 000 personnes qui méritent de rejoindre la République et, ni plus ni moins, créer de nouveaux citoyens !

Quand ils sont venus chercher les Juifs...

L'écrivain israélien Amos Oz raconte que son père, alors installé en Europe, a découvert un matin en face de sa maison l'inscription « Juifs, fuyez au Proche-Orient ». C'est ce qu'il fit. Des décennies plus tard, il revint visiter sa ville natale, et découvrit au même endroit l'inscription « Juifs, hors du Proche-Orient ». Que l'on dénonce le cosmopolitisme hors-sol des Juifs ou au contraire leur enracinement, c'est la même haine ontologique. Nous devons combattre l'antisémitisme sous toutes ses formes, de toutes nos forces.

La réalité est là. Depuis vingt ans, la haine antisémite connaît une poussée préoccupante dans notre pays : menaces, injures, dégradations, inscriptions, agressions. Internet fournit un exutoire et une caisse de résonance à cet antisémitisme qui tue.

Un tiers de nos concitoyens de confession juive se sentent menacés. Beaucoup déménagent, évitent certains quartiers, scolarisent leurs enfants dans des écoles privées.

L'été 2021, 405 faits antisémites ont été enregistrés en quelques mois ; cela représente 40 % des actes racistes, dirigés contre 1 % de la population. Je pense à la profanation de la stèle en hommage à Simone Veil à Perros-Guirec, aux débordements de certaines manifestations. Avec la pandémie, un antisémitisme latent s'est révélé, le fantasme sinistre du complot juif a reparu. C'est glauque. Et inacceptable.

Après ces quelques années passées au gouvernement, j'ai cette conviction renforcée : l'antisémitisme existe en France. Des stéréotypes sur les Juifs circulent et le nombre d'attaques antisémites, des réseaux sociaux à la rue en passant par les commerces spécialisés ou les tombes profanées le démontrent, hélas ! Je ne peux pas poser un regard sur ce quinquennat sans revoir ces parents qui ont peur de scolariser leurs enfants dans une école publique… Je ne peux pas taire dans ce livre cette réalité.

L'antisémitisme n'a pas sa place en France : nous le combattons avec la plus extrême fermeté. Depuis l'Antiquité, les Juifs ont contribué à façonner le visage et les valeurs de notre pays ; ils ont le droit, comme tout Français, d'y vivre en paix.

Le président de la République l'a dit en 2019 : « L'antisémitisme est le signe avant-coureur d'autres haines, quand ce n'est pas celui d'une violence de masse ; il concerne la République tout entière. »

L'antisémitisme a évolué. Il existe à l'extrême droite, mais aussi à l'autre extrémité de l'arc politique, où l'on associe facilement les Juifs aux dominants et où l'on en veut à Israël d'exister. Il prend aussi le visage de l'islamisme radical.

L'antisémitisme est devenu multiforme. C'est pourquoi il faut le définir, pour mieux le combattre. La définition du travail de l'Alliance internationale pour la mémoire de l'Holocauste (IHRA) est un instrument utile pour ce faire. Elle ne modifie pas notre droit mais, même sans force contraignante, sera utile dans les tâches de prévention comme de répression. J'insiste :

la liberté de critiquer les politiques des gouvernements israéliens est évidemment préservée ! C'est une chose normale en démocratie. Cela n'a rien à voir avec le fait de dénier à Israël le droit d'exister.

Le gouvernement a durci le ton et dissous de nombreux groupuscules néonazis et islamistes, traqué les infractions antisémites, renforcé la protection des synagogues, intensifié la lutte contre la haine en ligne, renforcé la formation des policiers, des enseignants et des magistrats.

J'ai personnellement signalé à la justice de nombreux propos et actes antisémites, dont ceux dont a été victime April Benayoum, candidate à l'élection de Miss France. Le portail officiel de signalements de contenus illicites Pharos fonctionne désormais sept jours sur sept et un observatoire de la haine en ligne a été créé grâce à la loi Avia. Notre soutien aux institutions mémorielles a été renforcé.

Nous continuerons à lutter sans relâche contre le racisme et l'antisémitisme. En passant devant le sinistre panneau des camps d'Auschwitz-Birkenau, en mémoire aux fantômes qui y ont péri, de cette enfant anonyme de 2 ans à peine à cette arrière-grand-mère malade, je me fais la promesse de ne jamais lâcher ce combat. Je ne suis pas juive moi-même. Et c'est justement pour cela que j'entends l'endosser. À quoi sert la défense des Juifs par les Juifs, des handicapés par les handicapés, des femmes par les femmes ? Ces combats sont universels et c'est la société tout entière qui doit s'en emparer pour marginaliser et condamner les receleurs de haine.

Corsu e sempre Corsu

« Depuis Charles Pasqua, vous êtes la ministre qui s'est le plus déplacée en Corse. » Ce palmarès, attribué par un sapeur-pompier au cours d'une visite insulaire, me touche. C'est une belle médaille pour moi qui suis si attachée à la Corse, ses traditions, sa langue, son histoire. Ça a toujours été le cas ; quand j'étais petite, ma grand-mère disait : « Marlène, elle est très corse. »

Je n'ai jamais autant la paix qu'en Corse. D'abord, je respecte les gens. Je m'annonce au président de la collectivité de Corse quand je viens. C'est courtois. Ensuite, je ne me prends pas pour une porte-parole. J'ai ma vision de la Corse. Je parle pour moi seule, avec humilité, je ne vis pas ici à l'année et je ne suis pas élue de Corse. Je n'ai pas la prétention de vouloir faire à la place de. Je ne nie pas les problèmes.

Enfin, la Corse fonctionne selon certains principes.

J'y ai passé autant de temps qu'ailleurs, et jamais on ne s'en est pris à mes enfants. Au contraire. Que les personnes soient en accord avec moi politiquement ou non, elles savent que mes enfants font partie de la grande histoire de la Corse, les noms de ma famille décorent les monuments aux morts – Serra, Schiappa, Pacini, Orsini, Culioli, Tramoni... –, les noms de nos cousins les livres d'histoire – Lucchini, Ferracci, Rocca-Serra... Nous sommes une famille de gens simples qui se sont toujours engagés pour le bien commun, mon grand-père en fondant l'Union départementale Force ouvrière, mon père en mettant en lumière des personnalités corses de l'histoire comme Filippo Buonarotti ou en s'engageant pour inscrire la Constitution de Pascal Paoli au patrimoine mondial de l'Unesco. Nous ne sommes pas dans les affaires, ce n'est ni bien ni mal, c'est comme ça. Nous ne possédons rien d'autre que le maquis au-dessus du village de la famille, nous n'attendons rien de personne, nous ne demandons rien à personne. « Je ne demande pas de service, répétait mon grand-père, comme ça je ne suis pas sur une liste de gens qui doivent quelque chose. »

Pour comprendre la Corse, il faudrait comprendre notre histoire et nos valeurs. Notre société fondée sur les familles. Le respect dû aux anciens et aux enfants. La place des femmes, à la fois magistrale (la première élue de France était conseillère municipale d'Ajaccio) et vestale (nul ne contestera le rôle des femmes dans l'organisation quotidienne des familles). Le rapport à la justice sous la république de Gênes qui diffusa ces clichés sur la violence. Nos paysages inaccessibles, montagnes rocheuses et côtes sauvages. Notre fierté. Notre respect de la parole donnée. Notre code d'honneur. Sur une île où nous sommes tous parents, il faudrait aussi comprendre que les Corses seront toujours unis face à l'extérieur, et peu importe si nous nous opposons entre nous le reste du temps. Ce rapport au temps, justement, est assez différent du continent. Imaginer que la vie sur une île ressemble à la vie des métropoles, croire que l'on comprend la Corse parce qu'on y a passé des vacances, penser que l'on peut se dispenser de la connaissance de notre histoire, se dire que l'on peut évacuer d'un revers de main la question du crime organisé, sont des erreurs répétées qui empêchent de comprendre la Corse. Elle mérite que l'on s'y attarde.

De la guerre à l'élection

Rien ne ressemble plus à la fin d'un quinquennat que la fin d'un autre quinquennat. Quel que soit le Président, quels que soient les ministres, quelle que soit la situation dans le pays, il y a des éléments immuables. Je le dis car j'ai observé de près la fin d'autres quinquennats auprès de ministres, de conseillers ou de militants politiques engagés. Dans le cadre de la fin de ce quinquennat, nous avions tous prévu, mes collègues et moi, un dernier trimestre plutôt calme qui nous permettrait de respecter le devoir de réserve, de peu nous déplacer, de ne pas lancer de nouveaux sujets et de consacrer nos soirs et nos week-ends à mener tambour battant une campagne joyeuse et dynamique pour la réélection du président de la République. Nous étions très loin d'imaginer que la fin de ce quinquennat ne ressemblerait à aucune autre.

Quelques mois après la prise de Kaboul par les talibans, la nouvelle tombe dans la nuit du 24 au 25 février : la Russie attaque l'Ukraine. Une guerre en l'Europe, dont personne ne sait, au moment où elle débute, combien de temps elle durera (elle dure encore au moment où j'écris ces lignes) ni quelle en sera l'issue. Le Président, Emmanuel Macron, me demande personnellement, en tant que ministre chargée de l'asile, d'organiser l'accueil des déplacés ukrainiens, de ces femmes et enfants qui fuient leur pays, souvent seuls puisque les hommes restent pour combattre. Très vite, le président de la République décide d'ouvrir la Cellule interministérielle de crise et d'en confier la direction au ministère de l'Intérieur. Elle assure la conduite des opérations, anticipe les flux à venir, effectue un *reporting* quotidien, veille à la cohérence de la communication gouvernementale. Au-delà des réunions quotidiennes, la CIC peut se saisir de sujets particuliers comme celui de la traite des êtres humains ou de la protection des mineurs isolés. Face à l'ampleur de l'exode ukrainien, nous devons nous attendre à des flux importants et anticiper le développement potentiel de ces phénomènes. Nous suivons les chiffres des arrivées en temps réel pour avoir les estimations les plus fines possible.

Notre première préoccupation, c'est de protéger celles et ceux qui trouvent refuge dans notre pays. Le Conseil de l'Union européenne sous présidence française a décidé d'activer, à la demande de Gérald Darmanin, le dispositif exceptionnel de protection temporaire. Il permet d'octroyer aux déplacés ukrainiens une protection internationale immédiate, avec une autorisation provisoire de séjour de six mois renouvelables aussi longtemps que dure la protection temporaire. C'est un statut qui correspond mieux à la situation des personnes accueillies – qui souhaitent pouvoir regagner l'Ukraine dès que la guerre aura pris fin – que celui de réfugié – qui leur interdit de regagner leur pays d'origine, considérant qu'ils n'y sont pas en sécurité. À cette protection temporaire sont associés des droits importants : travail, santé, éducation, logement, allocation pour demandeur d'asile d'un montant de 6,8 euros par personne, de 17 euros pour un couple avec deux enfants, etc.

Notre autre préoccupation, c'est d'héberger, de donner un toit aux gens qui fuient l'invasion russe. Face à l'urgence de la situation, nous avons créé des « hub[1] » de grande ampleur – le premier en région francilienne – qui offrent des capacités d'hébergement importantes et réorientent ensuite les déplacés vers des logements plus durables, le cas échéant en province, délivrent les autorisations provisoires de séjour et les allocations, et offrent des services de soin. Puis, pour mettre en place le dispositif d'hébergement le plus efficace et durable possible, nous avons fait le choix d'une gestion déconcentrée et de mobiliser tous les acteurs locaux (préfets, élus, associations, société civile...).

La question de l'accueil des personnes venant d'Ukraine, responsabilité qui m'a été confiée par le président de la République et le Premier ministre a donc mobilisé la quasi-totalité de ma fin de quinquennat. Avec le président de la République, nous sommes allés dans le Maine-et-Loire à la rencontre de ces personnes. Avec le Premier ministre, nous sommes allés à Nice et tous les jours, en échangeant avec mes collègues, notamment Gérald Darmanin mais aussi Joël Giraud, Élisabeth Borne, Emmanuelle Wargon, Adrien Taquet, pour ne citer qu'eux, nous nous sommes mobilisés pour accueillir au mieux ces personnes et qu'elles puissent bénéficier d'une intégration, d'un soutien, d'une scolarisation pour leurs enfants, et à terme d'un travail pour subvenir à leurs besoins. Je n'oublierai jamais cette femme que nous avons rencontrée avec le président de la République à Nice, qui s'appelait Uliana, qui nous a expliqué qu'elle avait passé la frontière de l'Ukraine. Je lui ai demandé si c'était en train, en avion ou en

1. Des « guichets uniques ».

bus, elle a fait signe que c'était à pied. Cette femme était avec sa fille de 10 ans. Je lui ai demandé comment elle avait fait pour sa fille. Elle m'a fait avec les bras le signe qu'elle l'avait portée.

Depuis le début de la crise, je suis frappée par l'élan de solidarité qui s'est manifesté. Partout, des citoyens nous demandent comment ils peuvent aider, nous signalent qu'ils ont des logements, des vêtements, qu'ils veulent faire des dons. Les entreprises aussi se mobilisent, par exemple en offrant des cartes SIM aux déplacés pour leur permettre de joindre leurs familles. Les syndicats proposent des résidences, des centres de vacances, campings, colonies et autres organismes d'hébergement. J'ai voulu que nous nous adressions directement à toutes ces bonnes volontés, à celles et ceux qui font preuve d'un grand élan de générosité. J'ai donc créé la plateforme « Je m'engage pour l'Ukraine » (parrainage.refugies.info), qui permet d'accompagner et de canaliser la solidarité des Français en offrant l'intermédiation d'une association aux hébergements citoyens. Car on ne s'improvise pas hébergeur !

C'est aussi ça, être ministre de la Citoyenneté chargée de l'asile. C'est organiser la rencontre entre ces deux mondes, entre ceux qui fuient leur pays en guerre et qui ont des besoins, et ceux qui, chez eux, font preuve de solidarité en les accueillant. Voilà donc à quoi j'ai passé mes derniers mois de ministre. Alors que j'étais en train d'organiser ma « vie d'après » – déménager, passer le permis de conduire –, cette guerre aux portes de l'Union européenne, sur le sol européen, avec des conséquences dramatiques et la volonté du président de la République de faire en sorte que l'on s'organise pour accueillir au moins 100 000 personnes, est venue percuter nos projets d'avenir et de retour à l'insouciance.

Dans ce travail délicat, je tiens à souligner ici l'engagement de Brigitte Macron. Celle qui n'aime pas qu'on l'appelle première dame, car elle dit qu'elle ne se sent ni première ni dame, détesterait probablement voir un chapitre qui lui est consacré par un ministre dans un livre. Mon admiration pour cette grande dame m'empêche donc de lui consacrer davantage de pages. Je veux toutefois ici souligner le fait que c'est grâce à l'engagement de Brigitte Macron, qui a remué ciel et terre, en lien avec les autres épouses de chefs d'État, particulièrement d'Ukraine, de Pologne mais aussi d'autres pays, que de nombreux enfants malades, hospitalisés dans des villes qui étaient des théâtres de guerre, ont pu trouver refuge en France. Je veux saluer cet engagement, comme l'engagement de milliers de Français, associations, artistes, boulangers, chanteurs, écrivains, agents immobiliers… qui se sont mobilisés pour que la France accueille dignement les Ukrainiens, ce qui m'a fait très souvent entendre à leur arrivée « *Spasiba* » : « Merci. »

Conclusion

Et après…

Comment on arrête d'être ministre…

Il n'y a pas de bonne manière d'apprendre que vous n'êtes plus ministre – et j'inclus la démission. Vous exerciez les responsabilités les plus importantes du pays, vous y renoncez, ou l'on vous fait y renoncer. Généralement, comme pour la nomination, cela se passe par téléphone. Mais comme pour la nomination, vous avez quelques indices. Je ne vous l'ai pas raconté plus haut, à propos de ma nomination, mais il m'est arrivé quelque chose d'étrange. Un mail. Me demandant une photo. Pour annoncer ma nomination. C'était un mail émanant d'un chargé de veille du service des droits des femmes qui entendait préparer en avance sa newsletter pour annoncer l'arrivée de la nouvelle ministre, et ce environ cinq jours avant l'appel de Matignon pour mon rendez-vous avec Édouard Philippe. Après cela, c'est une publication dans *Le Bulletin quotidien*, en général bien informé. C'est une publication confidentielle sur les nominations dans les sphères publiques et de pouvoir. Ces journalistes sont informés de la composition du gouvernement avant même l'annonce sur le perron de l'Élysée. Inversement, vous recevez des signaux sur votre départ – encore faut-il les voir. Le genre d'appel qui commence par « Allô, c'est Alexis » et qui se termine par :

« J'ai combien de temps pour réfléchir ? »

La directrice des services administratifs et financiers m'appelle pour m'informer que le bal des appartements a commencé. De nouvelles personnes arrivent, il faut les loger. J'ai deux jours pour déménager.

Un des conseillers de l'Élysée me dit : « Vous allez être augmentée. » Si je voulais juste une augmentation, si c'était un but dans ma vie, je ferais un autre métier.

Une de mes voisines n'a toujours pas été appelée. Elle ignore si elle sera nommée aujourd'hui ou plus tard. Là encore, de nombreuses légendes urbaines ministérielles circulent dans les couloirs de l'Élysée et de Matignon. Il y a par exemple le mythe de cette secrétaire d'État qui aurait été appelée pour être sortie du gouvernement puis rappelée deux jours après pour être repêchée et finalement renommée alors qu'elle faisait déjà ses cartons. Il y a cette légende urbaine qui raconte l'histoire d'une ministre de premier plan qui a appris sa sortie par le bref appel d'un conseiller de Matignon, elle était dans sa voiture, elle a fait sortir son officier de sécurité et son conducteur pour rester seule et écraser ses larmes. Il y a bien sûr l'histoire de cette ministre de premier plan sous le quinquennat Hollande qui était au banc au Parlement et qui a appris, alors qu'elle défendait une loi, qu'elle n'était plus ministre. La légende dit qu'elle a dû demander à quelqu'un de retourner dans l'Hémicycle chercher son sac à main parce que, n'étant plus ministre, elle n'avait plus le droit d'y pénétrer et que les conducteurs et les officiers de sécurité auraient refusé de la ramener. Elle serait rentrée à pied, sur ses talons aiguilles, avec son petit sac à main repêché de justesse, en se disant que décidemment, on est vite oublié.

Vous perdez votre emploi, mais aussi votre équipe, votre titre, votre lieu de travail, votre domicile. Votre identité. Cela n'a absolument rien de comparable avec un ouvrier licencié qui ignore s'il retravaillera un jour. Bien sûr. Mais, comme Édouard Baer dans *Les Élucubrations d'un homme soudain frappé par la grâce*, je connais quelques ministres qui, rangeant leurs cartons, ont murmuré : « J'espère qu'on m'attend encore vaguement quelque part… » D'autres comme la Callas clament, se drapant dans leur gloire : « *I'm Maria Callas. I don't do routine.* »

Les anciens ministres que je croise me disent souvent des choses comme : « Je n'ai jamais été aussi heureux de ma vie que depuis que je ne suis plus ministre », « Tu verras, en entreprise, on a le même train de vie, on a aussi une équipe avec nous, et on a plus de temps libre », « À 19 heures au plus tard je suis chez moi, quand j'étais ministre ce n'était jamais avant 23 heures ou minuit », « Je suis beaucoup mieux payé ».

Mais aussi : « Les journalistes politiques qui se présentaient comme mes meilleurs amis ne m'ont plus appelée », « Je n'ai aucune nouvelle du Président », « Toute la fatigue est retombée d'un coup, j'ai mis trois mois à m'en remettre ».

Un ancien ministre afghan est devenu livreur à vélo en Allemagne.

En Italie, la ministre de l'Égalité Mara Carfagna a posé seins nus dans *Playboy*.

Et en France ?

De nombreux ministères sont exaltants, de la Culture à la Famille, en passant par les Anciens combattants et la Mémoire où il est possible de renouveler un genre pluriséculaire ! Les liens intergénérationnels, la culture citoyenne, le dialogue, la nouvelle organisation du temps et du travail seront des grands enjeux pour les prochains ministres. Vous vous en souvenez, j'ai commencé ce quinquennat la veille de mon premier Conseil des ministres par une visite à l'hôpital. Je l'ai terminé de la même manière. N'importe quel psychologue lacanien s'interrogerait sur le nombre de visites à l'hôpital qu'un ministre peut cumuler en un quinquennat, et je remercie de tout cœur tous les soignants qui m'ont remise sur pied. Moi qui ai une santé de fer, qui ne suis jamais malade, quasi insensible à la douleur, c'est vrai que j'aurais eu mon compte. Une banale chute dans un escalier du ministère de l'Intérieur m'aura conduite à la quasi-immobilisation d'un bras pendant mes dernières semaines de ministre. Ce serait anecdotique si ce n'était pas ironique.

La responsabilité ministérielle est passionnante, éminente, épuisante, exaltante. Attirante, repoussante. Je retrouverai sûrement mes amis, ma ligne, mon temps libre, mais une chose est sûre : jamais ne me quittera cette passion pour l'engagement public. Quand on a été candidate aux municipales à Paris à l'âge de 18 ans, que l'on a été tête de liste parisienne aux élections régionales et que l'on exerce un mandat local, quand on fut maire adjointe, présidente d'association pendant dix ans, à la tête d'entreprises sociales que l'on a créées pour améliorer la vie des femmes, quand on a été secrétaire d'État et ministre, on ne part pas en laissant derrière soi les dossiers en cours. Il me semble impossible, quoi que l'avenir me réserve, de ne pas prendre toute ma part dans l'organisation de la vie de la cité. C'est cela, la politique. Quand j'étais petite, mon père m'a offert, au Salon du livre où il dédicaçait, un ouvrage de Denis Langlois, *La Politique expliquée aux enfants*.

Ma mère l'avait couvert d'un film plastique pour que je ne l'abîme pas. Dans ce livre, il était dit que les gens de gauche s'occupaient des conditions de vie des autres et de protéger les plus fragiles. Il affirmait aussi que « si tu ne t'occupes pas de la politique, la politique s'occupera de toi ». L'engagement y était présenté comme un devoir. Le vote est un droit citoyen, mais c'est aussi un devoir civique. Que ce soit comme élue au conseil régional d'Île-de-France, comme bénévole dans une association, ou ailleurs, j'ai toujours pris cet engagement comme un devoir. Je ne me pose jamais la question de savoir si je pourrais faire autre chose de ce temps, éteindre le réveil et ne pas aller tracter le dimanche et je sais que pour Audrey, Lynda, Armele, Juliette – et tant d'autres ! – c'est la même chose. Chez moi, comme chez des millions de Français, l'engagement est un sacerdoce. Jamais je ne cesserai de prendre ma part pour essayer d'améliorer la situation de celles ou de ceux qui vivent moins bien que moi.

Qu'ils traversent des épreuves personnelles douloureuses ou soient dans une situation économique difficile, je ne pourrais pas me regarder dans la glace si je ne faisais rien pour modifier profondément le système qui permet de les soutenir et de rendre la vie plus douce. Élue de Paris à la région Île-de-France, je m'y emploie déjà pour la capitale. Les livres et les médias restent aussi mes domaines de communication préférés, armes imparables pour mener des combats culturels…

Pendant ce quinquennat, j'ai rencontré des ministres avec lesquels je suis devenue amie, j'ai rencontré des ministres qui m'ont prodigieusement agacée et la réciproque fut sans doute vraie, j'ai rencontré des ministres grandioses et des ministres plus discrets, mais je n'ai jamais rencontré un ministre qui se fiche de l'état du pays. Contrairement à ce que beaucoup de gens s'imaginent, nos déjeuners et nos cafés réguliers entre ministres en petit groupe ou en tête à tête ont toujours tourné autour du bien-être des Français : comment les personnes âgées pourraient être mieux traitées, comment les personnes qui approchent de la retraite pourraient travailler sans que cela soit trop douloureux physiquement, comment un enfant qui vit dans un quartier difficile peut avoir accès à une très bonne école tout autant que son camarade né dans un quartier plus aisé, comment des personnes qui sont éloignées de l'emploi peuvent y revenir, voilà le cœur de nos échanges et voilà le cœur de notre motivation. Les ministres sont des êtres humains, nous avons comme beaucoup d'autres gens sans doute pléthore de défauts, nos défauts sont peut-être plus voyants, nos défauts sont aussi peut-être plus exagérés par le miroir grossissant du tribunal populaire permanent, mais je pense que s'il y a bien une qualité commune à l'ensemble des personnes engagées en politique, du militant qui va tracter à la sortie du métro le dimanche au chef du gouvernement, c'est l'engagement, et c'est à cette conviction chevillée au corps que nous nous devons de donner une partie de nous-mêmes pour notre pays. Et je reste convaincue que dans la vie, tout est politique, et qu'il existe mille manières de servir les autres et le bonheur commun.

« Jamais Kiki ne fera la même chose trois jours d'affilée. Jamais, jamais, jamais ! », a dit un jour Alice Prin, dite Kiki de Montparnasse. On dit que les gens qui croisaient Simone Veil dans la rue l'appelaient « Madame » et lui faisaient un baisemain. Ce n'est pas le genre de réactions que je suscite. J'aime les gens, j'aime leur contact, j'aime entendre leurs histoires et résoudre leurs problèmes, c'est sans doute pour cela, par-dessus tout, que je fais de la politique. Je refuse rarement un selfie et je prends toujours les numéros de téléphone des personnes qui rencontrent une situation inextricable pour les aider à s'en sortir ou améliorer le cadre de politiques publiques en leur faveur. Nous vivons dans un monde qui maltraite les plus fragiles et les plus pauvres, qui célèbre la différence en façade mais l'écrase en réalité. Tout cela me révolte. Si j'ignore toujours quoi répondre à la fameuse question « Où serez-vous dans dix ans ? », c'est qu'en réalité elle m'intéresse peu. Ce qui m'intéresse, ce sont les gens. L'homme est un animal social. Et d'une manière ou d'une autre, je répondrai toujours présente à celles et ceux qui auront besoin d'un regard ou d'un soutien. C'est une bonne situation, ça, ministre, non pas parce que votre bureau est doré, que vous faites voter des lois ou que vous passez à la télé. C'est une bonne situation car c'est la meilleure position pour aider les gens qui en ont besoin. Le paradis, c'est les autres.

Épilogue

Je suis arrivée en avance au rendez-vous important pour « parler de la suite ». Par chance, j'avais encore un livre dans mon sac à main, aussi l'attente devint-elle opportunément une pause lecture improvisée. La démarche de l'écriture me fascine. Pourquoi choisit-on de consacrer son temps de vie à écrire pour les autres nos expériences, nos émotions, à trouver les mots pour les dire, à se dévoiler aux yeux de lecteurs inconnus ? Peut-être en partie pour rester maître des événements. Le narrateur omnipotent de l'histoire. Juste avant de m'engager dans la campagne d'Emmanuel Macron, en 2016, j'avais commencé à préparer, pour le plaisir, une thèse sur les mises en abyme dans les fictions écrites par des femmes. Comme tous les autodidactes, je révise sans cesse l'examen que je passerai dans le futur et je compense mon manque de titres pompeux par des lectures frénétiques. Quoique, comme le fit observer un préfet : « Vous avez été ministre cinq ans, désormais je ne vois pas quel titre plus prestigieux vous pourriez avoir. »

Écrire pour garder la maîtrise du récit, donc. Ainsi ce beau roman d'Aurélie Filippetti, *Un homme dans la poche*, raconte-t-il l'histoire d'amour passionnée entre une jeune mère célibataire, débutante en politique, bobo parisienne avant l'heure, soucieuse de ne pas trahir symboliquement la classe ouvrière en s'élevant trop dans la société, et un homme marié qui l'adore et qui, comme tous les hommes mariés, jure à sa maîtresse qu'il quittera bientôt son épouse insipide. À travers leur relation, la narratrice dépeint une allégorie de la lutte des classes, elle fille de communiste et lui fils de grand bourgeois, la maintenant dans une position sociale qu'elle estime subalterne : l'amante. Quelques années plus tard, alors qu'Aurélie Filippetti était ministre de la Culture, un autre beau roman est paru, en apparence sans rapport : *Moment d'un couple*, de Nelly Alard (prix Interallié). Dans ce roman, la narratrice est une épouse bafouée qui aide son mari volage à rompre avec une maîtresse obsessionnelle. De nombreuses scènes communes et des similarités entre les personnages pourraient laisser le lecteur imaginer qu'il pourrait s'agir de la même histoire racontée d'un autre point de vue.

Cette digression pour rappeler que, dans un récit, nous risquons toujours d'incarner, à notre corps défendant, qui l'épouse insipide ou dévouée, qui la maîtresse obsessionnelle ou passionnée, selon le regard du narrateur. J'ai partagé dans ce livre quelques pages de notes écrites sous la pulsion du moment, à l'encre de l'urgence et des crises, avec le cœur et les tripes. J'ai à peine retouché mes notes pour leur garder la fraîcheur des réactions à chaud. J'ai supprimé certains passages trop durs. J'ai pris soin de ne blâmer personne. Les regards interrogatifs de mes collègues – « Ah oui, mais un livre avec les vrais prénoms ? » – m'ont permis de comprendre qu'ils voulaient eux aussi maîtriser le récit, et c'est bien normal. Je quitte ce premier quinquennat avec du respect pour chacune et chacun d'eux, et même de l'amitié pour certains. Tout est vrai dans ce livre même si, comme le chante Oxmo Puccino, « la vérité dépend de celui qui écoute ».

Certains récits me semblent aujourd'hui lointains, comme ressuscités d'une autre vie. Je ne suis plus cette jeune activiste novice des premiers chapitres, impressionnée mais fonceuse, avide de dire et de faire. Je suis aujourd'hui expérimentée et madrée, j'ai acquis du recul et chaque année au gouvernement m'a fait grandir de l'équivalent de dix ans dans la vie civile. « Une vie de chien », soupireront certains, « sept vies comme un chat », souriront d'autres. Diriger des administrations de centaines de milliers de personnes et des budgets qui se comptent en milliards, représenter le gouvernement pour une quarantaine de lois, présider un Conseil de sécurité des Nations unies, organiser les événements du quotidien des Français comme les élections ou l'obtention de leur carte d'identité, répondre présente pour les drames et les urgences m'ont aguerrie. L'on ne se lève pas chaque matin pendant des années en lisant les « SMS notes polices », tous les événements tragiques de la nuit, sans en garder une forme de gravité.

Certains épisodes sont totalement absents du récit car il me manque encore quelques années de recul pour les raconter. D'autres, anecdotiques en apparence, coulent sur plusieurs pages car ils évoquent un aspect particulier de la situation de ministre. Dans une peinture impressionniste, chaque touche isolée ne montre rien, mais les touches superposées dessinent un paysage : il en va de même pour ce livre, qui tient sa promesse en donnant à voir par touches la vie des ministres, de 2017 à 2022, vue de l'intérieur.

Alors, « parler de la suite ».

Certains jours sont plus longs que d'autres, mais les dernières semaines entre l'élection d'Emmanuel Macron et la nomination du gouvernement furent tout sauf pénibles. Je n'ai pas compris ceux qui s'excitaient en évoquant la supposée fébrilité des ministres : j'étais tout sauf fébrile. Il y a dans la vie des possibilités d'appels téléphoniques bien plus angoissants qu'un « merci d'avoir été ministre cinq ans ». Dans les jardins de l'Élysée, avec Éric Dupond-Moretti, Frédérique Vidal, Roselyne Bachelot, Annick Girardin et Sophie Cluzel, nous chantions à tue-tête poings en l'air croisés comme Johnny Hallyday : « J'ai refusé, mourir d'amour enchaîné ! Et bonne chance à celui qui veut ma place… » Nous étions unis, heureux d'avoir servi notre pays, fiers de la réélection de notre Président. Les frottements de périmètres n'existent plus dans ces cas-là, les rancœurs s'effacent. Avec Olivier Véran, nous nous téléphonions pour partager notre état d'esprit ; avec Amélie de Montchalin et Emmanuelle Wargon, nous préparions, studieuses, nos séances de la région. Gérald Darmanin m'invitait au restaurant italien pour échanger sur la situation du pays.

Certains d'entre nous se projetaient vers l'avenir en ayant hâte de regagner la vie civile, du temps pour leurs enfants, des vacances programmées ou simplement une nouvelle séquence de vie ! « Des projets exaltants… moi, j'espère qu'on ne m'appellera pas ! » lance l'un de nous. Partir en vacances à l'étranger, en dehors de l'Europe (pratique interdite en théorie pour les ministres), manque à certains. D'autres évoquent les enfants qui grandissent. Pendant que nous partagions nos états d'âme, les réunions se poursuivaient : pour accueillir les enfants d'Ukraine, pour prévenir les piqûres de jeunes filles et de jeunes hommes dans les boîtes de nuit, pour présenter le plan de féminisation du ministère de l'Intérieur, pour préparer l'hommage à un policier décédé en intervention, pour raccourcir les délais d'obtention des passeports et cartes d'identité, pour tenter de pavoiser aux couleurs du *rainbow flag* le 17 mai, journée internationale contre l'homophobie. Les mesquineries continues des *off* dans la presse finirent par devenir comme le voisin du dessus au pas lourd : un bruit de fond.

À la cérémonie d'investiture à l'Élysée, les larmes de joie me gagnaient devant le visage fort et calme du Président que j'avais, avec une majorité de Français, choisi pour notre pays. La fierté et la confiance en lui se mêlaient à une joie plus égoïste de participer personnellement à ce moment d'histoire. Je croisais des visages qui me rappelaient des moments du quinquennat, Laurent Saint-Martin, tête de liste des élections régionales et ami, le discret et redoutablement efficace Christian Dargnat, l'historien Benjamin Stora, Vincent Caure... Alexis Kohler, fidèle secrétaire général de l'Élysée, qui a toujours été aussi bienveillant que franc à mon endroit, me fait la bise. Je sais qu'il m'a vivement défendue tout au long du quinquennat, louant ma loyauté sans faille et ma force de travail face à des détracteurs qui ne voyaient que le théâtre d'ombres. Contrairement à ce qui se dit, Alexis a un vrai sens politique mais, surtout, c'est quelqu'un d'attachant, car profondément humain. Ceux qui moquent sa froideur le connaissent mal. Et au moment où je m'apprêtais à partir, Marc et Sophie Ferracci m'interpellaient. Je ressentis une vive émotion, non pas seulement à cause de notre attachement à la même microrégion de Corse. Plutôt comme une boucle bouclée : quand Sophie était cheffe de cabinet d'Emmanuel Macron, en 2016, c'est avec elle que nous avions monté, avec Patricia et Brigitte, mes acolytes, ses tout premiers déplacements entre

Paris et Le Mans. Ma mère m'envoyait un sms pour me dire que j'étais derrière Laurent Fabius à la télé avec plusieurs points d'exclamation ; ses amies lui avaient dit : « Ta fille est avec le Président à la télé », et elle semblait – et c'est normal – en tirer une fierté. Et on a beau avoir 39 ans, on a toujours envie de faire plaisir à sa mère.

À Matignon, autour de Jean Castex, lors du dîner d'adieu moult fois reporté, nous nous levions pour une standing ovation de fin de mandat autour d'un maillot de rugby dédicacé. Nos conversations portaient moins sur nos sorts personnels que sur la situation du pays, l'extrême droite au second tour, l'extrême gauche se prévalant d'une hypothétique future victoire, l'abstention. L'un de nous lance : « Quand les dégoûtés s'en vont, il reste les dégoûtants. » Nous parlons des grands enjeux : l'accès à la santé, la vie sans CDI, les réformes nécessaires pour l'école, la société de l'empathie à construire, la place des femmes, la démocratisation de la culture… Les accords majeurs de *La Marseillaise* rythmaient nos journées, des hommages aux résistants le 8 Mai aux cérémonies de commémoration de l'abolition de l'esclavage, nous nous demandions parfois dans combien de *Marseillaise* nous devrions quitter nos fonctions.

D'autres ministres mangeaient encore du temps d'engagement public, espérant poursuivre cette mission. Tous les choix de vie sont respectables et je ne blâmerai jamais quiconque décide de consacrer sa vie à l'engagement public. Pour ma part, depuis la fin de l'année 2021, je l'avais indiqué à toutes les personnes concernées : je ne souhaitais pas être candidate aux élections législatives. Je l'ai dit et redit mais on ne m'a pas cru, calquant sur moi le fonctionnement des politiques à l'ancienne dont l'objectif serait forcément d'obtenir un siège quelque part. L'on aura tellement glosé ou fantasmé sur mon compte que l'on n'aura jamais essayé de comprendre mes véritables ressorts. Ce n'est pas très grave. Par exemple, deux jours avant l'annonce du nouveau gouvernement, et alors que je refuse tous les médias depuis le soir du premier tour, la caméra d'une émission me poursuit dans la rue contre mon gré, tandis qu'une autre me harcèle pour venir me « filmer faire mes cartons ». Quelle drôle d'idée !

Après six ans d'engagement intense auprès d'Emmanuel Macron depuis les premiers jours, une nouvelle page s'ouvre. Être ministre pendant cinq ans, du premier au dernier jour du premier quinquennat d'Emmanuel Macron, restera une fierté et un honneur. Honneur de servir les Françaises et les Français quotidiennement. Fierté des avancées que nous avons portées ensemble, notamment sur la situation des femmes, des familles, et l'accueil des réfugiés. J'ai porté des centaines de mesures concrètes permettant de nouveaux progrès pour l'égalité femmes-hommes. La loi dite « Schiappa » a permis d'allonger les délais de prescription pour viol commis sur mineur, de créer la verbalisation du harcèlement de rue et de lutter contre la « drogue du violeur ». Avec le Grenelle des violences conjugales, tous les nouveaux policiers et gendarmes sont désormais formés. Nous avons créé des points d'accueil pour les femmes dans les centres commerciaux pendant le confinement, automatisé la saisie des armes des conjoints violents dès la plainte, ouvert le 3919 vingt-quatre heures sur vingt-quatre, sept jours sur sept, inscrit le suicide forcé dans la loi, déployé le bracelet anti-rapprochement, permis la suspension automatique de l'autorité parentale quand le parent est l'auteur du féminicide, créé la plateforme arretonslesviolences.gouv.fr, etc. Nous avons ouvert la PMA à toutes les femmes, concrétisé dans les documents administratifs la reconnaissance des couples homoparentaux, créé un dispositif automatique de versement des pensions alimentaires pour les mères célibataires…

Comme ministre de la Citoyenneté, je suis heureuse d'avoir fait naturaliser plus de 20 000 travailleurs étrangers en première ligne pendant le Covid. La France est une terre d'asile et je suis fière d'avoir coordonné l'accueil des réfugiés et des combattants de la liberté, suite à de graves crises internationales comme la prise de Kaboul par les talibans, la guerre en Ukraine, le génocide des yézidies par Daech. J'ai été honorée de porter les engagements du président de la République au niveau national (j'ai représenté le gouvernement au Parlement pour près de quarante lois) et à l'international (j'ai présidé un Conseil de sécurité des Nations unies, les négociations du G7 Égalité, et créé une coalition internationale contre les violences conjugales). Être féministe, c'est refuser que les autres femmes subissent ce qu'on n'accepterait pas de subir soi-même. Au nom de l'universalité des droits des femmes, nous avons combattu les mariages forcés, la polygamie, l'inégalité face à l'héritage, l'excision…

J'éprouve une émotion particulière au moment de repasser la porte du ministère de l'Intérieur, où 290 000 femmes et hommes agissent chaque jour avec dévouement pour protéger les Françaises et les Français et garantir l'ordre républicain. Je souhaite que le bureau de la Laïcité que nous avons créé puisse faire vivre les valeurs de la République et que le plan de féminisation du ministère et du corps préfectoral que nous avons construit puisse se déployer. Je garderai toujours respect et admiration pour les forces de l'ordre qui interviennent 400 000 fois par an pour protéger les victimes de violences intrafamiliales.

Quand Édith Cresson a été nommée à Matignon, j'étais en classe de CM1. Je m'en souviens particulièrement car j'éprouvais une passion pour les actualités et la politique. Sur le point de partir en classe de mer, j'avais demandé à ma mère de m'envoyer tous les jours une petite carte avec un résumé des informations principales. Rétrospectivement, cette version enfantine des « notes de veille » des ministères me fait sourire. Un matin, la carte est arrivée : ma mère m'annonçait qu'une femme avait été nommée à Matignon et que c'était une première. Elle précisait qu'elle s'appelait « Cresson, comme la soupe » (seule soupe que je refusais de manger), mais que nous l'aimerions sans doute bien plus. Ma fille cadette à moi est aujourd'hui en classe de CM1. J'ai glissé la tête dans la chambre de ma grande fille qui révisait son brevet pour lui annoncer la nouvelle. Un grand sourire a éclairé son visage. Cette jeune féministe m'a demandé : « Et elle est bien ? » Ma fille cadette a regardé la cérémonie de passation avec les membres de mon cabinet et moi-même, dans notre salon, et je me suis demandé si comme moi, dans trente ans, elle se souviendrait de cette annonce et de nos cris de joie à l'arrivée de la deuxième femme à Matignon dans l'histoire. Ô combien je me réjouis de vivre ce moment historique où Élisabeth Borne, une femme, dont le sens de l'État et les compétences ne sont jamais remises en question, dirige le gouvernement français ! Élisabeth Borne n'est pas que sérieuse, c'est aussi une vraie défenseuse des autres femmes. Un jour, au Sénat, alors qu'un sénateur se moquait, avec une condescendance désobligeante, d'une jeune ministre lisant ses fiches, elle se retourna vers lui et lui lança : « La ministre en question a été vingt ans travailleuse sociale donc, non, je ne crois pas du tout qu'elle se fiche du sujet. Et si cela vous intéresse, écoutez-la donc au lieu de critiquer. » Il resta coi face à ce moment de sororité. Une Première ministre, c'est aussi la possibilité pour les femmes de se projeter dans des modèles de femmes de pouvoir, d'autorité, de décision. Nous ne sommes plus le « deuxième sexe » ou l'autre moitié, l'altérité du masculin neutre : nous sommes aussi celles qui commandent.

Depuis ma première candidature à l'âge de 18 ans, à la mairie de Paris sur une liste associative, ce combat pour la place des femmes ne m'a jamais quittée et j'ai porté pendant la campagne des élections législatives une attention particulière pour les femmes issues de la société civile que j'aurai contribué à faire investir ! Sans être candidate moi-même, donc. Ce qui n'empêche pas l'engagement public. « Tout est politique dans la vie et si tu ne t'occupes pas de la politique, la politique s'occupera de toi. » Comment les mots d'un livre lu enfant peuvent-ils rester gravés dans la mémoire ? Je ne sais plus où j'ai posé mes clés un jour sur deux mais je me souviens de ce livre presque dans sa totalité. J'ai passé mes consignes pour après, entre la formation des policiers et des gendarmes à poursuivre impérativement pour continuer à tisser ce lien de confiance entre les femmes et les forces de l'ordre, et le plan de féminisation de Beauvau à mettre en œuvre.

Pendant que je boucle mes dossiers, prépare les documents du prochain gouvernement pour nos passassions, certaines personnalités de mon entourage attendent d'être appelées. Appréciant leurs engagements, j'attends avec elle, me réjouis quand leur téléphone sonne et baisse la voix quand elles me disent que c'était en fait du démarchage téléphonique pour la formation ! De nombreuses fois, j'ai tâché de mettre par écrit les conseils que je donnerais à une jeune ministre. Façon *Lettres à un jeune poète*. Mais les conseils se bousculent sous mon stylo.

Composer son cabinet. Des experts, des proches, des militants. Maîtriser son annonce de nomination. Faire sa feuille de route avec Matignon, négocier son périmètre, demander des cotutelles sur les administrations utiles pour faire appel à elles librement. Choisir son lieu de ministère. Parler comme à votre voisine ou votre grand-mère. Être loyale au Président, toujours. Ne rien prendre personnellement. Servir le collectif sans se faire d'illusions sur ce que l'on recevra du collectif en retour. Il manque des choses, et le temps passe. Alors comme Maya Angelou, je dirais juste : Demandez ce que vous voulez et préparez-vous à l'obtenir !

On ouvre la porte pour me signifier que mon rendez-vous va commencer.

Je range le livre et me lève avec un sourire.

Pour une gamine des cités de Belleville qui a passé ses diplômes en cours du soir, son bébé sous le bras, puis monté son association, été élue locale et experte pour une fondation, être ministre un quinquennat entier est exceptionnel. Je serai toujours reconnaissante de cela au président de la République, avec qui la relation est aujourd'hui faite de respect mutuel et d'écoute.

Dans ma vie de ministre, Brigitte Macron a tenu une place essentielle. Nos conversations téléphoniques, nos déjeuners ou déplacements ensemble, ses conseils francs, son humour et son érudition ont été des éclaircies les jours de pluie. Grâce à elle, je me suis sentie placée sous une bonne étoile. Je l'évoque très peu dans ce livre, par pudeur et par respect, mais mon admiration pour elle reste sans bornes et je chéris notre amitié.

Alors que le premier quinquennat d'Emmanuel Macron est terminé, et que le nouveau gouvernement commence ses travaux, je conclurai avec Pablo Neruda, dans son *J'avoue que j'ai vécu* :

> « J'ai donné tout ce que j'avais. J'ai lancé ma poésie dans l'arène et souvent j'ai saigné avec elle subissant les agonies et les gloires qu'il m'a été donné de connaître et de vivre. Dans certains cas on ne m'a pas compris, ce qui au fond est mieux ainsi. »

La voix me rappelle que l'on m'attend.
« Madame la Ministre ? »

Annexes

> « *On fait le bilan, calmement.* »
>
> Nèg'Marrons

Liste des mesures prises comme secrétaire d'État chargée de l'Égalité entre les femmes et les hommes et de la Lutte contre les discriminations

Feuille de route du programme présidentiel

- Défendre le droit à l'interruption volontaire de grossesse (IVG)
- Égalité des couples face aux modes de garde des enfants et empêcher les passe-droits
- Égalité des femmes face au congé maternité
- Parce que l'impôt ne doit pas décourager le travail des femmes, nous créerons une option d'individualisation de l'impôt sur le revenu
- Accélérer l'égalité professionnelle et salariale dans les grandes entreprises
- Campagne nationale de communication et de sensibilisation sur le sujet du harcèlement et des violences faites aux femmes
- Ne plus tolérer le harcèlement dans l'espace public

• Accélérer la généralisation du téléphone d'alerte pour secourir plus rapidement les victimes de violence

Loi dite Schiappa contre les violences sexistes et sexuelles Loi Grenelle des violences conjugales 1 Loi Grenelle des violences conjugales 2 Loi pour l'égalité femmes-hommes dans l'économie

Plan de lutte contre le harcèlement de rue dit « plan Angela »

• Généralisation des arrêts de bus à la demande
• Création d'un réseau de *safe places*, lieux sûrs, sur tout le territoire
• Engagement des plateformes VTC
• Le harcèlement de rue pourra désormais être traité en comparution immédiate par la justice
• Grande campagne de communication sur le consentement à l'été

Plan de lutte contre les violences conjugales pendant le confinement

• Point d'accueil dans les centres commerciaux
• Dispositif d'alerte dans les pharmacies
• Guide des parents confinés
• Permettre le signalement des violences conjugales et intrafamiliales par SMS

- Diffusion des numéros d'urgence et d'écoute sur les tickets de caisse
- Ligne d'écoute FNACAV pour les auteurs de violences conjugales
- Fonds de 1 million d'euros – partie 1 : 20 000 nuitées d'hébergement (FVV, auteurs de violences)
- Fonds de 1 million d'euros – partie 2 : soutien aux associations d'aide aux victimes
- Appeler à la mobilisation européenne pour lutter contre les violences conjugales pendant la crise sanitaire mondiale
- Courriel de signalement pour parents isolés

Grenelle des violences conjugales

- N° 1 – Mettre en place un module de formation initiale et continue sur l'égalité rendu obligatoire à destination des personnels de l'Éducation nationale (enseignants, personnel d'éducation, cadres, etc.)
- N° 2 – Dédier un conseil de vie collégienne et un conseil de vie lycéenne chaque année à la réalisation d'un diagnostic annuel sur l'égalité filles-garçons en milieu scolaire, avec une attention portée à la participation des élèves en situation de handicap
- N° 3 – Diffuser à tous les établissements scolaires un document unique de signalement et un guide d'utilisation pour mieux repérer et signaler les violences intrafamiliales
- N° 4 – Mettre en place une sensibilisation obligatoire sur la prévention des violences conjugales dans le cadre du service national universel (SNU), mais aussi du Plan mercredi ou des Cités éducatives

• N° 5 – Étendre les horaires du 3919 et le rendre accessible aux personnes en situation de handicap

• N° 6 – Lever le secret médical en cas de danger immédiat pour la victime

• N° 7 – Créer une cartographie des professionnels et des structures engagées dans la prévention et la prise en charge des victimes de violences conjugales à destination des professionnels de santé

• N° 8 – Mettre à disposition des professionnels de santé un outil d'évaluation de la gravité et de la dangerosité des situations de violences conjugales

• N° 9 – Juger plus vite et efficacement par le déploiement de « filières d'urgence »

• N° 10 – Auditer sur l'accueil des victimes dans les services de police et unités de gendarmerie

• N° 11 – Mettre en place suite à chaque féminicide un « retex », un retour d'expérience, au niveau local, associant l'ensemble des professionnels concernés (police ou gendarmerie, justice, travailleurs sociaux, médecins, professionnels de l'Éducation nationale, etc.)

• N° 12 – Créer 80 postes supplémentaires d'intervenants sociaux dans les commissariats et gendarmeries bénéficiant d'un financement de l'État

• N° 13 – Instaurer un parcours renforcé de formation initiale et continue à l'accueil des femmes victimes de violences conjugales pour les policiers et les gendarmes

• N° 14 – Élaborer une grille d'évaluation du danger

• N° 15 – Diffuser un document d'information auprès de toute victime se rendant dans un commissariat ou une gendarmerie

• N° 16 – Faciliter la prise de plainte pour les victimes de violences conjugales dans l'incapacité de se déplacer notamment lorsqu'elles sont hospitalisées

• N° 17 – Consolider et développer des structures dédiées à la prise en charge sanitaire, psychologique, sociale des femmes victimes de violences

• N° 18 – Mieux accompagner la victime avec l'assistance d'un avocat

• N° 19 – Interdire la médiation pénale et encadrer la médiation familiale en cas de violences conjugales

• N° 20 – Reconnaître le phénomène du « suicide forcé » avec la mise en place d'une nouvelle circonstance aggravante pour les auteurs de violences en cas de harcèlement ayant conduit au suicide ou à une tentative de suicide

• N° 21 – Créer mille nouvelles solutions de logement et d'hébergement

• N° 22 – Améliorer la coordination entre les SIAO et la plateforme 3919 pour la prise en charge en urgence des femmes victimes de violences

• N° 23 – Mettre à disposition des forces de l'ordre une plateforme de géolocalisation des places d'hébergement d'urgence, utilisable en cas de carence du 115

• N° 24 – Faciliter l'accès des femmes victimes de violences à la garantie Visale (garantie locative), pour qu'elles puissent bénéficier d'une caution locative gratuite et trouver un logement plus facilement

• N° 25 – Ouvrir le droit aux victimes sous ordonnance de protection de débloquer leur épargne salariale de façon anticipée pour ce motif

• N° 26 – Actualiser le guide relatif à l'égalité professionnelle à destination des TPE-PME afin d'y intégrer la problématique des situations de violences conjugales

• N° 27 – Intégrer la problématique des violences conjugales aux plans de santé au travail et aux plans régionaux de santé au travail, pour réduire les conséquences des violences conjugales sur le lieu de travail

- N° 28 – Proposer aux partenaires sociaux membres de la commission du label égalité professionnelle d'intégrer au cahier des charges du label égalité professionnelle un axe relatif à la prise en compte des violences conjugales
- N° 29 – Déployer dans chaque région un centre de ressources pour accompagner les femmes en situation de handicap dans leur vie intime et leur parentalité
- N° 30 – Rappeler à l'ensemble des établissements et services médico-sociaux la nécessité du respect de l'intimité et des droits sexuels et reproductifs des femmes accompagnées
- N° 31 – Lancer une formation en ligne certifiante pour faire monter en compétence massivement les différents professionnels qui interviennent notamment dans les établissements et services médico-sociaux
- N° 32 – Demander systématiquement un état de la situation à l'aide sociale à l'enfance en cas de violence conjugale et à défaut une évaluation administrative de la situation familiale
- N° 33 – Développer les espaces de rencontre, lieux neutres protégeant les mères et leurs enfants en cas de séparation
- N° 34 – Promouvoir les auditions des unités d'accueil médico-judiciaires pédiatriques (UAMJP) afin de recueillir dans de bonnes conditions la parole de l'enfant
- N° 35 – Suspension systématique de l'exercice de l'autorité parentale en cas d'homicide conjugal
- N° 36 – Donner la possibilité au juge pénal d'aménager ou de suspendre l'autorité parentale du conjoint violent
- N° 37 – Décharger les descendants de leur obligation alimentaire envers le parent condamné pour homicide volontaire de l'autre parent

• N° 38 – Mieux connaître les profils sociodémographiques des auteurs

• N° 39 – Évaluer la dangerosité criminologique des auteurs

• N° 40 – Généraliser le bracelet anti-rapprochement

• N° 41 – Renforcer les mesures de suivi de l'auteur et de prévention de la récidive à partir de pratiques déjà développées par certaines juridictions

• N° 42 – Renforcer les mesures de suivi de l'auteur et de prévention de la récidive par la mise en place de deux centres de suivi et de prise en charge des auteurs par région

• N° 43 – Encadrer les permis de visite en détention

• N° 44 – Prévenir et prendre en charge les violences conjugales liées aux addictions par la formation des professionnels en addictologie et des acteurs prenant en charge les victimes de violences conjugales

• N°45 – Procéder à une évaluation médico-sociale (dès le stade de l'enquête) des auteurs de violences, pour enclencher plus rapidement les dispositifs de suivi et de prise en charge adaptés

• N° 46 – Réquisitionner les armes blanches et les armes à feu des auteurs de violences, dès le dépôt de plainte

Diplomatie féministe

Plan national d'action visant à éradiquer les mutilations sexuelles féminines

---

• Améliorer la santé des femmes victimes de mutilations sexuelles

• Mieux sensibiliser et mieux former les professionnels pour mieux prévenir

- Éradiquer les mutilations sexuelles féminines au plus près des territoires
- Développer les outils de prévention adéquats
- Enrichir l'état des connaissances et établir un état des lieux des mutilations sexuelles féminines
- Faire enfin de la France un pays exemplaire

Tour de France de l'égalité

Comité interministériel aux droits des femmes et à l'égalité entre les femmes et les hommes

---

- Renforcer la condamnation des agresseurs et améliorer la protection des victimes de violences sexistes et sexuelles
- Faire de l'égalité femmes-hommes une priorité de l'agenda de la présidence française du G7 en 2019
- Renforcer la participation de la France aux initiatives de la société civile en faveur de la défense des droits des femmes
- Mener des actions de plaidoyer en faveur de la conciliation des temps et la parité en Europe et en faveur de la reconnaissance des droits sexuels et reproductifs à l'international
- Engager chaque ministère dans la démarche égalité femmes-hommes
- Améliorer le congé maternité pour toutes les femmes
- Créer une fondation pour les femmes dans le numérique
- Renforcer la transparence des écarts de salaire femmes-hommes et élaborer des critères objectifs de calcul grâce à un logiciel commun

- Obliger les entreprises non conformes à consacrer une part significative de l'enveloppe d'augmentation salariale à la résorption des écarts d'ici trois ans
- Rendre obligatoire pour les entreprises au-delà d'une certaine taille une délibération des instances de gouvernance sur la politique d'égalité salariale
- Inciter les négociateurs de branches à prendre en compte l'objectif d'égalité professionnelle, notamment salariale, et la mixité des emplois
- Tous les salariés à temps partiel dont 80 % de femmes bénéficieront des mêmes droits sur leur compte personnel de formation que les salariés à temps plein
- Chaque branche devra rendre compte de son action en matière d'égalité professionnelle
- Favoriser la conciliation de la vie professionnelle et de la vie personnelle en valorisant les bonnes pratiques
- Agir auprès des parents via l'intégration de différents outils dans la mallette des parents
- Porter à 40 % la proportion de femmes à la tête des fédérations et des associations sportives
- Campagne de sensibilisation sur les violences sexistes et sexuelles dans les universités en collaboration avec les organisations étudiantes
- Garantir 5 000 places de solutions d'hébergement aux femmes victimes de violences et un accompagnement adapté dans le cadre du plan « Logement d'abord »
- Promouvoir la mixité des filières et des métiers
- Développer une approche intégrée de l'égalité dans le fonctionnement de l'État : expérimenter puis généraliser le principe de « budget intégrant l'égalité » dans toutes les administrations
- Former les professionnels médico-sociaux à la prévention des violences sexistes et sexuelles contre les femmes handicapées

- Généralisation du stage de prévention de la récidive de tous les auteurs de violences condamnés
- Sensibiliser les participants aux journées défense citoyenneté à l'égalité entre les femmes et les hommes
- Garantir l'accès aux soins de toutes les femmes sur tous les territoires
- Créer de nouvelles solutions d'accueil des jeunes enfants sur tout le territoire
- Augmenter le nombre de cheffes d'entreprise par la création d'un réseau national de mentorat
- Objectif de 30 % à 40 % de femmes bénéficiaires des formations proposées par la Grande École du Numérique
- Agir auprès de la communauté éducative
- Instaurer la parité dans les instances représentatives des élèves
- Engager une négociation avec les partenaires sociaux et les employeurs publics visant à réduire les inégalités entre les femmes et les hommes en matière de rémunération et de parcours professionnels
- Des nominations plus équilibrées dans les emplois de direction de l'État
- Entretien et accompagnement systématique sur les violences et l'accès aux soins pour les femmes migrantes
- Créer un lieu d'écoute et d'accompagnement ouvert aux victimes et témoins de violences sexistes et sexuelles dans chaque université
- Développer les marches exploratoires pour permettre aux femmes de se réapproprier l'espace public
- Instaurer une charte éthique dans tous les établissements de l'enseignement supérieur artistique et culturel
- Promouvoir la mixité dans le dispositif du service militaire volontaire

- Création d'un outil commun à tous les opérateurs pour faciliter l'alerte et le signalement des violences sexuelles et sexistes dans les transports
- Avoir 40 % de filles dans les filières scientifiques du supérieur d'ici 2020
- Sensibiliser toute la société à travers une campagne de communication sur la durée du quinquennat, relayée sur les réseaux sociaux
- Déploiement du téléphone grand danger en outre-mer
- Soutien de l'État à l'enquête VIRAGE spécifique aux Dom-Tom et extension à la Nouvelle-Calédonie
- Lancement d'une campagne de communication spécifique en Martinique
- Créer la conférence permanente du sport féminin afin de valoriser la pratique sportive auprès des femmes et de valoriser les sportives de haut niveau
- Mixité des filières et des métiers notamment d'ingénierie
- Promouvoir la place des femmes comme actrices de la transition écologique en France et à l'international
- Initiative *Equal by Thirty* (« Tous égaux d'ici 2030 »)
- Réflexion engagée sur l'opportunité d'ouvrir un Observatoire de l'égalité en Martinique, sur la base des préconisations du rapport du CESE, « Combattre les violences faites aux femmes dans les outre-mer »

Mesures issues des annonces de la grande cause du quinquennat par le Président de la République

- Sensibiliser toute la société à travers une campagne de communication sur la durée du quinquennat, relayée sur les réseaux sociaux

• Mobiliser les organisations syndicales et patronales sur le sujet de la lutte contre les violences sexuelles et sexistes au travail

• Mise en place d'un signalement en ligne pour les victimes de violences sexistes et sexuelles

• Prise en charge des soins psycho-trauma pour les victimes de violences

• Lancement d'une campagne de communication autour de témoignages d'enfants et d'adolescents victimes de l'exposition à la pornographie

• Opération de sensibilisation des parents à l'exposition de leurs enfants à la pornographie et à la détection des signes de cyberharcèlement

• Sensibilisation des enfants et des adolescents scolarisés

• Mobilisation de l'expertise des référents sûreté de la police et de la gendarmerie au profit des structures d'accueil des femmes victimes de violence

• Lancement d'une application numérique pour les victimes de cyberharcèlement

• Grand plan de formation initiale et continue dans le secteur public à l'égalité femmes-hommes et à la lutte contre les violences sexistes et sexuelles

• Mise en place d'arrêts à la demande en soirée dans les bus

• Généralisation des caméras dans les transports (bus et trains)

• Revoir le cadre législatif pour mieux prévenir le cyberharcèlement et mieux en poursuivre les auteurs

• Étudier avec les acteurs de la modération les possibilités d'information et de signalement aux autorités

• Élaboration par la Haute Autorité de santé de bonnes pratiques de prise en charge du psychotraumatisme afin de guider les professionnels de santé

- Mobilisation des acteurs du secteur publicitaire et des éditeurs pour lutter contre les stéréotypes de genre
- Mobilisation de l'inspection du travail et des services du ministère du Travail autour de la prévention, de l'information et de l'orientation des victimes de discrimination, harcèlement et violences
- Mise en place d'une cellule dédiée dans les administrations ainsi que d'un circuit RH permettant d'accompagner les personnes victimes dans les administrations
- Généraliser les intervenants sociaux dans les commissariats et les gendarmeries afin de mieux accompagner les victimes de violences sexistes et sexuelles et les orienter vers les structures adaptées
- Déploiement de dispositifs de recueil de preuves sans dépôt de plainte dans les unités médico-judiciaires
- Développement de la possibilité de porter plainte dans les structures hospitalières
- Repenser le cadre de la régulation des contenus à caractère violent ou discriminant diffusés au niveau audiovisuel et par les plateformes en étendant les pouvoirs du CSA
- Lancement de testings sur les discriminations à l'embauche à l'égard des femmes
- Questionnement systématique des femmes par les professionnels de santé pour savoir si elles ont été victimes de harcèlement ou de violences

Liste des mesures prises comme ministre déléguée auprès du ministre de l'Intérieur de France, chargée de la Citoyenneté

Violences sexistes et sexuelles, violences intrafamiliales

- Désignation de trois référentes « violences intrafamiliales » au sein des directions générales de la police et de la gendarmerie nationales, et de la préfecture de police
- Désignation d'un responsable du suivi des affaires de violences intrafamiliales dans chaque unité
- Projet de développement d'un fichier de prévention de violences intrafamiliales
- Recrutement massif d'intervenants sociaux en commissariats et brigades de gendarmerie (ISCG)
- Traduction de la grille d'évaluation du danger en une vingtaine de langues
- Renforcement des formations des policiers et des gendarmes
- Reconduction annuelle de l'audit sur l'accueil des victimes de violences conjugales dans les commissariats et brigades de gendarmerie
- Saisie systématique des armes dans les affaires de VIF, en lien avec le parquet
- Expérimentation de la prise de plainte hors les murs
- Rédaction d'un guide sur les droits des victimes de violences sexuelles et sexistes lors du dépôt de plainte
- Création et installation du comité des parents pour lutter contre le harcèlement des enfants
- Lancement et publication du Baromètre du harcèlement de rue

• Lancement d'un plan de lutte contre le GHB dans les milieux festifs

• Dans le cadre de la loi confortant le respect des principes de la République, interdiction des certificats de virginité, renforcement de la lutte contre les mariages forcés et la polygamie

Égalité femmes-hommes et lutte contre des discriminations

• Lancement du podcast « Commandantes ! »

• Plan de féminisation du ministère de l'Intérieur

• Lancement d'une mission confiée à Femmes de l'Intérieur sur la constitution d'un vivier féminin au sein du ministère de l'Intérieur

• Modernisation des Cerfa de demande de papiers d'identité pour inclure les couples homoparentaux

• Participation à l'initiative mondiale de l'ONU *Orange The World* par l'illumination en orange du ministère de l'Intérieur

Réfugiés / Asile / Intégration / Naturalisation

• Naturalisation de 17 000 nouveaux citoyens français qui ont été en première ligne pendant la crise sanitaire

• Lancement du programme Agir pour améliorer et faciliter l'intégration des réfugiés

• Plan Vulnérabilité, interministériel, pour soutenir les publics réfugiés vulnérables

• Engagement de la réduction du délai de réponse suite à une demande d'asile, avec pour objectif d'atteindre six mois maximum

• Organisation de l'accueil des réfugiés afghans à la suite de la chute du régime de Kaboul

• Organisation de l'accueil des déplacés ukrainiens

Lutte contre les dérives sectaires

• Rattachement de la Miviludes au SG-CIPDR

• Création et installation d'un conseil d'orientation réunissant des personnalités qualifiées et des associations expertes

• Nomination d'une magistrate comme cheffe de service de la Miviludes

• Lancement d'un appel à projets doté de 1 million d'euros

• Publication du rapport sur les dérives sectaires

Valeurs de la République / Citoyenneté

• Loi confortant les principes des valeurs de la République (lutte contre le séparatisme)

• Création et installation du bureau de la Laïcité au sein du ministère de l'Intérieur

• Création du Fonds Marianne pour soutenir les projets en lien avec les valeurs de la République

• Lancement du nouveau format de la nouvelle carte d'identité, plus sécurisée

• Création et récompense des « Prodiges de la République » qui se sont illustrés pendant la crise sanitaire

• Exposition au Panthéon de 109 Mariannes, à l'occasion du 8 mars, journée internationale des droits des femmes

• Festival du Livre citoyen à la bibliothèque nationale François-Mitterrand

• Contrat d'engagement républicain pour que pas 1 euro d'argent public ne finance les ennemis de la République

• Actions pour mobiliser sur l'inscription sur les listes électorales, et encourager à la participation

Lutte contre la haine en ligne

• Renforcement de la plateforme Pharos, désormais ouverte 24 heures sur 24, 7 jours sur 7

• Nouvelles incriminations pénales prévues par la loi confortant le respect des principes de la République : création du délit de mise en danger de la vie d'autrui et comparution immédiate ou à délai différé des auteurs de haine en ligne ; neutralisation des sites miroirs qui reproduisent le contenu de sites haineux faisant déjà l'objet d'un blocage par décision de justice

• Accélération de la coopération avec les plateformes par la relance du Groupe de contact permanent (GCP) pour mobiliser les plateformes numériques

• Création de l'Unité de contre-discours républicain, rattachée au SG-CIPDR, pour combattre les discours séparatistes et réaffirmer les valeurs de la République

Remerciements

À Emmanuel et Brigitte Macron, qui savent pourquoi.

À Édouard Philippe et Jean Castex.

À Muriel Beyer, Laurent Nunez et toute l'équipe des Éditions de l'Observatoire.

Merci à Amandine, Alexandre et Carla pour leurs relectures précieuses et leur aide.

Merci à mes amis, du Mans, de Corse, de Paris et des L5 pour leur soutien.

À ma mère pour sa présence et pour ses réponses inlassables aux trolls, mes frères et sœurs Carla Angela et Adrien.

À mon père qui supporte une fille cuisinant des crêpes crues et, en plus, macroniste !

À mon mari Cédric et mes filles que j'aime.

À toutes les personnes que je n'ai pas citées, sinon ce livre devenait un annuaire, mais qui se reconnaîtront pour leur soutien et leurs actions.

Table

3
Au quotidien

4
Au Conseil des ministres

5
Les médias

6
It's a woman's world

7
Les dossiers

Composition et mise en pages
Nord Compo à Villeneuve-d'Ascq

Achevé d'imprimer en juin 2022
sur les presses de Normandie Roto Impression s.a.s.
61250 Lonrai
N° d'impression : 2202762

Imprimé en France

PEFC
10-31-2541
Certifié PEFC
Ce produit est issu de forêts gérées durablement et de sources contrôlées
www.pefc-france.org